國家社科基金重大委托項目"《子海》整理與研究"成果

山東省社科規劃重大委托項目成果

子海精華編

主編 王承略 聶濟冬

吴子彙校集釋

孫董霞 撰

鳳凰出版社

圖書在版編目（CIP）數據

吴子彙校集釋 / 孫董霞撰. -- 南京：鳳凰出版社，2021.7
（子海精華編 / 王承略，聶濟冬主編）
ISBN 978-7-5506-3456-5

Ⅰ．①吴… Ⅱ．①孫… Ⅲ．①兵法－中國－戰國時代 ②《吴子》－譯文 Ⅳ．①E892.26

中國版本圖書館CIP數據核字(2021)第117621號

書　　　名	吴子彙校集釋
撰　　　者	孫董霞
責 任 編 輯	張永堃
特 約 編 輯	蘭淑坤
裝 幀 設 計	徐　慧
出 版 發 行	鳳凰出版社(原江蘇古籍出版社) 發行部電話025-83223462
出版社地址	江蘇省南京市中央路165號，郵編：210009
出版社網址	http://www.fhcbs.com
照　　　排	鳳凰零距離數字印前中心
印　　　刷	常州上彩印務有限公司 江蘇省常州市金壇區東湖路28號，郵編：213299
開　　　本	890毫米×1240毫米　1/32
印　　　張	8.625
字　　　數	179千字
版　　　次	2021年7月第1版
印　　　次	2021年7月第1次印刷
標 準 書 號	ISBN 978-7-5506-3456-5
定　　　價	68.00圓

(本書凡印裝錯誤可向承印廠調換，電話：0519-82698966)

國家社科基金重大委托項目"《子海》整理與研究"成果之一

《子海精華編》

工作委員會

主　　任：郭新立　樊麗明　于　傑
副 主 任：王琪瓏　王君松　吳　臻　邢占軍　梁　勇　孫真福
委　　員（按姓氏筆畫排列）：
　　　　　王志鵬　王　飛　王　偉　王學典　方　輝　朱德建
　　　　　杜　福　杜澤遜　李平生　姜小青　倪培翔　孫鳳收
　　　　　桑曉旻　趙興勝　劉丕平　劉國亮　劉森林

編纂委員會

學術顧問：安平秋　周勛初
總 編 纂：鄭傑文（首席專家）　王培源
副總編纂：王承略　劉心明
委　　員（按姓氏筆畫排列）：
　　　　　王繼學　任增強　辛智慧　武傳剛　林日波　秦躍宇
　　　　　孫董霞　張秀春　單承彬　黑　琨　楊錦先　寧　宇
　　　　　潘　超　龍　延　竇秀艷
審稿專家（按姓氏筆畫排列）：
　　　　　丁建軍　王洲明　吳慶峰　林開甲　周立昇　晁岳佩
　　　　　徐有富　唐子恒　鄭慶篤
執行主編：王承略　聶濟冬

執行編纂（按姓氏筆畫排列）：

　　　　李　兵　李　博　宋恩來　尚　穎　柳春燕　柳湘瑜
　　　　畢研哲　徐慧月　陳肖杉　陳福盛　張　偉　歐劍文
　　　　劉迎秋　劉　博　劉　圓　錢永棒

編　　務（按姓氏筆畫排列）：

　　　　布吉帥　宋曉晨　高佳蕾　孫紅苑　張　荔　張　瑞
　　　　張　櫻　劉　端

本書審稿專家：唐子恒

《子海精華編》出版說明

"子海",即"子書淵海"的簡稱。"《子海》整理與研究"課題係國家社科基金重大委托項目、山東省社科規劃重大委托項目。該課題分《珍本編》、《精華編》、《研究編》、《翻譯編》四個版塊,力圖把子部珍稀文獻、精華文獻進行深層次的整理、研究和譯介,挖掘子部文獻的價值,促進子學研究的發展。

山東大學向來以文史見長。古籍整理與子學研究,是其中的傳統研究方向。"《子海》整理與研究",是在山東大學前輩學者高亨先生積 30 年之力陸續做成的《先秦諸子研究文獻目錄》的基礎上,由已故著名古籍整理與研究專家董治安先生參與策劃、設計的大型綜合研究課題。課題立項後,得到了中宣部、教育部、財政部、山東省政府和山東大學的大力支持,學界同仁踴躍參與。《精華編》的整理研究團隊近 200 人,來自海内外 48 所高校和研究機構。在組織管理上,《精華編》努力探索傳統文化研究協同創新的新體制、新機制,現已呈現出活力和實效。

華夏文明是由多元文化構築而成的。中國古代子部典籍,以歷代士人個性化作品的形式,系統性地展示了華夏民族的世界觀和方法論,立體性地反映了中華民族對世界文明發展的貢獻。其中,無論是宏篇大論,還是叢殘小語,都激蕩著歷史的聲音,閃爍著智慧的光芒,構成中國古代思想、藝術、科技和生活方式的主體内容。《精華編》通過對子部最优秀的典籍的整理,一方面擷英取粹,爲華夏文明的傳播提供可靠的資源和文本;另一方面以古鑒今,爲當下社會的發展提供智力支持和精神支撑。并希望進而梳理中華傳統文化的多元結構,繼承中華優秀傳統文化的一貫文脈。

根據漢代以後子學發展和子部典籍的實際情况,參照官私目録的分類與著録,《精華編》選取先秦諸子、儒學、兵家、法家、農家、醫家、曆算、術數、藝術、雜家、小説家、譜録、釋道、類書十四個類目的要籍幾百種,編爲目録,作爲整理的依據,而在成果展現上則不出現具體的類目。爲統一體例,便於工作,《精華編》編有詳細的《整理細則》,并有簡明的《整理要則》,供整理者遵循使用。

《精華編》整理原則是,對每種子書的整理,突出學術性、資料性和創新性,力求吸納已有的整理成果,推出更具參考價值、更方便閱讀的整理文本。所採用的整理方式,大體有三種:一、部頭較大且前人未曾整理者,採用標點、校勘的方式整理;二、前人曾經標點、校勘者,或採用抽换更好或別具學術特色底本的方式整理,或採用集校、集注的方式整理,或採用校箋、疏證的方式整理,或綜合使用以上方式;三、前人已有較好的注本者,則採用集注、彙評、補正等方式整理。

《精華編》採用五次校審、遞進推動的管理程式,即:一、初校全稿。子海編纂中心組織碩、博研究生,修改文稿錯別字,規範異體字,調整格式,發現并標明校點中的不妥之處。二、初審文稿。子海編纂中心的編纂人員根據情况,解決初校時發現的問題,并判斷書稿的整體質量。三、匿名評審。聘請資深教授通審全稿，全面進行學術把關，消滅硬傷，寫出審稿意見。四、修改文稿。子海編纂中心及時把專家審稿意見反饋给整理者。整理者根據審稿意見修改，做出新文稿。五、終審文稿。待新文稿返回子海編纂中心後，總編纂作最後的學術質量把關。五步程序完成後，將文稿交付出版社。

五次校審的目的是爲了保證學術質量，提高整理水平，減少錯訛硬傷。但校書如掃塵埃落葉，隨掃隨有，《精華編》雖經多道程序嚴加把關，仍難免有錯，懇請方家不吝指教。子海編纂中心將及時總結經驗，吸取教訓，把工作做得更好，以實現課題設計的初衷。

目　録

整理説明	1
凡　例	1
吴子卷上	1
圖國第一	2
料敵第二	41
治兵第三	75
吴子卷下	107
論將第四	107
應變第五	135
勵士第六	163
附録一　《吴子》逸文	176
附録二　重要序論彙録	180
《施氏七書講義》序（江伯虎）	180
高似孫《子略》卷三《吴子》	181
《武經直解》序（劉寅）	181
《武經直解》序（李敏）	183

《武經直解》序（何起鳴） …………………… 184
影印明本《武經七書直解》序（楊言昌） ………… 185
蘭陵孫氏重雕宋本《孫吳司馬法》序（孫星衍） …… 187
《吳子》四庫提要 …………………………… 189
《武經彙解》序（朱墉） ……………………… 190
重刊《武經彙解》總序（國英） ………………… 191
《吳子彙解》序（國英） ……………………… 192
《武經開宗》序（曾櫻） ……………………… 193
武經總論（陸經翼） ………………………… 194
《吳子正義》序（關重秀） …………………… 196
《吳子副詮》序（佐藤一齋） …………………… 197

附錄三　吳起傳（《史記·孫子吳起列傳》節錄）…… 198
附錄四　其他資料輯錄 ………………………… 201
附錄五　吳起年譜 ……………………………… 214

整理説明

《吴子》又名《吴起兵法》《吴子兵法》等。戰國吴起撰。吴起(前445?—前381)是戰國初期傑出的軍事家、政治家。關於他的生平事迹,主要見於《史記·孫子吴起列傳》,另外《荀子》《韓非子》《墨子》《尉繚子》《吕氏春秋》《淮南子》《説苑》《別録》《漢書》等古籍中也有記載。吴起是一位歷史上有争議的人物,同時也是一個悲劇人物。

一、吴起生平大事述略

《吴子》是吴起千百次軍事鬥争的經驗總結和實踐結果。他不僅以卓越的軍事理論沾溉後世,更以輝煌的戰績彪炳青史。

首先,他是歷史上少有的文武兼備的軍事家和功績卓著的政治家。先看他的軍事戰績。他在魯,"將而攻齊,大破之";在魏,建立魏國武卒制度,使魏國空前强大,"守西河,與諸侯大戰七十六,全勝六十四,餘則鈞解,闢土四面,拓地千里"(《吴子·圖國》);在楚,"南平百越,北并陳蔡、卻三晋,西伐秦"。《尉繚子·制談》説:"有提七萬之衆而天下莫當者誰?曰吴起也。"他智謀超群,堅毅頑强,治軍嚴格有方,同時又平易近人,愛護士卒。《史記》載:吴起"與士卒最下者同衣食。卧不設席,行不騎乘,親裹贏糧,與士卒分勞苦"。

伴隨着這些軍事戰績的是吴起在政治上對所在國的變法圖强。在魏國教魏文侯"内修文德,外治武備""教百姓而親萬民""先和而造大事",强兵先强國,治理國家要"綏之以道,理之以義,動之以禮,撫之以仁"。他告訴魏武侯國家的山河之固"在德不在險",國君要"謹君臣之禮,飾上下之儀,安集吏民,順俗而教,簡募良材,以備不虞"。要尊賢用能,"使賢者居上,不肖者處下",這樣才能"陳必定,守必固,戰必勝"。在楚國,吴起力行變法,"明法審令,捐不急之官,廢公族疏遠者,以撫養戰鬥之士。要在强兵,破馳説之言從橫者"。故此,吴起在魯則魯破强齊,去魯則魯削。在魏守西河,秦人不敢東顧,去魏而西河卒歸於秦。在楚則楚强,死於楚則楚弱。他的經歷和作用證明了什麽是"得之國强,去之國亡"的"良將"。

其次,他是一個在歷史上有争議的人物,甚至可以説是一個被人詬病的人物。他歷來備受争議的原因主要在於以下幾件事。一是殺鄉黨之謗己者三十餘人;二是殺妻求將;三是母死不歸,被曾子棄逐(此曾子當爲曾參之子曾申,劉向、王應麟、郭沫若皆有論説)。這些記載見於《史記》本傳。同時散見於其他典籍。不同典籍的記載卻并不相同。如"殺妻求將"之事,《韓非子》中的記載是吴起因妻子織布不合要求而出妻,并非殺妻。另外還有吴起"吮病疽者"等事也不無誇大之嫌,對此,郭沫若《述吴起》皆有辨析。而母死不歸事也源於其强烈的追求功名事業之理想。他本富家之子,因爲游仕,散盡千金之財,因此受到鄉黨們的嘲笑,怒而殺謗己者三十餘人。於是他的母國衛國已非安身之地,他成了罪人,只能逃出衛國,"與其母訣,嚙臂而盟曰:'起不爲卿相,不復入衛。'"看來,他強烈的功名事業心一方面成就了他的豐功偉績,另一方面也造成了他的人生困境和悲劇。因爲這些事,後人對吳起的評價褒貶不一,基本上是肯定他的軍事功績,否定他的人格品質。《漢書·古今人表》就將其列在第六等"中下",而孫子列在第五等"中中"。

再次,吳起與《左傳》的關係、吳起與史起的關係也是學術上常提到的問題。先來說說吳起與《左傳》的關係問題。其實關於這一問題,劉向《別錄》曾說《左傳》的傳授關係是"左丘明授曾申,申授吳起,起授其子期,期授楚人鐸椒。鐸椒作《抄撮》八卷授虞卿,虞卿作《抄撮》九卷授荀卿,荀卿授張蒼"。意思是說,吳起是《左傳》的傳承者之一。在此基礎上,有學者進一步認爲吳起在傳承《左傳》的過程中應該對其進行了編纂和增補。持此觀點的人首先是清代的姚鼐,他在《左氏補注序》中認爲"左氏之書,非出一人所成","蓋後人屢有附益,其爲丘明說經之舊、及爲後所益者,今不知孰爲多寡矣。余考其書,於魏氏事造飾尤甚,竊以爲吳起爲之者蓋尤多"。近人童書業則在姚氏持論的基礎上進一步論證了其觀點。認爲《左傳》爲吳起及其先師後學傳承增飾,陸續寫定。而錢穆、郭沫若等學者則直接認爲《左傳》成書於吳起,而與左丘明無關。錢穆在《先秦諸子繫年·吳起傳〈左氏春秋〉考》中,認爲《左傳》一書出於吳起。郭沫若在《青銅時代·述吳起》中認爲《左氏春秋》"可能是吳起就各國史乘加以纂集而成"。孫開泰、徐勇則贊同姚鼐、童書業的觀點,孫開泰所著《吳起傳》云:

我國古代一部書的形成與今天大不一樣,其突出特點是,作者往往不是一個人,而且在流傳過程中又往往有所增補和損佚。考諸先秦古籍,情况大抵如此,《左傳》一書似也不例外。

不過,將《左傳》貿然斷定爲吴起所作,顯然證據不足。而認爲《左傳》并非成於一人之手,是經若干人的增補加工而最後成書的,其中吴起曾經整理和傳授《左傳》,這樣的觀點是可取的。

另外,吴起與《左傳》的關係問題也引發了《左氏春秋》得名的問題。既然吴起與《左傳》有關,而且傳授和整理過《左傳》,是不是《左氏春秋》的書名也與吴起有關呢?《韓非子·外儲説右上》云:"吴起,衛左氏中人也。"是説吴起是衛國一個叫"左氏"的地方的人。因爲這一條記載,許多學者便將其與《左氏春秋》的得名挂鉤。章太炎在其《春秋左傳讀》一書中認爲:

《左氏春秋》者,因以左公名,或亦因吴起傳其學,故名曰《左氏春秋》……以左氏名《春秋》者,以地名也,則猶《齊詩》《魯詩》之比與? 或曰:本因左公得名,及吴起傳之,又傳其子期,而起所居之地,爲左氏學者群居焉(猶齊之稷下),因名其地曰左氏。

錢穆《先秦諸子繫年》在其説的基礎上認爲《左氏春秋》的得名,"即以吴起爲左氏人故稱,而後人誤以爲左姓者耶"。郭沫若的《青銅時代·述吴起》進一步認爲:

吴起乃衛左氏人,以其鄉邑爲名,故其書冠以"左氏"。後人因有"左氏",故以左丘明當之,而傳授系統中又不能忘情於吴起,怕就是因爲這樣的原故吧。

童書業《春秋左傳研究》引述《韓非子·外儲說右上》"吳起,衛左氏中人也"而認爲:"此《左氏傳》名稱之所由來邪?"孫開泰《吳起傳》則認爲,吳起雖然確爲衛國左氏人,但在衛國時吳起并没有接觸《左傳》,他接觸《左傳》原書當在魯國之時,《左氏春秋》并非因爲吳起爲左氏人而得名,兩者之間并没有直接關係。所以《左氏春秋》一書的得名,當因左丘明之故。

另外,因爲吳起與《左傳》有關,可以說吳起不僅是一位軍事家,政治家,同時還是一位歷史學家。而據有關資料的記載,魏國又有一位史起,於是人們將二者聯繫起來,認爲吳起和史起是一人,但這種观点證據不足,此處不再贅述。

二、《吳子》的流傳和篇卷

吳起作爲一位傑出的軍事家,常常被人與孫武并提,其兵法思想是在繼承《孫子兵法》的基礎上而產生的。其兵法思想集中表現在《吳子》一書中。吳起的兵法著述在戰國時期已經流傳,并與《孫子兵法》齊名。《韓非子·五蠹》:"境内皆言兵,藏孫、吳之書者家有之。"《史記·孫子吳起列傳》:"《吳起兵法》世多有。"《漢書·藝文志》"兵權謀家"著録有"《吳起兵法》四十八篇",但無篇名,且後世公私書目中皆無四十八篇的《吳子》。《漢書·藝文志》"雜家"類中又載有《吳子》一篇。《隋書·經籍志》"兵家"類著録"《吳起兵法》一卷,賈詡注"。《群書治要》節選有《吳子》四篇,分別爲《圖國》《論將》《治兵》《勵士》。《新唐書·藝文志》有"賈詡注《吳子兵法》一卷"。宋代鄭樵的《通志·藝文略六》有"《吴起兵法》一卷,魏將吴起撰,賈詡注。又一卷,孫鎬注"。《宋史·藝文志》"兵書類"有"吴起《吴子》三卷,朱服校訂《吴子》二卷"。均無篇數。宋陳振孫《直齋書録解題》著録"《吴子》三卷,魏吴起撰"。宋晁公武《郡齋讀書志》亦云:"《吴子》三卷,魏吴起撰,言兵家機權法制之説,唐陸希聲類次爲之《説國》《料敵》《治兵》《論將》《變化》《勵士》,凡六篇。"《文獻通考·經籍考》亦作"三卷"。今存本有的并爲一卷、二卷,也有的分爲三卷、六卷。但除《説國》爲《圖國》,《變化》爲《應變》外,篇數、其餘篇名皆與《郡齋讀書志》著録的完全相同。按照晁公武的説法,今傳本在唐代已經基本定型。又唐初魏徵等編撰《群書治要》卷三十六中引有《吴子》的《圖國》《論將》《治兵》《勵士》四篇節文,所載篇名均與今本相同。可見自《隋書·經籍志》以下各書著録的一卷本和三卷本即今存《吴子》。

那麽《漢書·藝文志》著録的四十八篇與今傳的六篇本關係如何?歷來觀點不一。有的認爲,今本《吴子》只是《漢書·藝文志》著録的四十八篇的一部分,是四十八篇本《吴子》的殘本。如王應麟《漢藝文志考證》:"《隋志》'《吴起兵法》一卷',今本三卷六篇,《圖國》至《勵士》。所闕亡多矣。"明劉寅《武經直解》"凡例"亦云:"《漢書·藝文志》云《吴孫子》八十二篇,《吴起》四十八篇,今《孫子》止有十三篇,《吴子》止有六篇,恐是後人删而取之。"一些學者則持完全相反的觀點。顧實《漢書藝文志講疏》:"今本六篇,成一首尾。辭意淺薄,必非原書。"即認爲今本《吴子》六篇并非《漢志》四十八篇的殘本。現代學者中有人將四十八篇本稱作古本,將六篇本稱作今本。認爲古本早已亡佚。那麽同爲吴起兵法的古本與今本的内容有無相同之處,相同的有多少,只能存疑。四十八篇古本是否韓非所謂"孫、吳之書"、司馬遷所謂"吳起兵法",也無從判定。還有一種觀點認爲,《漢志》所録四十八篇,"蓋亦如《孫武》之八十二篇,出於附益,非其本書,世不傳也"(《四庫全書總目提要》)。此乃推測之辭,不足爲據。

那麽,今本《吳子》是不是四十八篇之餘?或者説,今本六篇是不是四十八篇本闕亡之餘的原貌?六篇之名是否四十八篇本所固有?對這一問題,賈詡注本很關鍵。從史志目録和私家目録的著録來看,從東漢末年開始流傳下來的《吳子》應當是賈詡注本(宋鄭樵《通志略》載"又孫鎬注一卷"當是新注,不是别本)。在賈詡注《吳子》之前,《吳子》一書廣泛流傳。因爲戰國時代的韓非,西漢的司馬遷,東漢初期的班固都以不同的方式提到吳起兵法"家有之","世多有"。又《史記·衛將軍驃騎列傳》稱大將軍鮑永觀"孫、吳之策"。建安七子之一的陳琳在其《武軍賦》中,也提到過"孫、吳之篇"。看來東漢末年的賈詡注《吳子》時,應該是能看到吳子真本的。另據《三國志·魏志·賈詡傳》,賈詡是當時傑出的軍事謀略家和政治家,後來他成爲曹操的謀士。曹操注《孫子兵法》,賈詡注《吳起兵法》,兩件事似乎珠聯璧合。作爲君臣的兩大軍事家在作注時應該對"世多有"且往往并提的"孫、吳兵法"是能够判斷真僞的。

那麽真正的問題是爲何《漢志》所載的四十八篇《吳起兵法》變成了六篇。這種情形也類似《孫子兵法》的情况。《漢志》著録《吳孫子兵法》八十二篇,其實不論是《史記》孫子本傳還是曹操注《孫子兵法》,皆曰"孫子十三篇"。孫星衍《孫子兵法序》云:"八十二篇之文,今惟傳此十三篇者,《史記》稱闔閭有'十三篇,吾盡觀之'之語。《七録》《孫子兵法》三卷,《史記正義》云:'十三篇爲上卷,又有中下二卷。'則上卷是孫子手定,見於吳王。故歷代傳之勿失也。秦漢已來,用兵皆用其法,而或秘其書,不肯注以傳世。魏武始爲之注。云'撰爲略解',謙言解其粗略。《漢官解詁》稱'魏氏瑣連孫武之法,則謂其捷要',杜牧疑爲魏武删削者,謬也。"(《孫子十家注》)文登、畢以珣《孫子叙録》云:"按八十二篇者,其一爲十三篇,未見闔閭時所作,今所傳《孫子兵法》是也。其一爲問答若干篇,既見闔閭所作,即諸傳記所引遺文是也。一爲八陣圖,鄭注《周禮》引之是也。一爲兵法雜占,《太平御覽》所引是也。外又有牝八變陣圖、戰鬥六甲兵法,俱見《隋·經籍志》。又有三十二壘經,見《唐·藝文志》。按《漢志》惟云八十二篇,而隋、唐《志》於十三篇之外又有數種。可知其具在八十二篇之内也。"(《孫子十家注》)又云:"《七録》'《孫子兵法》三卷',《史記正義》曰:案十三篇爲上卷,又有中下二卷。案此孫子本書,無注文,其云'又有中下二卷',則唐時故舊猶存,不僅今所傳之十三篇也。又按所云'三卷'者,蓋十三篇爲上卷,問答之辭爲中下卷也。其八陣圖、雜占諸書則別本行之,故隋、唐《志》諸書亦皆別出。"高文、何法周《吳子真僞考》一文認爲"賈詡注本,是班固所載《吳起兵法》四十八篇中的主要部分,亦即韓非、司馬遷所見的先秦《吳起兵法》原著,這也和曹操所注《吳孫子》八十二篇中的十三篇亦即司馬遷所說的'孫子十三篇'類似,所以篇數大大少於班氏著録之數。并非'闕亡多矣'。正是在這個去蕪存真的問題上,也表現出了曹操、賈詡的軍事理論水準和識別能力"。也就是說,《孫子》八十二篇中只有十三篇是孫武手著的兵法精要。其他的多爲附益，有些與孫子有關，有些未必是孫子的兵法思想，而是其他兵法借孫子而傳者。曹操最早爲《孫子兵法》作注，去蕪取精，只注其中的十三篇。其他的在流傳過程中逐漸脱落，別本行之。或者曹操在注《孫子》前，作爲"世多有"的孫、吴兵法不可能是一種本子，因爲古人誦書、抄書的傳統古來有之，先秦的賦詩、漢代的傳經，皆如此。注《吴子》的賈詡就曾經抄過《孫子兵法》。《隋書·經籍志》就列有賈詡《抄孫子兵法》一卷。可以説《孫子兵法》也可能早有十三篇本流傳，也就是司馬遷所云"見於吴王闔閭"的十三篇。而作爲官家書目的《漢志》固然要著録最全者。跟《孫子兵法》的情况相似，今本《吴子》六篇也當是《吴起兵法》中的主要部分。

三、《吴子》的真僞

《吴子》的流傳和篇卷問題同時引發了另一個問題的爭論，即今本《吴子》的真僞。明清以降，就有學者將其斷爲西漢或六朝時人僞托之作。原由除了古本與今本篇卷不相侔，還因爲今本《吴子》的内容、語辭、筆調與先秦古書不類。孫武和吴起生活的時代相近，人們常將孫、吴并提，認爲吴起兵法是對《孫子兵法》的繼承，但《孫子》文辭古樸而今本《吴子》文辭淺顯。姚際恒《古今僞書考》："《漢志》四十八篇，今六篇。其論膚淺，自是僞托。中有'屠城'之語，尤爲可惡。"姚鼐《讀〈司馬法〉〈六韜〉》云："魏、晉以後，乃以箛笛爲軍樂。彼吴起安得云'夜以金鼓箛笛爲節'乎？蘇明允言'起功過於孫武，而著書顧草略不逮武'，不悟其書僞也。"（《惜抱軒詩文集》文集卷五）張心澂《僞書通考》將其列入僞書。郭沫若《青銅時代·述吳起》中,據《治兵》篇有"左青龍、右白虎、前朱雀、後玄武,招搖在上,從事於下"諸語,謂"今存《吳子》實可斷言爲僞。以筆調覘之,大率西漢中葉時人之所依托"。對於這些認定《吳子》是僞書的論據,又有學者進行考證和辯駁。如李碩之、王式金在《吳子淺說》,高文、何法周《吳子真僞考》和《吳子考補證》中對一些學者關於《吳子》是僞書的論據進行了逐一的辯駁。

我們認爲,對於古書真僞的認定必須謹慎,在證據不足的情況下,不宜動輒斷其爲僞書。將今本《吳子》斷爲僞書的學者不外乎認爲其是西漢或六朝時人僞托之作。因爲宋以後注家增多,刊刻隆盛,傳承有自。兩漢作僞的可能性不大,如果賈詡所注是先秦時留下來的《吳起兵法》原著,那麽東漢末年一直到唐初,經歷了三國魏晉南北朝長達四百年的兵災和戰亂,原書會不會毀於戰亂,而有人僞作以充真本呢?竊以爲,戰亂年代毀滅其他書籍的可能性遠遠大於兵書,因爲戰亂中的各方軍閥勢力最需要它,戰亂可能反而有助於兵書的產生、保存和流傳。春秋戰國時期的戰亂催生了包括孫、吳兵法在內的大批兵書;東漢末年的戰亂促進了曹操、賈詡等人對孫、吳兵法的注解。戰爭的需要,同時也催生了一些新的兵法思想。戰爭的緊迫自當使人重視和繼承傳統的兵法著作,或者在戰爭中活學活用兵法,卻很難想象會抛棄原來的兵法經典而去僞造一部同名的兵法著作冒充之。還有一個有力的證明是唐初編撰《隋書·經籍志》,賈詡注《吳起兵法》赫然在列。可見賈詡注本一直經歷魏晉六朝流傳到了唐代。即使古本《吳子》亡佚,唐代魏徵等人《群書治要》節選《吳子》,唐陸希聲類次《吳子》必有所本,或者說對古本的斷簡殘篇加以編排連綴，其中不免有所補充和潤色。另外，我們在整理中還搜集到了唐人的多條《吳子》引文，如初唐李善《文選注》、司馬貞《史記索隱》、趙蕤《長短經》皆有《吳子》引文。又如杜佑《通典》所引大量《吳起教戰法》，在杜牧《孫子注》中亦發現了五處《吳子》引文。唐人徵引《吳子》之句與今本大體一致。

可見，今本《吳子》就是唐宋以來史書記載和社會上廣爲流傳的《吳起兵法》《吳起教戰法》《吳子》《吳起》，書名、卷數、篇數雖然不同，但實際上是同一部書，而且都是來源於賈詡注的同一種底本。賈詡注本既非漢人僞托，今本也不是六朝、唐宋以後人僞造（高文、何法周《吳子真僞考》）。至於書中出現以第三者的口吻對吳起事迹進行的叙述，這在先秦子書如《孟子》《韓非子》《莊子》中都很常見，并不能以此作爲判斷其爲僞書的依據。洪湛侯《中國文獻學新編》云：“古人作文，既不自署姓名，寫成之後，亦不自行編次，有的往往單篇別出，流傳行遠，後之傳録編次其書者，有將記載其生平行事之文，議論辯駁之詞，文詞對答之語，聚而編入者；有後師所作，附先師以行者。以其宗旨一貫，學本一家，故雖後人之詞，雜入前人著作而亦不以爲嫌。古書所有這些附益的文字，皆隨文録入，或卷首、或卷中、或卷末，并無定式。”因此，將今本《吳子》理解爲是經過後人加工整理過的殘本，其中主要反映的是吳起的軍事思想，應該是沒有問題的。

對賈詡注本的記載一直延續到宋代鄭樵的《通志》，而與鄭樵同時代的晁公武在其私家目録《郡齋讀書志》裏記載的《吳子》三卷，是“唐陸希聲類次爲之”。之後便少有賈詡注的記録。可能賈詡注本亡佚於宋以後。這是一件令人十分惋惜的事。唐陸希聲類次爲之，也就是重新分類編卷，主要是將原來的一卷本變爲了三卷本。至於陸希聲所處的時代，據《新唐書·陸希聲傳》記載："明年，王仙芝反，株蔓數十州，遂不制，擢累歙州刺史。"王仙芝反於唐僖宗乾符二年（875），可見陸希聲與王仙芝同時代，生活在晚唐時期。晁氏説他編次《吴子》，并附有其篇目，分别爲《説國》《料敵》《治兵》《論將》《變化》《勵士》，凡六篇。而早在初唐時期，魏徵等編撰《群書治要》就引有《吴子》的《圖國》《論將》《治兵》《勵士》四篇節文，所載篇名均與今本相同。倒是陸氏類次本"圖國"作"説國"，"應變"作"變化"，與今本稍有不同。所以，陸氏類次《吴子》也應當是以漢唐流傳下來的《吴子》，也即賈詡爲之作注的《吴子》爲主。鄭樵和晁公武在著録《吴子》之前，歐陽修等編纂《新唐志》，其中就有《吴子》賈詡注本。另外，衆所周知，元豐三年（1080），宋神宗詔命國子監司業朱服、武學博士何去非等人校定"七書"，《吴子》被列入《武經七書》，所本也應當是以官修史志目録認可的賈詡注本爲主。如果陸氏類次本與賈詡本相差太大，晁氏著録之時定會有所説明。賈詡古注的亡佚可能也與《武經七書》的刊行和人們對《孫子兵法》的重視有關。漢唐以來，注《孫子》者，代不乏人，而注《吴子》者寥寥無幾。自從被選入《武經七書》，《吴子》便隨"七書"一起被傳承和注解，單本注解的就更少了。

但正如其他古書一樣，《吴子》在流傳中不可能只有一種本子，民間和官方所藏也有差别，不同的本子在流傳的過程中都有散佚和訛誤，或者摻雜入後人的話語，這從不同典籍對《吴子》的引文在文字上的個别差異以及部分不見於今本《吴子》的佚文就可以看出。

我們從古籍中發現了大量的《吳子》引文，一些引文不見於今本《吳子》，應該是《吳子》的佚文，尤其是唐代和宋初典籍中的佚文更是難能可貴。這說明《吳子》在流傳中有所散佚。還有一些引文雖然與今本《吳子》內容大致相同，但在個別字句上有所差異，這說明古代流傳的《吳子》版本并非一種，而是有多種不同的版本。這些引文和佚文是我們深入研究《吳子》的寶貴資料。

四、《吳子》的軍事思想

吳起繼承以往的兵學理論，結合當時的軍事形勢，總結自己的作戰經驗，集中地論述了戰爭原則、戰略思想、軍事策略和軍隊建設等問題，得出了許多寶貴的軍事見解。

（一）"先和而後造大事"的戰爭原則

"和"就是國內政治治理，"大事"就是軍事行動。中國古人很早就認識到政治和軍事的密切關係。政治治理是根本，戰爭是政治的延續或者說是政治的極端方式。儒家出身的吳起清醒地認識到了和諧清明的政治對軍事勝利的重要性。

吳起初見魏文侯就明確提出了"內修文德，外治武備"的治國方略。指出兩者相輔相成，不可偏廢。即政治治理與軍事戰備相結合才能使國家強盛。國內政治治理的方式和最終的效果都是"和"。"和"首先是"慎戰"，要"參天時"、"惜民命"、"順民意"，不可草率發動戰爭，不能樂戰、好戰。所謂

"天下戰國,五勝者禍,四勝者弊,三勝者霸,二勝者王,一勝者帝"。越是能少用戰爭解決問題的君主,越能受到民衆的愛戴,越能穩固統治。這與中國傳統的"耀德不觀兵"思想是一致的。非要發動戰爭了,也要慎重決策,"不敢信其私謀,必告於祖廟,啓於元龜,參之天時,吉乃後舉"。

戰爭也要符合"道義",要"舉順天人"。"成湯討桀而夏民喜悦,周武伐紂而殷人不非",是因爲成湯和周武皆是以"義"討"不義"。聖人治國"綏之以道,理之以義,動之以禮,撫之以仁","必謹君臣之禮,飾上下之儀","使賢者居上,不肖者處下",這樣才能使整個國家政治和諧清明,上下一心。上愛其民,民亦親其有司。"百姓皆是吾君而非鄰國",這樣一旦臨戰,則必然以"進死爲榮,以退生爲辱",同仇敵愾,最後達到"陳必定,守必固,戰必勝"的效果。

發動戰爭的目的不同,戰爭的性質也就不同,其名也不同。有"義兵",有"強兵",有"剛兵",有"暴兵",有"逆兵","禁暴救亂曰義,恃衆以伐曰強,因怒興師曰剛,棄禮貪利曰暴,國亂人疲、舉事動衆曰逆"。所以,戰爭的出發點首先是保家衛國或者"禁暴救亂",因其他目的而發動的戰爭,吳子是排斥的。因爲義則聚士氣,義則強兵勢。"師直爲壯,曲爲老"(《左傳·僖公二十八年》),理直則氣壯。提倡"義兵",抑制剛兵、暴兵的戰爭思想也是立足於"和"的,而面對這五種戰爭形式,其對策也是以"和"爲原則的。

吳子雖然強調義兵,但又認爲戰備不可廢,是因爲一個國家不去侵犯別國,難保他國不會向自己施以"強兵""剛兵""暴兵""逆兵",外治武備就是爲了"備不虞"。既然要"慎戰""少戰""義戰",那麼就不能興師動衆,要簡募良材,培養少而精的"練鋭"之師作爲戰爭主力。

總之,能做到"先和而後造大事"的國家必然要有賢明的君主和統治者。

(二)"審敵虛實而趨其危"的戰略思想

戰前一定要充分了解敵情,在對敵人虛實做出全面了解的基礎上做出作戰對策。首先,要詳細研究敵國的政治、軍事、經濟、社會民俗等方方面面的情況。在《料敵》篇中,吳子首先分析"六國之俗",針對六國特點提出了不同的戰爭對策。如其分析齊國和秦國的特點:

> 夫齊性剛,其國富,君臣驕奢而簡於細民。其政寬而禄不均,一陳兩心,前重後輕,故重而不堅。擊此之道,必三分之,獵其左右,脅而從之,其陳可壞。秦性強,其地險,其政嚴,其賞罰信,其人不讓,皆有鬥心,故散而自戰。擊此之道,必先示之以利而引去之,士貪於得而離其將,乘乖獵散,設伏投機,其將可取。

這裏吳子一再申述戰爭是綜合國力的較量這一思想。戰前一定要做好對敵國的調查研究工作。《孫子》曰:"知己知彼,百戰不殆。"吳子強調"審料敵情",同時還要料選可以擊倍的"堅陣之士"來與敵交戰。這是對《孫子》"知己知彼"思想的繼承和發展。

其次,在具體交戰中,依據各種不同的境況判斷敵情,然後果斷作出"擊之"或"避之"的決策。吳子總結出八種可以果斷出擊的情況。一是風疾天寒,敵軍長途跋涉,晝夜兼程,破冰渡水,而將帥對士卒的艱難困苦又不加顧惜。二是盛夏炎熱，休息與活動沒有規律，將帥驅使着飢渴的士卒趕路，去攻取遠處的目標。三是軍隊在外面滯留日久，糧食接濟不上，老百姓怨恨憤怒，謠言和災禍四起，上面沒有辦法制止。四是軍需品已經耗盡，軍需短缺，又逢陰雨連綿，想去搶掠而無處可搶。五是兵力單薄，水土不服，人馬得了病疫，四鄰的救兵又不到。六是長途行軍已近天黑，士兵又疲累又恐慌，又困倦又飢餓，把盔甲解下來睡着了。七是將領和官吏沒有威信，士兵們心神不定，全軍屢屢驚恐不安，又沒有援軍。八是陣勢尚未擺好，營帳尚未扎好，行經險要之處，隊伍半隱半露擺布不開。敵人一旦出現這些情況，說明其處於某種不利和被動狀態，這對我方來說就是戰機，應當果斷出擊，毫不猶豫。

　　以上八種情況是敵人之"危"，敵人之"虛"，故當趨之而毫不遲疑。相反如果遇到敵人有以下六種情況，則應當主動"避之"，不可與之接戰。一是土地廣大，人民富衆。二是上級愛護下屬，施與恩惠遍及全國。三是賞罰嚴明，對功過處理得恰當及時。四是按戰功的大小排列等級，任用有才德之人。五是兵多將廣，武器精良。六是有周圍鄰國的幫助，更有大國的支援。凡在上述這些方面不如敵人，則應當避免與之交戰，不可疑惑。這正是所謂的"見可而進，知難而退"的道理。

　　再次，敵人的有些"虛實"是明顯的，見其虛可以不卜而與之戰，見其實，應當不占而避之。但有些虛實和戰機不是很明顯，是需要透過現象看本質的分析才能推斷出來的。因此，吳起又提出了通過敵軍的表面現象推知其內部情況，從敵軍動向推知其作戰意圖的方法，從而判斷戰爭的勝負。

如從軍隊的隊形散亂、旗幟東倒西歪、人馬東張西望等外在現象可以推斷其爲軍紀不嚴、疲沓散漫的隊伍。這樣的隊伍必然没有多强的戰鬥力，可以對其以一擊十。如果是多國的盟軍，軍隊尚未會合，首腦國君臣不和，防禦工事也没有築成，軍令不行，軍隊散亂無紀律，要進不能，欲退不敢，這樣的軍隊没有凝聚力，盟國各懷其私，不堪一擊，就可以果斷出擊。

總之，在戰術上，吳子的基本原則就是在"審料敵情"的基礎上"避實擊虛"，這一點與《孫子兵法》是一致的。《吳子》的可貴之處是詳細分析了敵人的種種虛實之狀，這是其在作戰實踐中的經驗總結。這些精闢的戰略戰術對後世影響很大，後世有許多著名戰例都印證了吳子的戰術和策略。

（三）"兵不在衆，以治爲勝"的治軍宗旨

1. 戰爭需要"練鋭"之師

吳子的戰爭原則是慎戰、少戰、義戰。不戰則已，戰求必勝。吳子用自己的輝煌戰績説明了這一點。他被魏文侯立爲大將，守西河，與諸侯大戰七十六，全勝六十四，餘則均解。在戰亂頻繁的戰國時代，作爲四面受敵的魏國將領，吳子無法做到少戰，無法使魏國"一勝者帝"，更無法像上古先賢那樣"一戎衣而天下定"，但他可以基本做到"不戰則已，戰求必勝"。吳子之所以能做到這一點，跟其"精兵强將"的治軍主張和賞罰嚴明的軍隊建設密不可分。從他的"先和而後造大事"的思想，以及"慎戰"與"義戰"思想都可以看出，他要以國家整體的綜合國力來凝練士氣軍魂。而他"審

敵虛實而趨其危"的戰略思想也是以軍紀嚴明的練銳之師對戰治理不佳的軍隊。正因爲治理不濟，才給人可乘之機和可擊之"虛"。吳子在《圖國》章提出建立軍之"練銳"的主張："民有膽勇氣力者，聚爲一卒；樂以進戰效力，以顯其忠勇者，聚爲一卒；能逾高超遠，輕足善走者，聚爲一卒；王臣失位，而欲見功於上者，聚爲一卒；棄城去守，欲除其醜者，聚爲一卒。此五者，軍之練銳也。有此三千人，內出可以决圍，外入可以屠城矣。"這些練銳之師少而精，是爲軍之利器，可以以一當十，以半擊倍。在《料敵》篇中又提出簡選"虎賁"之士，對其選而別之，愛而貴之，是謂"軍命"。那麼讓軍隊成爲練銳之師，關鍵在於科學的軍隊管理和嚴格的軍法軍令。

2. 軍需物資要嚴格管理

在軍需方面，要備足軍需物資，調理好戰馬，保養好戰車，兵器鋒利，甲冑堅固，總之是要武器裝備精良。這些軍備物資隨時要保持良好的狀態。尤其是對戰馬，更要小心護養。在冷兵器時代，戰馬戰車就是重型武器裝備，平時精心維護，戰時才能發揮威力。

3. 能"任其上令"的軍隊才能打勝仗

在軍法軍紀方面，吳子提出要法令嚴明，賞罰以信。要讓軍隊能夠"任其上令"。也就是要訓練出嚴格執行命令的軍隊。嚴格服從軍令的軍隊"居則有禮，動則有威，進不可當，退不可追，前却有節，左右應麾，雖絕成陳，雖散成行。與之安，與之危。其眾可合而不可離，可用而不可疲，投之所往，天下莫當，名曰父子之兵"（《吳子·治兵》）。那麼怎樣才能使士卒聽令呢？軍令軍法制定容易，關鍵在於執行。

(1) 執法必嚴,賞罰必信

吳子執法必嚴,賞罰必信。這在他尚未出仕成名時就體現出來了。著名的"吳起殺妻求將"之事其實是"吳起出妻行令"之事的訛傳。《韓非子·外儲說右上》云:

> 吳起,衛左氏中人也,使其妻織組,而幅狹於度。吳子使更之。其妻曰:"諾。"及成,復度之,果不中度,吳子大怒。其妻對曰:"吾始經之而不可更也。"吳子出之,其妻請其兄而索入,其兄曰:"吳子,爲法者也。其爲法也,且欲以與萬乘致功,必先踐之妻妾,然後行之,子毋幾索入矣。"其妻之弟又重於衛君,乃因以衛君之重請吳子。吳子不聽,遂去衛而入荆也。

他要求言必信,行必果,將這種處事規範首先付諸家人,正如《大雅·思齊》所說"刑于寡妻,至于兄弟,以御于家邦"。要行法令,先於妻子,再及於兄弟手足。先從家庭開始,再推及國家。治家之道與治國治軍之道息息相通。在與人交往中,吳起也是嚴格遵守信約。《韓非子·外儲說左上》云:

> 吳起出,遇故人而止之食。故人曰:"諾!期返而食。"吳子曰:"待公而食。"故人至暮不來,起不食待之。明日早,令人求故人。故人來,方與之食。

吳起治理西河,爲了推行法令、取信於民,曾債表立信。後來的商鞅變法就效仿吳起而立木爲信。這些都表現了吳起執法必嚴、賞罰必信的行事風格。如果在戰鬥中不守軍令,即使立了戰功,同樣會被嚴懲。《尉繚子·武議》記載了這樣一件事:

> 吳起與秦戰,未合,一夫不勝其勇,前獲雙首而還。吳起立斬之。軍吏諫曰:"此材士也,不可斬。"起曰:"材

士則是矣,非吾令也。"斬之。就是在與敵人交戰中,也要依法作戰,"諸吏士當從受敵車、騎與徒,若車不得車,騎不得騎,徒不得徒,雖破軍,皆無功"(《吳子・勵士》)。

(2) 服之以理、撫之以情

除了執法必嚴,賞罰必信,吳子治軍的過人之處還在於服之以理,撫之以情。先來說"服之以理"。作爲將帥,在帶領軍隊時要"無犯進止之節,無失飲食之適,無絶人馬之力"(《吳子・治兵》)。即不能違背人和馬的基本生存節律,不可將士卒當作戰爭機器。這樣士卒才能心悦誠服地聽從將帥的命令,維護軍法軍紀。否則就會有令不行,有法不依,最後法令自廢,更不用説能令其死戰、樂戰了。"凡兵戰之場,立屍之地,必死則生,幸生則死。"(《吳子・治兵》)要激發出將士們的必死之志,必須讓將士們對於法令心服口服才行。所以在法令的設置和軍事指揮上必須科學合理,實事求是,不可盲目草率,這樣才能得到士卒的認可。正因爲吳子治軍法令簡而嚴厲,所以他創立的魏國武卒威震天下。

再說"撫之以情"。吳子既是一位軍事家,也是一位法家人物。先秦的變法活動都是爲了強國強軍,每一國的變法活動都會對軍隊產生巨大影響。而軍隊中更能體現法制的重要性。吳子之後的尉繚子,其兵法思想更是以軍隊的法令規範見長。但與其他法家人物不同的是,吳子更注意法令和人道的結合。吳子本人在行軍作戰中愛護士卒是出了名的。《韓非子・外儲説左上》云:

> 吳起爲魏將而攻中山,軍人有病疽者,吳起跪而自吮其膿。傷者之母立而泣,人問曰:"將軍於若子如是,

尚何爲而泣？"對曰："吳起吮其父之創而父死，今是子又將死也，今吾是以泣。"

《史記·孫子吳起列傳》記載吳起作爲將帥能與士卒們同甘共苦："起之爲將，與士卒最下者同衣食。臥不設席，行不騎乘，親裹贏糧，與士卒分勞苦。"將帥能視士卒爲手足，士卒當然能爲其樂死忘生，其在軍中的威信自然能樹立起來，其法令自然能被士卒所遵從。所以不論是服之以理還是撫之以情，其最終的目的都是爲了讓士卒"任其上令"，得其死戰之志。

（3）論功進饗，得其死戰之志

所有的法令規範都是他律的，都是被動的，只有化被動爲主動，才是最高境界。能讓將士們樂戰、死戰，激發起昂揚的鬥志，將會攻無不克，戰無不勝。能得將士死戰之志，達到"發號布令而人樂聞，興師動衆而人樂戰，交兵接刃而人樂死"的效果，只有服之以理、撫之以情還不夠，吳子還有一項更高明的舉措，那就是"進饗勵士"。具體的做法是：在國家非常重要的廟堂大殿上設下宴席，分三排座位宴請士大夫。讓立有上等功的坐在最前排，席上擺下飯菜酒肉，同時還放上貴重的用具和牛羊猪三牲。立有二等功的坐在後排，席上擺下酒肉飯菜，器皿用具降低一等。沒有功的坐在最後排，席上只有酒肉飯菜，沒有貴重的器具。宴會結束後，又在廟門外分賞有功之人的父母妻小，同樣按功勞大小行賞。凡是爲國戰死的，每年派遣專人慰勞、賞賜死者的父母，表示不會遺忘他們。（《吳子·勵士》）這樣的論功進饗舉措刺激的是將士們的榮譽感、尊嚴感、價值感，這是人生需求的更高層次。試想，受到這樣"等差"禮遇的將士們，一旦上陣殺敵，能不力戰、死戰嗎？因爲這時他們不僅是爲保家衛國而戰，也是爲家族榮譽而戰，爲實現人生價値甚至是人生信仰而戰。而那些在宴席上坐在最後排的"無功者"甚至在戰場上可以視死如歸，猶如一個個奮不顧身的"死賊"。"一人投命，足懼千夫。"（《吳子·勵士》）如果建立一支人人"投命"的軍隊，率以討敵，將會所向披靡。由此可見，吳起也是一位出色的心理學家，他熟悉將士們的心理，不知不覺地將心理學運用到了軍隊治理之中，這種做法對後世的名將治軍產生了巨大影響。

4. 用兵之道，教戒爲先

從治軍原則，到軍隊管理，再到賞罰制度，一系列的軍隊治理大問題解決了，剩下就是士卒的戰鬥訓練了。用兵之道，教戒爲先，因爲"人常死其所不能，敗其所不便"。對於軍隊訓練，吳子提出了傳、幫、帶的方法。以少帶多，層層傳遞，將軍隊按人數的多少分成不同層次的單位，然後分單位分組織展開訓練。吳子説："一人學戰，教成十人；十人學戰，教成百人；百人學戰，教成千人；千人學戰，教成萬人；萬人學戰，教成三軍。"（《吳子·治兵》）這種練兵方法速度快、效率高，能很快讓士卒融入軍隊，練就基本的作戰方法。在訓練中責任到人，各司其職，將帥要懂得帶領軍隊，判斷敵情，熟練作戰指揮技能，掌握各種陣型變化和布局。士卒們按其才能和特點分派不同的任務。最後還要訓練士卒們對基本的軍令標誌的反應能力、執行能力。還要掌握行軍作戰中基本的常識和忌諱等。

（四）"文武兼備，剛柔相濟"的將帥觀

如果説軍隊是國家利器的話，將帥就是這利器的操

持者、使用者。千軍易得,一將難求,將領的品質、素養和才能關乎戰爭的勝敗。吳子認爲,爲將者,勇敢只是其一項基本素質而已。用兵作戰時需要剛柔相濟,指揮作戰的將帥必須文武兼備,智勇雙全。如果僅具勇敢,必定會輕率地與敵人交戰而不考慮利害關係。所以吳子認爲,作爲一名將帥,除了勇敢之外,更要具備其他一些更高的素質:

> 故將之所慎者五:一曰理,二曰備,三曰果,四曰戒,五曰約。理者,治衆如治寡。備者,出門如見敵。果者,臨敵不懷生。戒者,雖克如始戰。約者,法令省而不煩。

(《吳子·論將》)

所謂理,即治理,指管理大軍就像帶支小部隊一樣井然有序。所謂備,即戰備,指軍隊一出動就要進入臨戰狀態。所謂果,即果敢,指跟敵人作戰時,要把生死置之度外。所謂戒,即警戒,即使在戰勝之後也要像初戰一樣不驕不躁,保持高度戒備。所謂約,即簡要,指給軍隊下達命令,要簡明扼要而不繁瑣。另外,將帥還要無條件地接受君命而不推辭,只有打敗敵人之後才請求返回。所以從領兵出征時起,就只有戰死的光榮,而決無活着蒙受恥辱的道理。

吳子一再強調要有"死戰"之志,這一點對士兵如此,對將軍更是如此。因爲,戰場是流血犧牲的地方,抱着必死的信念反而會求得生存,貪生怕死反而會被消滅。那些善於指揮的將帥,就像坐在漏水的船中,趴在着火的房屋之下,使敵人來不及謀劃,也來不及鼓動,只能被動挨打。所以"用兵之害,猶豫最大,三軍之災,生於狐疑"。將帥指揮作戰必須沉着果斷,絕不能優柔寡斷。

作爲將帥，還要在行軍作戰中懂得和掌握氣、地、事、力"四機"，即掌握士氣、利用地形、使用謀略和提高軍隊戰鬥實力四個方面，這是作戰中的四個關鍵因素。三軍人馬衆多，百萬人數的大軍，排兵布陣，設防安營等的空虛與嚴密，都由主帥一人決定，所以要掌握軍隊的氣機。狹窄艱險的道路，有名的險山要塞，只要十人扼守，千人也不可逾越，所以要懂得利用地機。善於派遣間諜，善於利用小股部隊不斷擾亂敵人，分散敵人兵力，讓敵國君臣相互抱怨，上下互相怪罪，會運用這些謀略，就叫作掌握了事機。使戰車的輪軸堅固，舟船的櫓楫便利，戰士精通陣法，戰馬熟悉追逐，這叫作力機。只有懂得這四機的，才能擔任將領。

將帥的威望、德行、仁愛和勇敢四種素質，必須足夠用來統領部屬、穩定軍心、震懾敵人、解決疑難，發號施令使部下不敢違背，所在之處，敵人不敢對抗。得到這樣的將領，國家就能強大；失去這樣的將領，國家就會滅亡。這樣的將領才能成爲良將。

吳子還指出，軍令的執行情況也是檢驗將領威信的方式。金鼓、旗幟是傳達將令的重要工具，必須清楚、準確，同時還要用刑罰來保證命令的嚴格執行。最後達到"將之所麾，莫不從移；將之所指，莫不前死"的治軍效果。可見，將帥的素養、才能也關乎軍隊的治理。

另外，吳子還指出，將帥不但要自身素質過硬，在指揮作戰時，還要想辦法觀察和判斷敵將的才能，并將其作爲決策依據，"必先占其將而察其才，因形用權，則不勞而功舉"。針對不同的將領，採取不同的戰爭部屬和應對之策。

此外，吳子還針對行軍作戰中可能發生的情況，提出了各種"應變"對策。從這些對策可以看出這樣一種基本思路，即不管遇到什麽樣的情況，無論採用什麽戰術，都必須及時掌握敵情，對敵我雙方力量對比上的强弱及各方面的情況進行分析，并作出正確的判斷，然後充分利用地形、氣候及各種條件，來抑制敵人的優勢，發揮自己的特長，使雙方實力的消長朝着有利於自己的方向轉化和發展，再結合具體的戰術運用來達到取勝的目的。通過這些應變措施，可以發現，關鍵還是取决於軍隊的治理。吴子認爲，只有加强部隊的紀律，用嚴刑保證軍令的執行，使"三軍服威，士卒用命"，才能"戰無强敵，攻無堅陳"。這也是應對各種突發情況的根本舉措。吴子把加强軍隊自身素質作爲提升戰鬥力和應變能力的根本前提。可見，在整個《吴子兵法》中，治軍思想是其核心思想。

　　最後，吴子還提出了戰争的善後處理原則。一旦攻破敵人城池，就應該盡快恢復生産生活秩序。要嚴格管理自己的軍隊，不可砍伐樹木、毁壞房屋、掠奪糧食、宰殺牲畜、焚燒物資，要向民衆表示没有殘害他們的意思。如果有人請求投降，就要答應并安撫他們。這裏仍然體現了吴子對軍隊紀律和軍隊治理的嚴格要求。

　　將戰争的傷害降到最小，不擾民傷民，這一點與吴子的"慎戰"、"少戰"、"義戰"思想一起體現了吴子兵法思想中最爲光輝的一面。

　　在先秦歷史上，吴起作爲一位政治家，可以比肩商鞅；作爲一名軍事家，又與孫武并稱。《孫子》《吴子》向來相提并論，被奉爲兵學經典。《吴子》與《孫子》相比較而言，南宋高似孫云："讀《吴子》，其説蓋與孫武截然其不相侔也。起之書幾乎正，武之書一乎奇。起之書尚禮義、明教訓，或有得於《司馬法》者；武則一切戰國馳騁戰爭、奪謀逞詐之術耳……夫以湯、武仁義律之，起誠有間，求之於齊、魯、晉、衛、秦、楚之論兵者，起庶幾乎！"(《子略·吳子》)羅大經《鶴林玉露》甲編卷二云："《吳子》之正，《孫子》之奇，兵法盡在是矣。《吳子》似《論語》，《孫子》似《孟子》。"這種"吳正孫奇"，給予《吳子》以極高的評價。四庫館臣雖然對吳子本人的立身行事頗有微詞，但對其兵法思想卻贊譽有加，并將吳子的兵學之所以合乎正統思想歸於儒家思想的影響：

> 然嘗受學於曾子，耳濡目染，終有典型。故持論頗不詭於正，如對魏武侯則曰"在德不在險"，論制國治軍則曰"教之以禮，勵之以義"，論爲將之道則曰"所慎者五，一曰理，二曰備，三曰果，四曰戒，五曰約"，大抵皆尚有先王節制之遺。(《四庫全書總目·子部九》)

《吳子》作爲兵學經典，不僅在中國兵學史上占有重要地位，而且在世界軍事史上享有較高聲譽。唐開元二十三年(735)，日本遣唐使吉備真備把《孫子》《吳子》帶到日本，並專門開設課堂，講解這兩部著作。清乾隆三十七年(1772)，法國傳教士約瑟夫·J·阿米歐把《孫子》《吳子》譯成法文，開始在歐洲傳播，迄今已擁有英、法、俄、德等譯本。

五、《吳子》的版本源流

《漢書·藝文志》"兵權謀家"著録有"《吳起兵法》四十八篇"，但無篇名，且後世公私書目中皆無四十八篇的《吳子》。《漢書·藝文志》"雜家"類中又載有《吳子》一篇。《隋書·經籍志》"兵家"類著録"《吳起兵法》一卷,賈詡注"。《群書治要》節選有《吳子》四篇,分別爲《圖國》《論將》《治兵》《勵士》。《新唐書‧藝文志》有"賈詡注《吳子兵法》一卷"。宋代鄭樵的《通志‧藝文略六》有"《吳起兵法》一卷,魏將吳起撰,賈詡注。又一卷,孫鎬注"。《宋史‧藝文志》"兵書類"有"吳起《吳子》三卷",又有"朱服校訂《吳子》二卷"。此當爲神宗時經朱服校訂收入《武經七書》的版本。兩者均無篇數。宋陳振孫《直齋書録解題》著録"《吳子》三卷,魏吳起撰"。宋晁公武《郡齋讀書志》亦云:"《吳子》三卷,魏吳起撰,言兵家機權法制之説,唐陸希聲類次爲之《説國》《料敵》《治兵》《論將》《變化》《勵士》,凡六篇。"《文獻通考‧經籍考》亦作"三卷"。今存本有的并爲一卷、二卷,也有的分爲三卷、六卷。但除《説國》爲《圖國》,《變化》爲《應變》外,篇數、其餘篇名皆與《郡齋讀書志》著録的完全相同。按照晁公武的説法,今傳本在唐代已經基本定型。又唐初魏徵等編撰《群書治要》卷三十六中引有《吳子》的《圖國》《論將》《治兵》《勵士》四篇節文,所載篇名均與今本相同。可見自《隋書‧經籍志》以下各書著録的一卷本和三卷本即今存《吳子》。

在宋神宗元豐年間,《吳子》被列爲《武經七書》之一。《武經》頒行,舊本流傳漸少。後世《吳子》皆源自北宋頒行的朱校之書。目前通行的文本,可分爲白文本、注解本和單行本三種。

(一) 武經白文本

《吳子》現存最早的刊本是南宋孝宗、光宗年間所刊《武經七書》本。此本是南宋孝宗時所刊白文本,原爲陸氏皕宋樓舊藏,現存日本靜嘉堂文庫。此書在民國時期經上海涵芬樓影印,收入《續古逸叢書》,1987年又收入解放軍出版社出版的《中國兵書集成》。另外,原常熟瞿氏鐵琴銅劍樓藏影宋抄本與此陸氏舊藏卷次、行款全同,筆體風格相近,當是據此本摹寫而成。瞿本亦在民國時期經涵芬樓影印,收入《四部叢刊初編》。

(二) 武經注本

《武經七書》的注解本以宋金時期施子美的《施氏七書講義》、明洪武年間劉寅的《武經七書直解》、明崇禎年間黄獻臣的《武經開宗》和清代康熙年間朱墉的《武經七書彙解》等四種影響爲最大。其皆收錄《吳子》於其中。施子美的《施氏七書講義》爲現存最早的《武經》注本。此本爲施子美在朝廷武學授課之講義,内容包括《孫子》《吳子》《司馬法》《尉繚子》《黄石公三略》《六韜》《唐太宗李衛公問對》等七部兵書的原文和注釋。每部兵書前均有解題,概述作者、成書、存佚等情況。對正文則分句、分段闡釋,後引史實相參證,史論結合,通俗易懂。此本以闡釋評論爲主,其中徵引戰例衆多。

此本原書在我國早已失傳,但傳至日本。日本建治二年(1276),武將北條即時曾命其子北條顯時抄錄,即所謂金澤文庫抄本。此後在日本,多種抄本、活字本和刊本相繼問世。其中文久三年(1863)刻本回傳到我國,1992年,經影印,收入《中國兵書集成》。

明代劉寅的《武經七書直解》以解釋爲主,亦作文字校對。此書"隨文解義，明白易曉"(《影印明本武經七書直解序》)，不作文字訓詁，也不列舉其他各家之說，故曰《直解》。據其"凡例"，其書是"爲初學者作"，"恐未能曉，不若不解"。此書一出，備受推崇，被稱爲"武經善本"，"明代踵事翻刻"，且很快傳到了日本等國。但到了清代，《四庫全書》只收其《三略直解》一種，此書在清代一度"晦而不彰"，"致湮没數百年"。

今可見者，以明成化二十二年(1486)保定趙英刊本爲最早，萬曆九年(1581)重刊，原爲丁氏八千卷樓舊藏，民國時期存於江蘇省立國學圖書館，經國民政府訓練總監部軍學編譯處陸軍印刷所影印刊行，1990年又收入《中國兵書集成》。

此書前面附有《讀兵書法》《武經所載陣圖》《武經所載國名》《兵法附錄》等内容。《讀兵書法》主要闡述的是讀兵法的要領、原則和注意事項。《武經所載陣圖》和《武經所載國名》是梳理出的跟《武經》有關的陣圖、國名的資料輯錄。此書難能可貴之處在於《兵法附錄》，它輯錄了儒家典籍或歷代儒者言論中有關兵法的資料，可謂開創先河。藉此資料，可知"儒者非不言兵也，但以修齊治平、道德性命之事大而工夫不暇及之耳"，"儒者不可不知兵也"。這對研究儒學與兵家思想的關係很有價值。

茅元儀《武備志·兵決評》收《武經七書》，其中《吴子兵法》亦有簡要注文，此書明天啓元年(1621)初刻，明清易代之際，損毀嚴重，1989年，《中國兵書集成》編委會採訪多地天啓初刻殘本補足，影印出版。

《武經開宗》目前較常見者有崇禎九年(1636)芙蓉館刊本和日本寬文元年(1661)中野市右衛門刻本，其中後者又在2014年經影印,收入《北京大學圖書館藏日本版漢籍善本萃編》。

  日本學者山中倡庵(本名呼哉,號倡庵)的《七書義解宗評訂識》,當前所見者多與《武經開宗》套嵌刊刻,日本寬文元年(1661)中野市右衛門刻本,總書名仍爲《武經開宗》,共十四卷,七册。半頁十行二十字,四周單邊,白口,單魚尾。題"莆田黃獻臣詮解"。此爲二節版,上刻"七書義解宗評訂識",題"山中氏倡庵乎哉著"。前有曾櫻序。崇禎九年(1636)黃士俊疏。疏後刻"武經開宗",爲《武經總論》,計三頁。題"曾一雲老師諱櫻、徐玉林老師諱胤昇全定,莆田黃獻臣皇肱輯著,社友余元熹躅徽、陸經翼羽功、陸沖元建全參"。凡例十三則。又有寬文元年宮城東雪《七書義解宗評訂識》序。是編卷一至二《孫子》、卷三《吳子》、卷四《司馬法》、卷五唐李《問對》、卷六《尉繚子》、卷七《三略》、卷八至九《六韜》、卷十《戚南塘》、卷十一《古今名將》、卷十二《弓馬陳法》、卷十三《陳法》、卷十四爲《七書義解宗評訂識圖說》,每段皆有釋注。山中倡庵之評、訂、識,均刻於書眉之上,評中多有"愚按",訂識中有"愚謂"。凡例云:"《講義》稱《義》,《直解》稱《解》,《開宗》稱《宗》也。""三書所說之義,混雜而難辨,長短而不齊,故争絲忽之長短,分尋文之是非者,設評以定焉。""三書俱其義未熟者設訂以解焉。""或以三書之語,或據他書之文,或贅愚見,或直解其義者,或補遺漏者,設識以記焉。"即山中倡庵的《七書義解宗評訂識》就是對《施氏七書講義》《武經七書直解》《武經開宗》三書的釋義進行綜合評定,擇出最佳釋義。再借鑑其他書籍,或結合原文之義,查漏補缺,得出自己的判斷。該書卷十四末有牌記,刻"寬文元辛丑十月吉旦中野市右衛門刊行"。

《武經七書彙解》今以清康熙二十七年（1688）懷山園刊本爲最早，清光緒二年（1876）經索綽絡・國英重訂，由嶺南古經閣刊行，1989年中州古籍出版社據索綽絡家塾藏板影印出版，1992年又收入《中國兵書集成》。《武經七書彙解》纂錄了衆多的前人注解，引用書目八十五種，彙纂前賢八十三人的注釋，可以説是最爲詳備的彙解本。此書後附有《歷代兵制考》《標策題義》《射法》《射學問答》《射經》《射義》等資料輯錄。尤其是《歷代兵制考》梳理從先秦一直到明代的各朝兵制，可謂用力頗深。此書對研究《武經七書》和古代軍事學術思想具有重要的參考價值。

另有日本學者關重秀的《七書正義》，此本爲天保十三年（1842）日本大阪書林田中宋榮堂刻本。此書隨文解説，雙行夾注，能夠深入理解原義，許多地方能夠提出獨到的見解，很少襲用他説。

（三）單行本

《吳子》的古注有兩種。一種是《隋書・經籍志》著錄的三國時魏人賈詡的注本，另一種是《通志・藝文略》所著錄的孫鎬注本。這兩個注本皆已亡佚。明人閻禹錫的《吳子集解》，已亡佚。又有歸有光輯《諸子彙函》收《吳子》一卷，雖爲簡注，但彙集了王世貞、楊慎等一批學者的評點之語，有重要研究價值。此書僅有天啓五年（1625）立達堂刊本，1995年經齊魯書社影印，收入《四庫全書存目叢書》。另外，明代陳廷對等纂輯《韜略世法》收錄《新編吳子標題引證韜略世法》

一卷,明崇禎刻本。此本是明李槱評釋,多處字迹漫漶不清。還有日本學者佐藤坦(一齋)的《吳子副詮》一卷,天保十一年(1840)文淵堂淺倉屋久兵衛等刻本。此本在正文中隨文補字串解,同時在正文右側必要處加旁注,在頁眉處加評注,評注或引前人評論,或自加評注。三類注解互相補充,獨具特色。

此外,比較重要的還有清孫星衍據宋雕本影寫刊版《平津館叢書》本、崇文書局輯《百子全書》所收《吳子》、明吳勉學刊《二十子》本、明翁氏刻《武學經傳三種》本、清乾隆《四庫全書》本、《四部備要》本(據平津館本校勘)等等。

前人所纂《群書治要》《太平御覽》等書,摘引《吳子》文及古注,注家或謂宋均、或謂曹操,今已不詳。《尉繚子》《李衛公問對》《文選注》《史記索隱》《長短經》《孫子十家注》《通典》等典籍中也有《吳子》的引文,其中有少量是不見於今本《吳子》的佚文。

另外,據許保林《中國兵書知見錄》,古人整理、研究和注解《吳子》的還有明歸有光輯評《諸子彙函》本《吳子》,明趙本學《續武經總要》,明趙本學、俞大猷《重刊續武經總要》,明王守仁批評、胡宗憲參評《新鐫武經七書七種》,明陳玖學《新鐫增補標題武經七書》,明黃華暘《新鐫武經七書類注》,明趙光裕《新鐫武經標題正義》,明謝弘儀《新鐫增補標題七書》,明沈應明《新鐫注解武經》,明臧應驥《新鐫武經標題佐義》,明皇綠輯《武書大全》本李槱注《吳子》一卷,明張居正輯注《鼇頭七書》,張居正《武經直解開宗合參》,明黃榜重編《武經七書考注》,明李清《武經七書集注》,明沈際飛纂《武經七書合箋》,明黃華暘類注、明張自烈輯箋《武經七書》十五卷,明周國釐注《武經七書》八卷,明瓊山、鄭廷鵠注《武經七書》四十卷,明施一德編《武經七書》七卷,明何守法音注《武經七書》二十八卷,明黃獻臣輯《武經開宗》十卷,明茅元儀輯《武備志》本《吳子》,明王士騏評釋《吳子》六卷,明劉寅注《吳子》二卷,明陳廷對等《韜略世法》本《新編吳子標題引證韜略世法》一卷,明金堡輯《韜略奇書》本《吳子》,明李贄推釋、明范方評次《七書參同》七卷,明陳子龍輯《驪珠武經大全》本《吳子》六篇,明閔聲編《兵垣四編》王士騏評釋本,明陳元素輯《標題評釋武經七書》十卷等。

明代存目者有:明鄭靈撰《吳子增釋》,明劉寅撰《吳子握機維》,明閻禹錫撰《吳子集解》二卷,明蘇祐撰《孫子吳子集解》。

清代的主要有:艾欽注《武闈三子標題詳解》本《武闈吳子集注詳解》,清齊東、張權時輯《武闈三子全書析疑大全》,清艾期芳撰、朱墉輯《武經增删集注合參名解》,清王增年《武經徵事》,清王皦集注《武經三書集注》本《吳子集注》,清王皦集注《武經團鏡》四冊,無名氏《武經書目全題正解》一卷,清□□輯《武經三子全書》,清周亮輔撰《武經講義備旨讀本》十卷,周亮輔《武經三書體注合解》三冊,清曹曰璋等輯《武經三書彙集》三卷,清禹山、黎利賓等纂輯《武經三書彙集》四冊,清陳裕撰《武經七書開宗合纂全題彙解》《武經全題彙集解》《標題武經七書開宗》,清朱煌漫《武經七書擇要》,清尤大臣《武經七書題炬》,謝弘儀《武經七書集注標題正義》,清曹曰璋、黎利賓、夏仲齡《武經七書彙解》,清朱墉《武經七書講義全彙合參》《鷹揚奇略武經諸子講義合纂》《武經彙纂》,清丁洪章等輯注《武經全解》《武經七書策題全解》,清徐亦《武經集要》，清謝重綸《武經全題講義通考》，清章立幟《武經標題正說》，清魯經《武經大全彙解》，清彭繼躍《武經七書醒宗》，彭繼躍、蔣先庚《武經大全纂序集注》《武經大全》，清夏振翼《武經體注大全彙解》，清于湖、夏振翼輯，沈士衡增訂《武經備旨彙解說約》，清夏振翼注《寧致堂增訂武經體注》，《吳子衍義》，諸子集成本《吳子》，《凌氏傳經堂叢書》本《吳子》，石印本《吳子》，孫星衍校《吳子》二卷，清朱廣川輯《孫吳子輯注》，清光緒丙午年荊州駐防翻譯總學刊本《孫吳武經》四卷，同治十年淮南書局刊本《孫吳司馬法》，清徐經輯《孫吳兵決》，清陳玖學注《評注七子兵略》，陳玖學校注《孫吳司馬法》，清聚奎主人輯《兵書七種》，清吳坤修撰《兵法彙編》本《吳子》，清汪桓《標題武經七書全文》《標題武經七書講義新宗》，等等。這些整理本、輯錄本和古注解本大多已不復得見，只有少數藏於全國各圖書館，亦非流通之普通讀物。

近人和今人的注本和整理本有：民國蘇蔭森注《蘇注吳子》（武學書局 1924 年印行），《孫吳兵略問答》（國民政府軍事委員會委員長南昌行營 1933 年印行），《孫吳兵法》（中國文化服務社陝西分社 1942 年印行），《孫吳兵法》（大眾書局 1944 年版），臺北武學書局影印本"武學基本叢書"《吳子兵法》二卷，臺灣西北出版社《吳子尉繚子兵法》，李浴日選輯"中國兵學大系"本《武經七書》（臺灣世界兵學社 1957 年版），中國人民解放軍軍事科學院軍事學院古代兵法譯注組編的中國古代軍事理論選集《吳子譯注》初稿（中國人民解放軍總參謀部出版局 1965 年版），中國人民解放軍 1664 部隊理論組《吳子譯注》（內蒙古人民出版社 1975 年版），83110 部隊理論組、江蘇師範學院學報組共同注釋《吳子兵法注釋》（上海人民出版社1977年版），付紹傑《吴子今注今譯》（臺灣商務印書館1978年版），孫一之譯《武經七書》（臺灣大夏1984年版），《中國軍事史》編寫組《武經七書注譯》（解放軍出版社1986年版），婁熙元、吴樹平《吴子譯注 黄石公三略譯注》（河北人民出版社1992年版），李碩之、王式金《吴子淺説》（解放軍出版社1986年版），"中國歷代名著全譯叢書"之王曉衛、楊軍、邱瑞祥等譯注《六韜·司馬法·吴子·黄石公三略·李衛公問對全譯》本《吴子全譯》（貴州人民出版社1998年版），邱崇丙譯注《吴子兵法》（中國社會出版社2005年版）等。

在衆多今人的整理本和注解本中，多譯注和簡注本，少校注本。在多種整理本中，還没有以舊注爲主的"彙校集注"或"彙校集釋"本出現。《吴子》舊注本來不及《孫子》豐富，留存至今的舊注亦是寥寥可數。本次整理《吴子》的初衷是盡量搜羅現存《吴子》舊注版本，將其可見能找的舊注舊解全部彙集在一起，在衆家注本的基礎之上，以"彙校集釋"的方式重新整理《吴子》，書中盡量保存各家注釋之原貌，供治學者詳參。且對前人注解作補綴疏説，以便於治學之用。

本次作《吴子彙校集釋》，以《武經七書》南宋刻本爲底本，參以《群書治要》《通典》《太平御覽》等引文，以及上述部分重要注本，予以精審精校，又遍采相關古籍，尤其是竭力搜集海外舊籍注本，補遺漏，疏舊解，辨正誤，決疑難，以期爲當代研究者提供參考。然限於本人學力不足，疏漏錯訛之處在所難免，敬祈廣大讀者批評斧正。

凡　例

　　一、本書所據底本爲《武經七書》之《吳子》，《續古逸叢書》收1935年上海涵芬樓影印中華學藝社借照東京岩崎氏静嘉堂文庫藏宋刻本。底本之俗體及異體字一般均徑改正體，不出校，餘則一仍其舊。

　　二、本書"彙校"彙集各家校語，明各本異同，兼録各處異文；"集釋"輯録各家注説。

　　三、彙校采用之舊本及參校文獻包括：

　　（一）魏徵等：《群書治要》，清嘉慶年間阮元輯宛委別藏收日本擺印本（或簡稱《治要》）。

　　（二）杜佑：《通典》，明嘉靖十八年西樵方獻夫刊本。

　　（三）李昉等：《太平御覽》，《四部叢刊三編》收1935年上海涵芬樓影印中華學藝社借照日本帝室圖書寮、京都東福寺、東京岩崎氏静嘉堂文庫藏宋刻本（或簡稱《御覽》）。

　　（四）《四部叢刊》本，上海涵芬樓據常熟瞿氏鐵琴銅劍樓藏影宋鈔本影印。

　　（五）《平津館叢書》本，清孫星衍據宋雕本影寫刊版。

　　（六）文淵閣《四庫全書》本。

　　（七）《四部備要》本，民國中華書局排印。

　　（八）施子美：《施氏七書講義》之《吳子講義》，日本文久三年刻本（或簡稱《講義》）。

（九）劉寅：《武經七書直解》之《吳子直解》，1933年陸軍印刷所影印江蘇省立國學圖書館藏明萬曆九年刻本（或簡稱《直解》）。

（十）歸有光：《諸子彙函》收《吳子》，明天啓五年立達堂刻本（或簡稱《彙函》）。

（十一）茅元儀：《武備志·兵決評》收《吳子》，明天啓元年秣陵章弼寫高梁刻本（或簡稱《武備志》）。

（十二）黃獻臣：《武經開宗》之《吳子》，日本寬文元年（1661）中野市右衛門刻本（或簡稱《開宗》）。

（十三）朱墉：《武經七書彙解》之《吳子彙解》，清光緒二年國英重訂嶺南古經閣刻本（或簡稱《彙解》）。

（十四）[日]關重秀《七書正義》之《吳子正義》。日本天保十三年（1842）大阪書林田中宋榮堂刻本（或簡稱《正義》）。

此外，除了《通典》《太平御覽》等類書中保留了一些《吳子》佚文，《尉繚子》、《李衛公問對》、杜牧《孫子注》、趙蕤《長短經》、司馬貞《史記索隱》、李善《文選注》等古籍和經傳注疏中也保留了一些《吳子》佚文。其作爲參校文獻皆隨文標出。

四、集釋各家包括：

（一）施子美：《施氏七書講義》之《吳子講義》，本同前。

（二）劉寅：《武經七書直解》之《吳子直解》，本同前。

（三）茅元儀：《武備志·兵決評》收《吳子》，本同前。

（四）明陳廷對等《韜略世法存》收李楘《新編吳子標題引證》，明天啓刻本。

（五）黃獻臣：《武經開宗》之《吳子》，本同前。

（六）〔日〕山中倡庵：《七書義解宗評訂識》，日本寬文元年（1661）中野市右衛門刻本。

（七）朱埔：《武經七書彙解》之《吳子彙解》，本同前。

（八）〔日〕佐藤坦（一齋）：《吳子副詮》，天保十一年（1840）文淵堂淺倉屋久兵衛等刻本。

（九）汪紱：《戊笈談兵·司馬吳孫》之《吳子》，清光緒二十一年刻本。

（十）〔日〕關重秀：《七書正義》之《吳子正義》，本同前。

五、本書按照底本優先、擇善而從的原則，對參校徵引之本出現的異文進行出校，底本難以確證有誤者皆從底本，或加按語辨其優劣；底本明顯錯訛者，依據校本改正。諸家注文如有明顯脫文誤字，皆徑改不出校。

本書徵引前人校釋，視其需要加按語補正解説。諸説凡有異同，或擇其是而舍其非；或諸説并存，加按語分析辨證；或另立新説。諸説近似，通常輯錄時間最早的訓釋，後出雷同的注解予以刪除。

六、本書校釋采用段下注形式，彙校集釋以原文段落爲單位，每段逐句校注。每句首列"彙校"，次列"集釋"，無校者直列"集釋"，無注者亦如之。

集釋錄各家注説，均直呼其名，以"某某某云"形式，按時代早晚排列。注解冗長者，稍作刪減，盡量保持原貌。爲了清晰、醒目，便於閱讀，各家注文皆分段排列。

七、在彙集前人注解時，對前人注解缺漏和明顯的錯訛之處，直接進行增補和糾正，不再出校。字迹漫漶不清又無法確證者用"□"代替。

八、在錄完各家注説之後，必要之處加按斷予以補正。

吳子卷上

【題解】

施子美曰：《吳子》者，吳起所著之書也。起嘗殺妻以求將，嚼臂以盟母。其忍固不可言。然而用兵，司馬穰苴不能過。是以君子遺其行而取其材。噫，盜嫂受金者，不失爲漢之謀士。食人雞子者，不失爲衛之良將。吾方以能取人，何暇恤其他。此吳起之兵法所以傳也。

劉寅曰：吳，姓；起，名也。其先本魏人，學兵法爲魯將，破齊有功。人有讒起者，魯君疑之，遂去魯適魏。

李楨曰：吳子，衛人。後以讒奔魏。魏將之，攻秦，拔五城。後又奔楚，楚立爲相。以廢公族多，衆共殺之。其用兵，即穰苴莫過。所著書六篇，皆其身試之而有成效者也。

黃獻臣曰：吳子，魏人。爲魯將，破齊，因讒去魯歸魏。魏將之，攻秦，拔五城。又因讒棄魏奔楚，楚立爲相，多戰功。茲所著六篇皆親身做出，非空殼話頭。雖以廢棄公族爲楚族米驪所殺，不獲令終，然其言近於正，如所云在德不在險，及圖國以和，教民以禮，治兵以信，皆似聞道之言，非若孫子之一於奇謀也。善讀者師其義可也。

朱墉曰：吳子，衛人。迨武侯相田文，吳起不悅，與田文論功。田文既死，公叔爲相，害吳起。起懼得罪，遂去之楚。楚立爲相，南平百越，北并陳蔡，卻三晉，西伐秦。著兵書六篇，與悼王議削族祿。宗室大臣作亂而攻吳起，起走之王屍而伏之。擊起之徒刺吳起，并中悼王。太子立,盡誅射吳起并中王屍者。

關重秀曰:及悼王死,爲楚族所殺,起抱王屍而受射刺,故起死而後夷七十餘家之宗。今此《吳子》六篇,蓋於魏所說之兵法而魏人記之者也。

【按】劉、黃謂吳起爲魏人,誤。《史記·孫子吳起列傳》:"吳起者,衛人也,好用兵。"

圖國第一

【題解】

劉寅曰:圖國者,謀治其國也,國治方可以用兵。篇内有"圖國"二字,故取以名篇。

李槖曰:然圖謀國家大事,實爲行兵第一要務。故以"圖國"爲篇首。

朱墉曰:圖謀治國之事也。

吳起儒服,以兵機見魏文侯。① 文侯曰:"寡人不好軍旅之事。"② 起曰:"臣以見占隱,以往察來。主君何言與心違?③ 今君四時使斬離皮革,掩以朱漆,畫以丹青,爍以犀象,冬日衣之則不温,夏日衣之則不涼;④ 爲長戟二丈四尺,短戟一丈二尺,革車奄户,縵輪籠轂,觀之於目則不麗,乘之以田則不輕,不識主君安用此也?⑤ 若以備進戰退守,而不求能用者,譬猶伏雞之搏狸,乳犬之犯虎,雖有鬥心,隨之死矣。⑥ 昔承桑氏之君,修德廢武,以滅其國。有扈氏之君,恃衆好勇,以喪其社稷。⑦ 明主鑒茲,必内修文德,外治武備。故當敵而不進,無逮於義矣。僵屍而哀之,無逮於仁矣。"⑧ 於是文侯身自布席,夫人捧觴,醮吳起於廟,立爲大將。守西河,與諸侯大戰七十六,全勝六十四,餘則鈞解。闢土四面,拓地千里,皆起之功也。⑨

①【彙校】
《彙解》以此句爲小序,此句以下爲《圖國》篇。
【集釋】
施子美曰:人言文武異途,兵儒異道。縉紳之士,豈甲胄之臣所輩哉?今吳起以兵機見文侯,而乃儒服者,不其矯歟?非也。起固曾子弟子也,舊常儒服矣,詎可於一見之間而變之乎?文侯者,魏斯也。吳起本魯人也,見疑於魯,聞魏文侯賢,而往見之,安得不儒其服而兵其機哉?

劉寅曰:服儒者之服,以兵機見魏文侯。文侯,晉大夫魏斯也,與趙籍、韓虔共分晉地爲諸侯。

李槱曰:此題首云以儒服見,明以起學於曾子,猶不失有儒者風味。然曰以兵機見魏文侯,則是好戰嗜殺之徒,不離戰國陋習,字字《春秋》書法。

山中倡庵曰:朱子曰:"儒學者稱。"《論衡》曰:"能説一經者爲儒生。"愚按:吳起服儒者之服而見文侯也。《字彙》曰:"機,巧術。"愚按:巧術者,巧爲之方術也。蓋起以兵之巧術見文侯而欲爲榮名者也。

朱墉曰:儒服,身衣儒者之服也。兵機,兵家機密之事也。

關重秀曰:小序也。儒服以兵機,謂文武兼備也。

【按】兵機,用兵的機謀,軍事機要。此句言吳起以儒者身份見魏文侯。《史記·孫子吳起列傳》:"吳起者,衛人也,好用兵,嘗學於曾子。"《吕氏春秋·當染》:"子貢、子夏、曾子學於孔子,田子方學於子貢,段干木學於子夏,吳起學於曾子。"郭沫若《述吳起》:"吳起在魯之年,曾子應已早卒,吳子不得及其門。唯王應麟考證引劉向《别錄》叙《左氏春秋》之源流,言'左丘明授曾申,申授吳起'。"則吳起所師者,乃曾申而非曾參。左氏傳授之説雖不足信，曾、吳師承關係則較可信。至少可作爲東漢人對於"曾子"之一種解釋，蓋曾參故稱曾子，其子曾申亦可稱曾子也。魏文侯重禮尊儒，《漢書》卷二十二："至於六國，魏文侯最爲好古。"《吕氏春秋·察賢》："魏文侯師卜子夏，友田子方，禮段干木，國治身逸。"吳起儒服，又言兵機，或欲以文武兼備之資欲求得魏文侯的重視。從下文文侯對軍旅之事的閃爍其詞來看，吳起或欲以文士身份掩人耳目也。

②【集釋】

施子美曰：文侯而不好軍旅之事，何不去備撤具，而使人自知之，又何以口舌争哉？

劉寅曰：聞吳起之説乃曰："寡人不好愛軍旅之事。"寡人，寡德之人，文侯自稱也。萬二千五百人爲軍，五百人爲旅。軍旅，蓋言戰伐之事也。

黄獻臣曰：此佯言。

朱墉曰：寡人，寡德之人，謙詞也。

佐藤一齋曰：佯言以試起。

【按】軍旅：指軍隊或战争。《周禮·地官·小司徒》："五人爲伍，五伍爲兩，四兩爲卒，五卒爲旅，五旅爲師，五師爲軍，以起軍旅，以作田役。"軍旅作爲軍隊之建制，不同時代、不同國家皆有不同。此以軍旅代指戰伐之事。如《韓非子·難一》："然必曰出於詐僞者，軍旅之計也。"

③【集釋】

施子美曰：見者，迹也。隱者，心也。往者，已爲也。來者，未爲也。觀其迹，可以知其心；觀其已爲，可以知其未爲。

劉寅曰：吳起對文侯而言："臣以事之顯者占知事之隱者；以事之往者審察事之來者，主君如之何言與心違背也。"

山中倡庵曰：《韻會》曰："見，行甸切，顯也。"《周易程傳》曰："占，謂占决卜度，非以蓍龜。"愚按：占隱，量察文侯之中心也。以蓍龜非占之,以心考度之也。

朱墉曰:以見者,即目中所見也。隱,心中隱微也。往,已往之事也。來,未行之事也。違,背也。

佐藤一齋曰:見,見於外者。隱,隱於內者。往,既往之迹。來,將來之事。

【按】占,推測。"見"讀作"顯",《漢書·鄒陽傳》:"鄉使濟北見情實。"顏師古注:"見猶顯也。"

④【彙校】

爍以犀象,"爍",《彙函》作"鑠"。

【集釋】

施子美曰:斬,斷也。離,折也。斷折其皮革以爲用。而籠以朱漆,堅以犀象,此非爲甲而何?

劉寅曰:今主君於春夏秋冬四時斬離羣獸之皮革,掩之以朱漆之飾,取其光澤也;畫之以丹青之色,取其嚴麗也;爍之以犀象之形,取其威猛也。朱,赤色。漆,木之液也,粘可飾器。丹青,畫工所用之色。凡遠視之,明莫若丹與青也。犀、象皆獸名。犀,一角,形如水牛,頭如豬,居海中。冬寒之日,衣之於身則不温暖;炎夏之日,衣之於身則不清凉。蓋言朱漆、丹青之皮革也。

茅元儀曰:斬離,猶言裁制以爲衛身之衣甲也。

黃獻臣曰:斬離,開剥皮革以爲衣甲。掩,塗飾。掩以朱漆,取其光澤。畫以丹青,取其華麗。爍以犀象,取其威猛。

山中倡庵曰:《義》曰:掩以朱漆,堅以犀象。《解》曰:爍之以犀象之形,取其威猛也。《宗》曰:取其威猛。愚按:依《義》之說,則曰犀象爲所以堅甲冑者,恐未然。以犀象之形於甲冑之外面,或圖畫,或雕刻,以威服敵人之人馬也。《解》及《宗》之說近是。

朱墉曰:皮革,羣獸之皮也。朱,赤色。漆,木之液也,粘可飾器,取其光澤。丹青,畫工所用之也。爍,光彩閃爍也。

關重秀曰:爍,光貌。犀皮堅可爲甲,而獸之角牙有光澤甚美,故以之飾甲也。

【按】離,析也。分割、剥離之義。斬離皮革,指用皮革製作鎧甲。《荀子·議兵》:"魏氏之武卒,以三屬之甲。"楊倞注引如淳曰:"上身一,髀一,踁繳一,凡三屬也。"此指宰剥獸皮以爲甲冑之用。掩,塗飾。爍以犀象,爍,裝飾也。《文選·何晏〈景福殿賦〉》:"點以銀黄,爍以琅玕。"吕延濟注:"爍,亦飾也。"此爲以犀象之形裝飾之義。劉、黄、倡庵説是。丹青,丹砂與石青,此處泛指顔料衆色。

⑤【彙校】

"爲長戟二丈四尺",按此文當有誤,《周禮》之制,戰戟長一丈六尺,此云二丈四尺,合今近六米,固非其制。此或亦當爲"一丈六尺",因下有"一丈二尺",後人倍之,遂成今文。"一""二"形近。篆文"六"字作"兮",於"四"字亦形近(《説文》載古文"四"作"兮",古書"四""六"多互訛)。

革車奄户,"奄",《直解》、《彙函》、《開宗》、《武備志》、《彙解》、關本作"掩"。乘之以田,"以",《彙函》作"於"。

【集釋】

施子美曰:長戟、短戟,此乃《周官》廬人爲廬器之制也。攻國之兵欲長,故長戟以二丈四尺;守國之兵欲短,故短戟以一丈二尺。革車奄户,縵輪籠轂,此正興人爲車之制也。革車,則有革以爲固。奄户,則掩其門也。縵輪,則致飾於輪。籠轂,則以物掩轂也。甲之爲用,以冬日衣之則不温,夏日衣之則不凉。車戟之用,觀之於目則不麗,乘之以田則不輕。此乃攻戰之具,有其具而曰不好其事,果安用此哉?

劉寅曰:戟,有枝兵也。二與四皆陰數,陰主殺,故兵器皆用陰數也。革車,兵車也。掩户,言其多也。縵輪籠轂者,以皮革縵其輪,籠其轂,故號爲革車也。輪,車之兩輪也。轂者,外持輻、内受軸者也。觀之於目,則無華麗之色;乘之以田,則無輕疾之功,不知主君將安用此也。

李槃曰：此題要認一"用"字，以此覘主君有用兵欲爲攻守之具，安得爲不好軍旅之事。正見其言與心違處。

黃獻臣曰：掩戶，高大故能掩戶。若非好軍旅，不識制此爲何用也？

佐藤一齋曰：戶，兵車出入處有戶。縵輪籠轂，縵蔽兩輪，籠罩長轂。皆革飾也。

關重秀曰：革車，尚堅固也。奄戶，禦矢石也。縵，無紋飾也。籠轂，謂受輻之深也。轂，居輪之正中而湊輻，圍軸轉搖之器也。麗，美也。田，獵也。是以見占隱也。

【按】革車，兵車。《孟子·盡心下》："武王之伐殷也，革車三百兩（輛）。"趙岐注："革車，兵車也。"奄，通"掩"，掩藏，關閉。奄戶，遮掩車門，以禦箭石也。革車奄戶，縵輪籠轂，兩句對舉，皆指兵車特有之象，非言兵車之多，亦非言兵車之高也。縵、籠皆爲包裹之義。"縵"，《續資治通鑑長編》卷一百七十八、《玉海·兵制》、《群書會元截江網》卷十五引作"輓"，《源流至論·車戰》引作"挽"，"輓""挽""縵"皆"綰"之假，《廣韻》："綰，繫也。"縵輪籠轂，乃兵車之象，《史記·三王世家》之《集解》引《韓詩章句》："車有大戎十乘，謂車縵輪，馬被甲，衡扼之上盡有劍戟，名曰陷軍之車。"掩戶、縵輪、籠轂皆兵車之制，以備箭石也。田，同"畋"，打獵。不識，不知也。

⑥【彙校】

"譬猶"，《武備志》作"譬如"。

【集釋】

施子美曰：伏雞者，伏而育其子者也。乳犬者，乳而飼其子者也。彼其心慈愛，唯恐物之或傷其子。而狸虎或害之，彼必與之鬥，雖有鬥心，然其勢不敵，死之必矣。吳起此言欲文侯以己爲將也。

劉寅曰：犬、狸、虎皆獸名。狸似貓。《講德論》云："養雞者不畜狸。虎夜視目有光，脇間及尾端有骨如一字。長一二寸，即其威也。"

黃獻臣曰：伏雞，雌伏之雞。乳犬，乳字之犬。此吳起初見文侯，先下一語抉其心苗,且即其日所加意從事者,惕以不得能用之人而輕試戰鬥,死亡立見,令之膽寒魄喪,不得不委心聽命,此起之善於投機處。首提儒服者,明其得儒者之道也。

朱墉曰:伏雞,雌雞,好伏。乳犬,小犬也。

佐藤一齋曰:伏雞,伏雛之雞。

關重秀曰:能用者,良將也。伏,抱卵也。乳,生子也。搏,擊也。

【按】《一切經音義》卷十二:伏雞,謂雞傴伏其卵也。"伏",《說文》作"孚",云:"孚卵也。"即"孵"之本字。伏雞者,孵而育子之雌雞。乳犬者,乳而飼子之母犬。朱墉以"伏雞"爲"雌雞","乳犬"爲"小犬",誤。

⑦【彙校】

昔承桑氏之君,"承",《太平御覽》卷五百九十一唐太宗《金鏡》引無。【按】下"有扈氏之君",《金鏡》作"有扈之君",以滅其國,"國"下,《直解》、《開宗》、《武備志》、《彙解》、四庫本皆有"家"字。【按】《太平御覽》卷五百九十一唐太宗《金鏡》《長短經·反經》注引《吳子》均無"家"字,是唐本無"家"字;《續古逸叢書》本、《平津館叢書》本、《講義》無"家"字,《困學紀聞》卷十引亦無"家"字,是宋本無"家"字。蓋此本以"以喪社稷"與"以滅其國"對,皆四字爲句。後人先於"喪"下補"其"字,以"以喪其"與"以滅其"相對,復又於"國"下補"家"字,以"社稷"與"國家"相對,遂成今本。

有扈氏之君,"氏",《太平御覽》卷五百九十一唐太宗《金鏡》引無。以喪其社稷,"其",《太平御覽》卷五百九十一唐太宗《金鏡》《長短經·反經》注引無。【按】無"其"字爲上,見上疏。

【集釋】

劉寅曰:承桑氏、有扈氏,皆古諸侯也。承桑氏之君,但修文德,廢其武備,以滅亡其國家。有扈氏之君,但恃衆好勇,不修文德,以喪失其社稷。

朱墉曰:廢武,不治武備也;好勇,不修文德也。

關重秀曰：是以往察來也。

【按】承桑氏未聞，《路史·禪通紀》曰："（神農）納承桑氏之子。《漢書》作'桑水氏'，《書傳》多作'奔水氏'，字轉失也。《吳起》云：'承桑之君，修德忘武，以喪其國。'神宗皇帝《神武秘略》言'有唐滅之'，唐太宗《金鏡述》惟作'桑氏'，即承桑也。"以"承桑氏"即"桑水氏"（奔水氏），然考之諸書，神農所娶，《大戴禮記》云"竭水氏"，《帝王世紀》言"奔水氏"，《元和姓纂》言"根水氏"，皆無省"水"字者。今《漢書》亦無"桑水氏"，羅氏所言，恐傅會也。有扈氏：《尚書·甘誓》："有扈氏威侮五行，怠棄三正，天用剿絕其命。"孔注："有扈，國名，與夏同姓。"馬注："姒姓之國，為無道者。"王國維《殷卜辭中所見先公先王考》認為有扈氏即有易氏。社，土神。稷，穀神。古代祭祀土神和穀神的活動皆由部落首領或君主主持，故常以社稷為國家之代稱。

⑧【彙校】

外治武備，"備"，《長短經·反經》注引作"訓"。【按】《三國志·吳書·孫慮傳》注引孫權詔曰："內修文德，外經武訓。"似用《吳子》文，亦作"訓"字。《國語·魯語下》"習武訓"注："訓，教也。""備""訓"俱通。

故當敵而不進，"當"，《長短經·反經》注引作"臨"；"而"，四庫本無。【按】"當敵不進"與"僵屍而哀之"對文，此有"而"字為上。"當""臨"俱通。

無逮於義矣，"義"，《長短經·反經》注引作"恭"；"矣"，《長短經·反經》注引無。

僵屍而哀之，"哀"，《彙函》作"失"。

無逮於仁矣，"逮"，《長短經·反經》注引作"及"。【按】"逮""及"義同。

【集釋】

施子美曰：承桑氏之君，一於文而不知武，故滅其國。有扈氏之君,一於武而不知文,故喪其社稷。皆偏而弊者也。承桑之所爲,其宋襄乎? 宋襄務行仁義,而反喪其國,偏於文之弊也。有扈之所爲,其州吁乎? 州吁阻兵安忍而自取隕身,此偏於武之弊也。明主鑑兹,故内則修文德,外則治武備,示不偏勝也。

劉寅曰:遇敵則當進戰,不進而守義反爲彼所乘。見僵屍而哀之,不忍於戰而惟恐傷人,守姑息之仁,而反爲敵所敗也。

李樗曰:此題吴子説話意還重武一邊。因武侯有尚武之意,故爲是以投其所好。其後竟爲武侯立武功,不知圖國者還宜以文教爲先也。

黄獻臣曰:僵屍,見僵化之屍。言不能預爲制勝,以救民於未死,雖有仁心,亦何益矣? 此舉古文武偏廢之害,言明主修治之當豫文以安内、武以治外。義以危敵,仁以救民,文武合一,仁義兼資,明主之道也。吴子學於曾子,想從大勇教中理會來,洵登壇之正法也。

朱墉曰:鑑,視也。鑑兹,以此爲戒也。不進,無斷也。逮,及也。僵屍,僵伏之屍也。哀,傷也。

佐藤一齋曰:文武一體也。武備不治,則文德亦無逮矣。仁義即文德,起之儒服説兵以此也。

關重秀曰:德可懷,故曰内;備課威,故曰外。當敵而不進,勵之以義;見民戰死,而哀之以仁。

【按】僵屍,使人變爲屍體,指致人傷亡。"當敵而不進"與"僵屍而哀之"對文,皆謂不治武備。施云"坐視其死而不救",則謂"當敵而不進"致自己百姓之死傷,故而哀之。劉謂"不忍於戰而惟恐傷人",則僵屍者爲敵我雙方之人。二説皆通。

⑨【彙校】

鈞解,"鈞",《彙函》《武備志》作"均"。【按】"鈞"同"均","相同""相等"之義,謂交戰雙方難分勝負而解除戰鬥。

【集釋】

施子美曰:有非常之禮,而後可以待非常之才。有非常之才,而後可以立非常之功。醮廟之儀，大將之任，此豈常禮哉？君身布席，夫人捧觴，所以致其敬也。醮之於廟，所以告於神也。立爲大將，所以重其權也。

劉寅曰：鈞解，無勝無負也。闢土四面，開拓其地千里之遠，皆吳起之功也。此章後人總敍吳起始末，非吳起所自作也。

黃獻臣曰：布席，設坐也。醮，以酒灌地也。西河，魏地，與秦接境者。此言文侯委任吳子而并及其功勳，以見任賢有效也。

朱墉曰：觴，酒器也。捧，執也。醮，禱祭以酒灌地也。均解，彼此相持，無勝無負也。拓，充大開闊也。

關重秀曰：捧觴醮吳起，席待賓客之禮，捧兩手拱拓也。觴，酒巵之總名。醮，酌而無酬酢也。自此以下，記者之文。西河，地名，吳子爲西河守。均解，謂交綏也。拓，開也。闢土四面，耕治也。拓地千里，侵取也。此一章蓋魏侯吳子之問對而記者述之者也。

【按】布，鋪設，安排。醮：謂尊者對卑者酌酒，卑者接受敬酒後飲盡，不需回敬。《儀禮·士冠禮》："若不醴，則醮，用酒。"鄭玄注："酌而無酬酢曰醮。"錢玄《三禮名物通釋·飲食之禮》："酌而無酬酢者，用醴曰醴，用酒曰醮。均爲尊者對卑者之禮。"西河，又稱河西，戰國時魏郡名。其地多與秦國相鄰，轄境約相當於今陝西東部，黃河西岸地區。

吳子曰："昔之圖國家者，必先教百姓而親萬民。①有四不和：不和於國，不可以出軍；不和於軍，不可以出陳；不和於陳，不可以進戰；不和於戰，不可以決勝。是以有道之主，將用其民，先和而造大事。②不敢信其私謀，必告於祖廟，啓於元龜，參之天時，吉乃後舉。③民知君之愛其命，惜其死，若此之至，而與之臨難，則士以進死爲榮，退生爲辱矣。"④

①【彙校】

"吳子曰",《彙函》作"吳起曰"。

昔之圖國家者,"昔",《治要》作"古"。

關重秀《正義》以此章爲《圖國》之首章,凡七章。以舊本首章爲全書小序。

【集釋】

施子美曰:百姓,百官族姓也。萬民,民也。百姓言教,而萬民言親者,蓋百官者教文所自出,故以教言。萬民則欲其從上之教,故以親言。昔之圖國家者,必先諸此,故於百姓則教之,而人習於戰。於萬民則親之,而人無異情。教之所宜,合上下而言之,故以百姓言,是百官與民皆在其中也。至於親之,則止於萬民而已,故以萬民言之。

劉寅曰:吳子言:"古之人君謀治國家者,必先訓教百姓而親附萬民。"百姓,謂畿內之民。萬民,通境內之民而言也。百姓曰教,萬民曰親,互文耳,非謂萬民不教而百姓不親也。王者一視同仁,篤近舉遠,無內外之分耳。

李樏曰:此題百姓、萬民分遠近看,而教與親宜互見。蓋教之則必親,而親之必先教,此所謂和也。和則可造大事矣。

朱墉曰:百姓,畿內之民。萬民,畿外之民也。

關重秀曰:圖,圖治也。百姓、萬民,泛指衆也。欲伐人之國,先治我國。故以圖國爲第一。"必先"之字可玩味。

【按】明徐允禄《思勉齋集》卷二:"故善爲國者,必講於下豫附之理也。善乎?吳子之言曰:'昔之圖國家者,必先教百姓而親萬民。'夫民有萬心,則一耳。上咈之,彼不謀而皆怒;上煦之,彼不謀而皆和;上機之,彼不謀而皆詐;上信之,彼不謀而皆情。故曰,百姓可教也,萬民可親也。以教爲親,故其親而不靡;以親爲教,故其教行而不犯。以親之教之之衆爲腹心,於城,故其衆有前死而不卻。以前死不卻之士爲師,故其師聚則成卒,散則成列,延則莫鋣之長刃,嬰之者斷。銳則若莫鋣之利鋒,當之者潰。圜居而方正則盤石然,觸之者角摧。而君乃處勢至便以宰割天下。遺德尚可以泣三軍,餘威猶可以振殊俗,則教與親之效也。"

②【彙校】

"有四不和",《治要》作"民有三不和",《御覽》卷二百七十二作"人有三不和"。

不可以進戰,"進",《御覽》卷二百七十二作"出"。

"不和於戰,不可以決勝",《治要》《御覽》卷二百七十二無此句。

先和而造大事,《直解》:舊本有"後"字無"大"字。《彙解》作"先和而後造大事"。

【集釋】

施子美曰:《周禮·大司馬》大閱之法,以旌爲左右和之門。群吏以叙和出。夫旌爲軍門,而名之以和者,蓋師克在和,不在衆。商周之不敵,有自來矣。此軍之所以貴乎和也。和於國而後可以出軍。李、郭在朝,相勉以忠義,此和於國也。乃若趙旃、魏錡求卿、求公族不得而欲敗晉軍,是豈和於國耶?不和於國,其何以出軍?和於軍而後可以出陣。晉之四軍無鬥,八鄉和睦,此和於軍也。乃若周瑜、程普俱爲部督,以不睦而幾敗國事,豈和於軍耶?不和於軍,其何以出陣?和於陣而後可以進戰。晉之師乘和,師必有大功,此和於陣也。乃若彘子以偏師陷,而因以敗績,是豈和於陣乎?不和於陣不可以進戰,和於戰而後可以決勝。張遼、李典不以私憾忘公義,乃率衆破權,是和於戰也。乃若羊斟怒而陷宋師,豈和於戰耶?不和於戰,不可以決勝。不和之害如此其大,是以有道之主,將用其民,豈不先和而後造大事?

劉寅曰:四不和謂國、軍、陳、戰也,一不和且不可,況四不和乎?此吳子所以首言之也。不和於國者,君臣上下不相和協也。國既不和,民心乖違,故不可以出軍也。不和於軍者,將吏士卒不相和協也。軍既不和,衆心乖違,故不可以出陳也。不和於陳者,行列部伍不相和協也。陳既不和,行伍乖違,故不可以出戰也。不和於戰者,坐作進退不相和協也,戰既不和,進退乖違,故不可以決勝也。是以有道之主將用其民必先和於國、和於軍、和於陳、和於戰,然後敢造征伐之大事。

李㮈曰:"先和而後造大事",總結上文。"先和"正應前教百姓親萬民意。此題最重在"和"字,此和即人和之和。大事,謂征伐也。先和而造大事,即得道者多助之意。下文告廟啓龜,庶得致慎之道。

朱墉曰:不和於國者,君臣上下離心也。不和於軍者,將吏士卒不附也。不和於陣者,行伍布列不整也。不和於戰者,坐作進退乖違也。造,作也。大事,征伐之大事也。

關重秀曰:不可以出軍,君臣上下不相和故也。不可以出陣,將吏士卒不相和故也。不可以進戰,隊伍部曲不相和故也。不可以決勝,坐立進止不相和故也。故曰:"天時不如地利,地利不如人和。"人和,用兵之至要矣。

【按】和則聚國勢,和則養民氣。先和方可言戰。《施氏七書講義》之《孫子·軍爭》講義曰:"和者,軍門也。司馬仲冬大閱之法曰,以旌爲左右,和之門。則和者,軍門也。軍門而謂之和者,以其和而後可以就大事也。在《傳》則曰:'師克在和。'"《孫子》曰:"令民與上同意,可與之死,可與之生,而不畏危。"《尉繚子》曰:"未有不信其心而能得其力,未有不得其力而能致其死戰者矣。"《三略》曰:"爲國之道,恃賢與民,信賢如腹心,使民如四肢。"清汪縉《汪子三錄》下"兵家上":"兵分權謀、形勢、陰陽、伎巧四家。綜其要旨有三:一曰養民氣,一曰定軍志,一曰審敵情。……《兵志》曰:'昔之圖國家,必先教百姓而親萬民。'此養民氣之謂也。"大事,《左傳·成公十三年》:"國之大事,在祀與戎。"此指戰爭。

③【集釋】

施子美曰:斷之於己,不若稽之於神。稽之於神,不若求之於天。私謀之所及,一己之見也。不敢信其私謀,則斷於己者,有所不足恃也。告於祖廟,啓於元龜,所以稽之神也。稽之神亦有所不足恃,故必求之於天,參之天時,所以求之天也。夫如是,既得其告,而後舉而用之,必有成功矣。昔武王之克商也,非武王之私謀也。載木主而行,告廟之意也。夢葉朕卜,啓之元龜也。至於白魚入王舟,火流於黄屋爲烏,又天之時也。

劉寅曰:不敢信衆人之私謀者,恐其謀之不公也。必告於先祖之廟者,示不敢專也。啓於元龜而問其吉凶者,質之於神明也。參之天時者,驗其天時之順不順也。龜兆曰吉,天時又順,然後乃舉兵而爲戰伐之事。元龜,大龜也,出蔡州。

朱墉曰:元,大也。元龜出蔡地,占卜吉凶者也,質之於神也。參之天時,驗其天時之順不順也。

佐藤一齋曰:吉,不獨指卜兆。先祖饗,天時若,亦是吉。

【按】《韜略世法存·新編武侯兵要箋注評林》"和人"第四十三:"夫用兵之道在於人和,和則不勸而自戰大。若人吏相猜,士卒不服,忠謀不用,群下謗議,讒慝互生,雖有湯武之智,而不取勝於匹夫。況其衆者乎?"告於祖廟,啓於元龜,仍是和人聚氣之舉。告,禱告。啓,啓奏,禀告,指用元龜告問神靈,占卜吉凶。參,參驗,驗證。

④【彙校】

臨難,"難",《彙解》作"戰"。"進"原作"盡",據《講義》、《直解》、《開宗》、《武備志》、《彙解》、關本改。

【集釋】

施子美曰:以愛民爲心者,必不敢輕用其民。以愛君爲心者,必思所以報其君上。以此心待之,則下以此心應之。理之必然也。夫處兵戰之場,擁直屍之地,人情之所甚畏也。今而從役於斯者,乃以進死爲榮,退生爲辱。以上之用我者,愛惜既至,而未嘗敢輕。故士之思報其上,必死而後已。故甯就死以爲義,而無幸免以偷生也。古之人所以病者求行、棄賞願戰者,皆所以爲報也。而況君之愛惜之至,詎不知所報耶?

劉寅曰:民知君愛我之命,惜我之死,如此之至,而與之臨難,則士皆以前進致死爲榮貴,以退後偷生爲恥辱矣。

　　汪紱曰:此吴子圖國第一義。兵以人和爲本,先和而後造大事,真萬世用兵之大法也。

　　吴子曰:"夫道者,所以反本復始;義者,所以行事立功;謀者,所以違害就利;要者,所以保業守成。① 若行不合道,舉不合義而處大居貴,患必及之。② 是以聖人綏之以道,理之以義,動之以禮,撫之以仁。③ 此四德者,修之則興,廢之則衰。故成湯討桀而夏民喜悦,周武伐紂而殷人不非。舉順天人,故能然矣。④"

①【彙校】
"吴子曰",《彙函》無此句。
【集釋】
施子美曰:聖人爲治於天下,豈一端而足哉?因其時而施其序矣。道以致治,是爲無兵之時。義以制治,是爲有兵之時。謀以圖治,是爲用兵之時。要以保治,是爲寢兵之時。方其時之無兵也,必以道綏之,求其初心,還其固有,逐末者使之反本,迷終者使之復始,所以致治也。及時之有兵也,必以義理之,發之以陽,會之以陰。于以行征伐之事,于以立征伐之功,所以制治也。既有兵矣,勝負未可知,而欲用之也,故有謀以決之,以之違害就利,所以圖治也。害既除,利既就,於此而可以寢兵矣,故有要以持之,所以保業守成而以保治也。凡此者,治之有方,用之有序也。昔武王以有道之資而觀兵孟津,欲紂之有悛心,此武王反本復始之道也。不得已而遂有牧野之師,此武王行事立功之義也。謀之太公,所以違害就利也。歸馬放牛,所以保業守成也。不惟武王盡之,至於列國之諸侯,如楚文王者,亦能知之,止戈爲武,亦反本復始之道也。定功之説,亦行事立功之義也。所謂禁暴救亂者,非違害就利之謀乎?所謂保大者,非保業守成之要乎?武有四德,而文王能盡之,其伯諸侯也,宜矣。

劉寅曰:吳子言:"夫道者,所以反求根本而復還其始初禀受於天之理。"道者,事物當然之理,人之所共由者,如父子之親,君臣之義,夫婦之別,長幼之序,朋友之信是也。人能即所居之位,隨事反求其根本,而復還其始初禀受於天之理,則道無不盡矣。義者,心之制,事之宜也。惟其心有裁制,而事皆合宜,所以能行事立功也。《書》曰:以義制事,既能制事而行,則能立功而義無不盡矣。謀者,智慮,籌度也。惟其有智慮,能籌度,所以見害則避,見利則趨也。要者,約之以禮也。孔子曰:"以約失之者鮮矣。"惟能以禮約之,所以能保業守成也。

李樗曰:此題最重一"道"字,道即五倫之道,本初始受於天。即有此道,能反其本而復其始初。五倫既明,有不戰,戰必勝矣。義者,心之制,事之宜也。惟其心有裁制而事皆合宜,所以能行事立功也。此題事功申說,事之成就處爲功。如湯武以應天順人爲事,自然成天與人歸之功。結宜歸束在保業守成上去。謀者,智慮,籌度也。能籌度,所以見害則避,見利則趨也。要者,約之以禮也。能以禮約之,所以能保業守成也。此題"要"字宜帖"禮"字看。然守成與創業不同。守成宜與民休息,但每事以禮執其要而已,末又須結出道、義、謀亦在所當知意方完。

黃獻臣曰:反本,反求根本。復始,復還始初,克全禀受之正。謀,權謀。要,機要。

山中倡庵曰:《義》曰:"道以致治,爲無兵之時;義以制治,爲有兵之時。"愚謂此義爲難信矣。無兵之時,有無兵之道;有兵之時,有有兵之道。無兵之時,有無兵之義;有兵之時,有有兵之義也。何以道爲無兵之時,以義爲有兵之時乎?《解》曰:"道者,事物當然之理,人之所共由也。如父子之親,君臣之義,夫婦之別,長幼之序,朋友之信是也。"《宗》亦從《解》之說爲義也。愚謂此說亦難信矣。此"道"之字,對下文"義""謀""要"之字而説,何得爲君、臣、父、子等之五典之大道説乎？蓋嘗論之也。朱文公曰：道即理也。又曰：理,根本之謂。有體之物,必有本末；無體之事,必有終始。故不遂物之末而及其本,不拘事之終而復其始,則天下之事物雖斑斑而其條理分明而不相紊也。《大學》所謂"物有本末,事有終始",是本末之字義可足相徵乎？故返本復始之"本"字,唯始終之"始"不可,爲氣質稟受之始見也。大概聖凡之别,以庸夫之耳目不得聞見,以昏愚之心緒不得知覺矣。聖人所説者,亦一個道學；吴起所説者,亦一個道學。且所言者,雖不有分寸差,然心所存者,則天地懸隔矣。唯公私之異耳。故所言者雖相似,而至所行而其相違,雖以千里之度,又豈爲足記之乎？不可有不辨也。《周易説統》曰："未成言事,已成言功。"《解》曰："謀者,智慮籌度也。"《宗》曰："要,機要。"《解》却爲"要約"之義。愚謂"要約"之義略似安矣。

朱墉曰：道者,事物當然之理,人之所共由者也,如父子之親、君臣之義、夫婦之别、長幼之序、朋友之信是也。反本,反於根本也。復始,復還其稟受之始也。義者,心之制,事之宜也。謀者,計慮籌度也。違,背也,遠去也。利害相爲倚伏,最難分剖,惟善謀者籌度精詳,見其害則遠而避之,見其利即趨而赴之也。要,約也,政事樞要也,持其要領也。保業,保全基業也。守成,遵守成法,不敢廢墜也。

汪紱曰：道以在物之理言,明物之理便是還他的本始。義以制事之宜言,謀以度務之智言,要以治國之法度言。

闞重秀曰：追末緣終,百事違乖。事不葉宜,天人傾之。違者,去也。要,約也。業,治國安民之大業也。守成,率由舊章也。

【按】要,諸家多解爲"要領",劉寅作"約之以禮"解,李樗因之。朱墉兼取諸家之義,另又作"政事樞要"解,此義稍近之。愚謂"要"當作"權力""權柄"解。如《韓非子·揚權》："事在四方,要在中央。聖人執要,四方來效。"桓寬《鹽鐵論·國疾》："今公卿處尊位,執天下之要,十有餘年,功德不施於天下,而勤勞百姓。"《三國志·魏志·王凌傳》:"廢立大事,勿爲禍先。"裴松之注引晉習鑿齒《漢晉春秋》:"父子兄弟,并握兵要,未易亡也。"

②【集釋】

施子美曰:若夫所行而不合於道,所舉而不合於義,以之處大,則以大自傲,以之居貴,則以貴自驕。曾保守之不思,是自貽患也。故患必及之,此秦始皇之所以不再傳而亡也。

劉寅曰:若所行不合於道,舉動不合於義而處大位,居大貴,不勝其任,患難必及其身矣。

黄獻臣曰:大,大事。貴,位高。

朱墉曰:大,大位也。

汪紱曰:有驕恣而無謀之意。

闞重秀曰:大,大任也。貴,上位也。

③【集釋】

劉寅曰:是以古之聖人綏安天下必以道,所謂"綏之斯來"是也。治理國家必以義,所謂"以義治之之謂正"是也。動作衆庶必以禮,所謂"齊之以禮"是也。撫安兆民必以仁,所謂"一視同仁"是也。禮者,天理之節文,人事之義則也。仁者,心之德,愛之理也。

李槃曰:古之聖人綏安天下必以道,治理國家必以義,動作衆庶必以禮,撫安兆民必以仁。此題仁字包有四德在內,撫以仁,如湯武弔民伐罪不爲暴虐是也。然義之斷制,禮之節文,與大道之公,皆不可廢。

朱墉曰:綏,安也。天下與道相背馳,所以相戕賊而不安。聖人把綱常彝倫之道、啓迪之則,天下共由於大道之中而相安矣。理,治也。理治國家,必以義爲裁制也。動,鼓舞也。動作天下,必以禮爲興行也。感之以上下尊卑之節文也。撫,愛養也。愛養百姓,必以仁爲推循也,有萬物一體之懷也。

【按】綏,安定。理,治理。動之以禮,即"臨民以莊"之意,指進退皆符合禮儀規範。

④【集釋】

施子美曰：天下有四德，聖人不能違。聖人施四德，天下不能違。聖人之兵，聖人之德也。德寓於兵，故人見其德，而不見其兵。是以人之所爲，有不合於道者，吾則綏之以道，使之各安其業，而無悖理之憂。有不由於義者，吾則理之以義，使之去逆效順，而無失宜之憂。又且動之以禮，使之少長有序，上下有等也。撫之以仁，使之鰥寡得所，孤獨得養也。凡此者，天下之所以望治於聖人，而聖人所以爲治於天下，非一端而足也。故能道以綏之，則民安。義以理之，則民治。禮以動之，則民化。仁以撫之，則民利。是四德烏可偏廢邪？

劉寅曰：此道、義、禮、仁四德者，能修而行之，則國家必興。若廢而不行，則國家必衰。道、義、禮、仁皆性之德。道即事物當然之理。德即行道而有得於心者。其實一也。故成湯討夏桀而夏國之民喜悦，周武伐殷紂而殷邦之人不非者，舉事順從天命人心，故能如此也。《易》曰："湯武革命，應乎天而順乎人。"蓋應天順人者，道、義、禮、仁，修之則興也。桀紂之亡者，道、義、禮、仁，廢之則衰也。愚按：戰國之世論仁義道德者，孟軻也。吳起，兵家者流，亦以仁義道德爲言，何哉？蓋吳起學於曾子而曾子受之孔子，非其言之不同也。但曾子純於仁義道德，而吳起雜以權謀功利。此所以母死不奔喪而見絕曾子；殺妻求將而見讒於魯君；逃於魏而喪於楚。是起但能言之而不能行之故也。性有四德，而此章首曰"道、義、謀、要"，中正曰"道、義"，而末又言"禮、仁"者，蓋謀即智也，要亦禮也。道散之萬事，德會之一心。吳子之言有所本歟？

李檉曰：此題言修道、義、禮、仁之四德，則國家可興。然四德當以道爲主，而義、禮、仁皆以行此道也。

黃獻臣曰：此言本道義，爲權謀，而後得其機要，聖人以道義爲綏理群生之本，而又運之以禮、以仁，故能違害就利，保業守成。四德修，則爲湯武之應天順人；四德廢，則雖處大居高，必及於患。吳子論行師而本之夏民喜悦、殷人不非，深於天人之旨矣。

朱墉曰：四德，即道、義、禮、仁是也。行之而有得於心之謂德。修者，修補其缺也。四者，人之身心所自有，本諸身心而施諸政事，非克自修無以致國家之昌隆。則興者，興之速也，興起爲帝王也。湯，商王也。桀，夏王之無道者。武，周王也。紂，商王之無道者。非，議論也。不非，不謂其不合於理也。天人者，上順乎天心，下順乎人意也。能然者，指喜悦、不非而言也。

汪紱曰：人見此節前言道義謀要，後言道義仁禮，遂疑其不相合。不知道只就現成説，義以行道，謀以度義，要以定謀，止是一事。後面道字大概，義字細密，禮是道義之節，仁是道義之心，不必以前後相應，亦不是矛盾也。又其意中止重"道""義"二字，觀其中言行不合道，舉不合義，末言舉順天人可見。蓋行、舉合道義，則自無非仁禮之事矣。觀者勿誤。

吴子曰："凡制國治軍，必教之以禮，勵之以義，使有恥也。夫人有恥，在大足以戰，在小足以守矣。①然戰勝易，守勝難。②故曰：'天下戰國，五勝者禍，四勝者弊，三勝者霸，二勝者王，一勝者帝。'是以數勝得天下者稀，以亡者衆。"③

①【彙校】

《治要》本段在《論將》篇。凡制國治軍，"軍"下，《武備志》有"者"字。"必教之以禮"，《治要》作"必設之以禮"。"使有恥也"，《治要》無此句。

【集釋】

施子美曰：辭遜之心，禮之端也。羞惡之心，義之端也。人人皆有是心，即是心而教勵之，則可以有恥矣。古之人内而制國無異於治軍，外而治軍無異於制國，是何也？禮義無異理也。故教之以禮，則民知遜而可以有恥矣。教之以義，則民知惡而可以有恥矣。一或悖乎禮義，其誰不恥哉？夫人既有恥，則教勵之者至，而無所用而不可矣。故以之大則可以戰，以之小則可以守。此教勵之效然也。晉文公大蒐以示民禮，出定襄王以示之義。文公所以教之、勵之者至矣。城濮之役，軍吏以避楚爲辱，欒枝謂思小惠而忘大恥，則不如戰。區區一晉，猶以此可伯，況君天下者乎？

劉寅曰：吳子言：「凡制國家、治軍旅必要訓教之以禮，激勵之以義，使之有恥也。」人知禮義，故有羞惡是非之心，而急於尊君親上之道。夫人有羞恥之心，在大足以進戰而致死，在小足以固守而一心也。

李樗曰：此題最重"禮義"二字。禮義者，□□之甲兵也。制國治軍以禮義爲先，使民有恥心，則有勇者自知方，親其上，死其長。以之戰，戰必勝。以之守，守必固矣。人知禮義，故有羞惡是非之心而急於尊君親上之道。如周顗恥避王敦，不向草間求活；嚴顏恥屈張飛，言蜀無降將軍。是以羞惡之心不可無矣。

黃獻臣曰：力大可以死戰，力小可以死守。

朱埔曰：教，訓導也。禮，天理之節文，人事之儀則也。勵，勸勉也。義，忠貞節行也。恥，羞愧也。人知禮，故有羞惡是非之心而急於尊君親上之道。在大者，力大可以死戰；在小者，力小可以死守。

汪紱曰：大、小，以國言。

闕重秀曰：入速出遲曰義。"大""小"指"國""軍"也。

【按】恥，羞恥之心。《禮記·中庸》："知恥近乎勇。"儒家以知、仁、勇爲修身養性之"三達德"，分別是"好學近乎知""力行近乎仁""知恥近乎勇"。《孟子·盡心上》："人不可以無恥。無恥之恥，無恥矣。"又云："恥之於人大矣。爲機變之巧者，無所用恥焉。不恥不若人，何若人有？"大，指大國，強國。小，指小國，弱國。

②【集釋】

施子美曰：古今固有戰勝而亡，敗而興者。殽函之敗，而繆公伯秦；會稽之栖，而勾踐伯越。由敗而興也。虢有桑田之勝，而虢公亡；

晋有鄢陵之勝,而厲公死。由勝而亡也。蓋既敗之後,必能赫然興怒,以求償前日之恥。故其心懼,懼則興。既勝之後,偃然自大,不復知有所戒懼,故其心驕,驕則敗。此其所以亡也。小民之家,無故而得百金,非有大福,必有大咎。何則? 彼之所獲,不過數金,其所得者微而所用者狹。無故而得百金,則驕其志而喪其所守,雖得之,必失之。秦有六國,兢兢以強;六國既滅,訑訑以亡。此戰勝之所以易,而守勝之所以難也。湯武之興,身致太平,得乎守勝者也。

劉寅曰:然交兵接刃,與人力戰而取勝者易,所謂"其次伐兵"者也。固軍深壘,自用堅守而取勝者難,所謂"不戰而屈人之兵"者也。

茅元儀曰:交兵接刃而勝乎人者,比守較之爲易。堅壁固壘而勝乎人者,比戰較之爲難。

李樗曰:言與敵人交戰而勝則易,至於守勝則難矣。

山中倡庵曰:愚謂以守勝者,《解》曰:"固軍深壘,自用堅守而取勝者難。"此説泥"守"字,失大義,獨孫子所謂"可爲不戰屈人兵"義説也。《宗》宜得其旨也。

朱埔曰:戰勝易者,兩軍相對,奮勇力鬥,或可倖勝,猶爲易事;守勝難者,深溝高壘,自用堅守,彼方百計圖我,多方乘我,竭智殫力於此,而取勝最難。

關重秀曰:戰勝易,守勝難,承上文謂兵力戰術之難易也。

③【彙校】

故曰:"天下戰國,五勝者禍,四勝者弊,三勝者霸,二勝者王,一勝者帝。"《治要》無此句。"是以數勝得天下者稀",《治要》作"是故以勝得天下者稀"。

【集釋】

施子美曰:聖人有心於愛民,無心於用兵,惟無心於用兵,故一之爲甚,其可再乎? 一舉而勝,此無心之舉,帝者之兵也。再而勝之,則爲有心矣。故不及於帝,亦足以王矣。至於三勝,則是有求勝人之心,未免於勞民也,故特可以伯。舜之格有苗,一勝而帝也。湯之征葛伐夏，二勝而王也。晉文公春侵曹伐衛，夏敗楚師于城濮，三勝而伯也。雖然，黃帝之起，戰炎帝於阪泉，戰蚩尤于逐鹿，何一勝而帝乎？文武一怒而安天下之民，何二勝而王乎？一戰而伯，文之教也，何三勝而伯乎？吳子之意，非拘其數而言也，蓋以其勝之難易而定其功之高下，以爲後世數勝者之戒。故先之以五勝者禍，四勝者弊，其此意歟？是故數勝者不足以得天下，乃以亡天下。項王雖有百戰百勝之功，不免垓下之辱。高祖雖屢敗，而卒成漢家之業。若是則數勝之不足以得天下也明矣。不然，孫子何以曰"百戰百勝，非善之善者也。不戰而屈人之兵，善之善者也"？

劉寅曰：故曰天下戰國，諸侯五勝於敵者，必自取敗。四勝於敵者，必自弊其力。三勝於敵者，必立霸功。二勝於敵者，必開王基。一勝於敵者，必成帝業。是以數勝而得天下者甚少，以亡者甚多。如闔閭數勝而敗於檇李，夫差數勝而死於姑蘇。晉厲公勝楚，范文子憂曰："君驕侈而克敵，是天益其疾也。難將作矣。"鄭侵蔡，獲司馬公子燮。子產曰："小國無文德而有武功，禍莫大焉。"此皆所謂五勝者禍，四勝者弊，數勝而亡者也。齊桓合諸侯，匡天下，不以兵車，非三勝而霸者乎？武王誅紂伐奄，一戎衣而天下定；舜禹之世止於興師，征伐有苗，非二勝而王，一勝而帝者乎？後來如項羽數勝而亡，漢高一勝而帝，亦其驗也。吳子蓋知戰國之先數勝而亡之禍，故以此言之，以戒後人也。

李樗曰：此題要知百戰百勝，一不勝便至於亡，此之謂以方假仁者伯也。百戰未必百勝，一勝便可以興，此之謂以德行仁者王也。況不戰而屈人之兵，是帝之一勝，其舞干羽兩階之風乎？

黃獻臣曰：數勝則君驕民疲，所以亡也。此言圖國者能使民有恥，自有不戰而屈人兵之勢。蓋禮義明而廉恥興，則大足戰，小足守。不惟恥屈於敵，亦恥無故而動敵人之兵，故曰守勝者難也。如嚴顏自謂吾蜀無降將；周顗備位將相，不向草間求活。皆恥心所激也。吳子此言其惕善斷者深矣。

山中倡庵曰：愚謂五勝、四勝等"一二三四五"字，實不可爲一二三四五也，唯論戰數多少而耳。故《宗》所謂數勝則君驕民疲所以亡也。

　　朱墉曰：五勝者禍，窮兵黷武，必有禍患也。弊，疲也。四勝者弊，久暴於外，轉輸不絕，自取虛耗也。三勝者霸，威權加於敵國，必立霸功也。二勝、一勝者，不得已而用兵者也。

　　佐藤一齋曰：五四三二一，宜得其義，不必拘其數。吳子意中所期，蓋在三勝者霸，二勝者王，一勝者帝，但立言如此耳。

　　汪紱曰：前段確然示教民之法，後段凜然著佳兵之禍。

　　關重秀曰：五勝者禍，非安國安人之兵，故受其禍害。四勝者弊，貨財虛竭，國力疲敝。三勝者霸，興霸業。二聖者王，造王業。一勝者帝，不得已而用兵，故一勝亦不興，然此天下無敵者也。或問曰：吳起全勝六十四，其數勝如此，何也？曰：在於時，在於君。雖然，當此之時，屢勝而不受禍弊者，是吳子之智力也。

　　【按】戰國，參與交戰之國。五勝、四勝者，不必太拘於數字，此表示戰爭的頻繁，非實指戰爭次數，下文之"三、二、一"依次遞減，亦是相對言之，指戰爭較少，亦非確數。數勝，多次，頻繁。

　　吳子曰："凡兵之所起者有五：一曰爭名，二曰爭利，三曰積惡，四曰內亂，五曰因饑。① 其名又有五：一曰義兵，二曰強兵，三曰剛兵，四曰暴兵，五曰逆兵。② 禁暴救亂曰義，恃衆以伐曰強，因怒興師曰剛，棄禮貪利曰暴，國亂人疲、舉事動衆曰逆。③ 五者之數，各有其道。義必以禮服，強必以謙服，剛必以辭服，暴必以詐服，逆必以權服。④"

① 【彙校】
"吳子曰"，《彙函》無此句。"凡兵之所起者有五"，《治要》作"凡

兵所起者五"。"積惡",原作"積德惡",《治要》、《講義》、《直解》、《彙函》、《開宗》、《武備志》、《彙解》、關本皆無"德"字,據改。因饑,"因",《治要》作"困"。

【集釋】

施子美曰:天生五材,誰能去兵,師出無名,事故不成,此五兵之所起,必有因也。一則爭名,謂名之所在,不得不爭,如秦穆公伐趙,欲其尊己爲帝是也。二則爭利,謂利之所在,不得不爭,如楚將北師曰,敵利而進是也。三則積惡,謂因釁而興師,如鄭息有違言,息侯伐鄭是也。四曰內亂,謂其國自亂,吾則伐之,如鄭五公子爭立,諸侯伐鄭是也。五曰因饑,謂彼之國饑,吾因而伐之,如秦伐晋,晋饑不能報是也。此五者,兵之所由起也。

劉寅曰:吳子曰:凡兵之所由起者有五等:一曰因爭名而起兵相攻,如吳與齊盟於黃池是也。二曰因爭利而起兵相攻,如晋楚之於鄭是也。三曰因其君臣積惡而起兵征之,如越勾踐之於吳是也。四曰因其內亂而起兵滅之,如楚人之於夏徵舒是也。五曰因其饑而起兵襲之,如庸人之於楚是也。

李橒曰:此題要知兵之所起不止於五者,而五者亦其略也。知兵之所由起,自知兵之所由止矣。下專重以義兵禁暴救亂,意自了了。

黃獻臣曰:爭名,圖王定伯。爭利,趨土地人民。積惡,兩國交惡。內亂,弒逆。因饑,民窮思亂。

山中倡庵曰:愚謂積惡,惡字作去聲,看非善惡之惡,憎惡之惡也。內亂,《義》曰:"其國自亂,吾則伐之。"《解》曰:"因其弒逆內亂起兵滅之。"《宗》曰:"如楚人殺夏徵舒是也。"愚謂三說共作敵國內亂者,我從伐之義也。此起兵之説也。吳子所謂者,兵起之説也。大不相合也。詳此章之始終,不必我與敵備陣挑戰之事,唯審説所以兵之起也。故章首曰:凡兵之所起者有五。故曰內亂者,國中棄禮貪利之謂也。君臣以義相交者,禮也。然貪利之臣,弒其君,是棄禮也;奪君禄,是貪利也。父子以親相交者,禮也。然貪利之子,弒其父,是棄禮也；奪父禄，是貪利也。故下文曰棄禮貪利。有此棄禮貪利者，而兵起之義也，完非乘敵國内亂饑寒之假隙，我從而滅之之義也。勿誤看。因饑，《義》曰："如秦伐晉，晉饑而不能報也。"《解》曰："因其民窮財盡、凶年饉饑而起兵襲之。"愚謂二説亦説起兵襲他之道，與兵起之義不相被矣。蓋因饑者，民窮財盡，故百姓無所容身，而上猶不發廩，有司亦怠慢，是以怨其上深，或爲黨伐有司，甚者仇於其君，是因饑所以兵之起也。

朱墉曰：争利，土地邱民之利也。積惡，兩國君臣素積交惡也。因饑，民窮財盡，凶年饑饉也。

關重秀曰：争名，由王伯之名利。争利，由土地人民之利。積惡，上下乖離而不崩瓦解。内亂，弑奪非義之禍。因饑，饑饉困窮之告。

【按】此章，吴子首談兵起之因，次以戰争性質爲各種軍事行動定名，再次陳述所服之道。後兩者是對應關係，唯兵起之因并不與後兩者是一一對應關係。倡庵説是。内亂，弑逆。因饑，民窮思亂。施曰"如秦穆公伐趙，欲其尊己爲帝是也"，"秦穆公"當爲"秦惠王"之誤。

②【彙校】

"有"，《治要》無此字。

【集釋】

施子美曰：而其爲名亦有五焉。義兵者，所以禁暴救亂也。如齊責楚不貢之師也。强兵者，恃衆以伐人也。如楚人伐許之師也。剛兵者，因怒而興師也。如晉郤克以婦人笑而伐齊也。暴兵者，棄禮貪利也。如北戎侵鄭是也。逆兵者，則國亂人疲，舉師動衆。苻堅伐晉是也。

劉寅曰：其兵之名又有五等。一曰義兵，謂以義服人也。二曰强兵，謂以力勝人也。三曰剛兵，謂以剛忿而制人也。四曰暴兵，謂以暴虐而無禮於人也。五曰逆兵，謂上逆天道，下逆民心也。

山中倡庵曰：强以力言，故下文恃衆以伐。剛以心言，故下文因怒興師。

朱墉曰：義兵，謂以義動人也。强兵，謂以力勝人也。剛兵，謂以剛忿而制人也。暴兵,謂以暴虐而無禮於人也。逆兵,謂上逆天道,下逆人心也。

汪紱曰:剛兵,以忿動也。

③【彙校】

"國亂人疲",《治要》作"國危民疲"。"怒",關重秀《正義》:一本作"怨"。

【集釋】

劉寅曰:禁人之暴,救人之亂,是名曰義。湯武是也。其下則齊桓爲近之。恃兵之衆以伐鄰國,是名曰强。秦楚是也。因其私忿,興師伐之,是名曰剛。如郤克因怒蕭同叔子之笑而興兵伐齊是也。蔑棄典禮,貪人之利,是名曰暴。如闔閭聞允常死而伐越是也。國中自亂,人民疲困,又舉事動衆,征伐不已,是名曰逆。如夫差國已亂,民已疲,尚有事齊晋是也。

山中倡庵曰:《義》曰:"逆兵者,則國亂人疲,舉師動衆,苻堅伐秦是也。"《解》曰:"國中自亂,人民疲困,又舉事動衆,征伐不已,是名曰'逆'。夫差國已亂,民已疲,尚有事於齊晋是也。"愚謂二説共未安自國疲困而卻舉軍襲他國之理近於迂也矣。唯國饑而庶民無所於措手足,故蜂起而不用君命,怨伐有司也。亦言因饑所以兵之起也。

朱墉曰:恃衆以伐,恃其衆盛,肆伐與國也。因怒興師,因緣忿怒,興舉師徒,惟恃剛狠也。棄禮,滅棄禮法。貪利,貪圖利欲。勢必酷虐也。國亂,國内擾亂。人疲,人民疲困。舉大事,動大衆,皆拂逆人心也。

關重秀曰:義,不加喪,不因凶,不争利,惟討積惡内亂。强,抑人使從我也。是争名争利之兵。剛,以私忿不顧民苦是也。亦争名争利之兵。暴,不避凶害。舉事動衆曰逆,事,戰事也。舉逆天人,是積惡内亂之兵。

④【彙校】

"數",《匯函》《開宗》《彙解》作"服"。"逆必以權服"下,《治要》有

"此其勢也"句。

【集釋】

施子美曰：興師之名，雖則不同，制敵之術，亦隨以異。故以義師至者，吾則以禮服之。楚人對齊侯曰："貢之不入，寡君之罪也。"是禮也。齊安得不退而同盟乎？彼以強兵，吾則以謙服之。許男面縛含璧，是謙也。楚安得而不釋之乎？以剛兵來，吾則以辭服之。如賓媚責以辭是也。以暴兵而來，吾則以詐服之。鄭公子突爲三覆以殪戎是也。以逆兵來，吾則以權服之。謝玄權其利害以勝堅是也。

劉寅曰：五者之數，各有服之之道。義者必以禮服之。強者必以謙服之。剛者必以辭服之。暴者必以詐服之。逆者必以權服之。義者果斷，禮者辭讓，故禮可服義。強者恃力，謙者遜順，故謙可服強。剛者忿怒，辭者婉曲，故辭可服剛。暴者猛烈無謀，詐者詭之以計，故詐可服暴。逆者反常失道，權者因變制宜，故權可服逆。

李槃曰：此題要認一"道"字，服人而各有道，則所以服人者非一力也。

黃獻臣曰：此言五者所起之繇與其所服之道。爭名，如吳晉之盟黃池是也。爭利，如晉楚之伐鄭是也。積惡，如勾踐之滅吳是也。內亂，如楚人之殺夏徵舒是也。因饑，如庸人之叛楚是也。以義服人，如齊晉之師是也。以強制人，如秦楚之兵是也。以剛忿加人，如郤克怒蕭同叔子之笑而伐齊是也。以暴虐加人，如闔閭聞允常死而伐越是也。逆天道民心，如夫差國亂人疲，尚有事於齊晉是也。大凡伸大義者，必責人之無禮也。行之以禮，雖義必屈。恃強力者，必制人之強者也。守之以謙，而強自柔。剛愎自用，正辭可止，所謂一紙書賢於十萬師者也。暴戾寡謀，詭詐可使，所謂奇謀運而奸雄坐困者也。逆節竊權，秉權可奪，所謂太阿泝而篡逆自銷者也。凡言服者，必有以大服乎人之心也。誠能守之以禮而承之以謙，雖辭鋒詐權不用可也。知其所以服，無不可相與於不爭，兵亦可以不起矣。

朱墉曰：服，制禦屈折也。禮服，以禮接之也。謙服，卑以自牧，遜讓和順也。辭服,執辭嚴正也。詐服,發伏運謀,設奇制勝也。權服,秉權可奪,所謂操太阿之柄而篡逆自銷也。又云"出我之機權變幻也"。凡言服者,必有以大服乎人之心也。

汪紱曰:義必以禮服:義師不可禦也,以禮下之而已。強必以謙服:謙以驕之。剛必以辭服:約其文辭以廣侈之。

關重秀曰:數,計數也。以禮服,使之感。以謙服,使之驕。以辭服,使之明。以詐服,使之貪。以權服,使之畏。

武侯問曰①:"願聞治兵、料人、固國之道。"②起對曰:"古之明王,必謹君臣之禮,飾上下之儀,安集吏民,順俗而教,簡募良材,以備不虞。③昔齊桓募士五萬,以霸諸侯;晉文召爲前行四萬,以獲其志;秦繆置陷陳三萬,以服鄰敵。④故強國之君,必料其民。民有膽勇氣力者,聚爲一卒;樂以進戰效力,以顯其忠勇者,聚爲一卒;能逾高超遠,輕足善走者,聚爲一卒;王臣失位,而欲見功於上者,聚爲一卒;棄城去守,欲除其醜者,聚爲一卒。此五者,軍之練銳也。⑤有此三千人,內出可以決圍,外入可以屠城矣。"⑥

①【集釋】
劉寅曰:武侯,魏文侯子,名擊。
②【集釋】
劉寅曰:問於吳起曰:"願聞整治師旅、料度敵情、固守國家三者之道。"
李槃曰:此題要知固國之道,不止料人。吳子以謹君臣四者之言,而要歸於簡良材,最得其解矣。
黃獻臣曰:料人,料理人民。
佐藤一齋曰:料人,料度人民。

關重秀曰：料人，料人之材也。

【按】料人，料度人民之衆寡才力也。此與下文之"料民"同義。"料民"之目的爲"順俗而教，簡募良材"。劉寅作"料度敵情"解，非是。

③【集釋】

施子美曰：吳起對之以謹君臣之禮，至於以備不虞者，蓋有以明其分而後可以因民而設教。有以教其民，而後可以選士而設備。君尊如堂，臣卑如陛，其禮固不同也。以儀辨等，則民不越，其儀不一也。禮其本也，儀其用也，因是禮而後可以定是儀。謹其禮則尊卑有異等，貴賤有異位。飾其儀則金鼓有異制，旗物有異章。以此而治兵，亦足以明其分矣。惟有以明其分，而後民安其俗而無苟且之心。故吏民可以安集，而教之所施，可以因俗而化矣。吏稱其職，民安其業，此吏民之所以安集也。修其教，不易其俗，此教之所以順俗也。安而順之，則秦人之性勁，齊人之性剛，燕人之性愨，楚人之性輕。與夫蕃長於馬，漢長於弩。以此而料人，亦足以教矣。惟有以教之，而後人材有成，而有可用之實。故良材可得而簡募，而不虞之患，亦可以有備矣。簡募良材，則有智者可以主謀，有勇者可以制敵，有嚴者可以治軍。既簡募之矣，一有不虞之患，豈不足以備之乎？成周之際，正之以九儀，辨之以旗物，凡若此者，所以謹禮飾儀也。安之以本俗，教之以時田，凡此者，所以安集而教也。一有用焉，會其卒伍以起軍旅，頒其士庶以備所守，又豈不足以爲備乎？

劉寅曰：吳起對武侯曰："古昔明哲之王，必謹慎君臣之禮，修飾上下之儀，君有爲君之禮，臣有爲臣之禮，居上處下皆有儀則也，安集吏民，順其風俗而教之，簡選召募良能材勇之人，以防備不測之事。"

李橚曰：此題要見，君臣，國之主，禮度不亂，則政事理矣。故明主謹，而簡良材以備不虞。又其要務也。"飾上下之儀，安集吏民，順俗而教，簡募良材，以備不虞。"昔者明王能如此之而保治其國耳。此題順俗而教，使歸正道，亦固國之道也。又必簡良材以備不虞者，欲求内順治,必先外威嚴也。結宜發謹君臣四意,以内順爲先也。

黃獻臣曰:謹君臣之禮,分別尊卑。飾上下之儀,修飾儀文。安集吏民,使各得其所。順俗而教,不強所不能。簡,選。募,召募。

朱墉曰:謹者,辨別尊卑,謹守而不亂也。飾,修也。居上處下皆有儀則修飾之,而不至於廢墮也。吏,官吏也。安集者,安寧聚集使各得其所也。俗,風俗也。順俗者,順民俗而施教,不強其所不能也。良材,有用之材,精銳驍勇之人也。不虞,不測之變也。

山中倡庵曰:禮以大綱言,儀以細目言。故《宗》曰:"禮,分別尊卑;儀,修飾儀文。"安集吏民,君臣上下分定則吏不淩民,民不侮吏,上下各安矣。凡物不安則離散,安則集止,是此安集吏民之道也。《字彙》曰:"募,廣求也。"又,"招也"。

佐藤一齋曰:上下之儀,上下品秩之儀。

關重秀曰:謹君臣之禮,飾上下之儀者,人和不爭也。募,廣求也。安集吏民,則國富強。順俗而教則民易習。簡募良材則政令行,是以可備不虞。

【按】順俗而教,順民情而教。簡,通"揀",選擇,挑選。虞,預料,料想。不虞,意外之變。

④【集釋】

施子美曰:此又申言古之強國者,未有不料人而用之。齊桓之募士五萬,晉文之前行四萬,秦穆之陷陣三萬,是皆料人而用之也。或五萬,或四萬,或三萬者,其所得之數有多寡也。且以湯之伐夏也,尚有必死之士六千人。武王之伐商也,尚有虎賁之士三千人。況於列國之伯者,可不料人而用之乎?

劉寅曰:昔齊桓公募材勇之士五萬,以霸長諸侯。晉文公召爲敢勇當前行者四萬,以得志天下。秦穆公設陷陳之士三萬,以服鄰之敵國。齊桓公,姜姓,名小白。晉文公,姬姓,名重耳。秦穆公,嬴姓,名任好。皆霸君也。

李槤曰:召爲前行,謂召敢勇當前行者。陷陳,謂置設陷陳之士。

黃獻臣曰：前行，勇敵當先者。陷陣，力能摧陷敵陣者。

朱墉曰：齊桓：齊國之君，霸諸侯之長也。前行，勇敢可當行陣之前者。獲，得也。

關重秀曰：前行，謂不退之兵也。陷陣，謂必勝之兵也。

【按】前行，前驅，先鋒。陷陣，衝鋒陷陣之士卒。

⑤【集釋】

施子美曰：強國之君，所以料其民者，有二法：有因其材而用之者，有因其志而用之者。膽勇氣力，樂以進戰，逾高超遠，輕足善走者，此因其材而用之也。王臣失位，而欲見功於上；棄城去守，而欲除其醜，此因其志而用之。此五者，既因其材，因其志，則人皆可用之人矣。真所謂練銳之士也。

劉寅曰：故強國之君，必料量民力而簡選之。民有膽勇氣力，能搴旗斬將者，聚之爲一卒。能樂於進戰，效用其力，以顯著忠勇者，聚之爲一卒。能逾高城，越遠境，輕足善走者，聚之爲一卒。王臣有過而失其職位，心欲赴敵立功，見之於上者，聚之爲一卒。棄所守之城而逃去，心欲力戰取勝，除其前日之醜者，聚之爲一卒。此五者，軍之練習精銳也。

李棁曰：此題言國不能自強也，而強之以民心。民心不能自強，惟在上教之有素。立論全在一"料"字，留神所謂"知己知彼，百戰百勝"者，此也。不然，以不教民戰，是謂棄也。

黃獻臣曰：必料其民，計民爲兵也。除醜，雪恥也。

山中倡庵曰：《白虎通》曰："膽者，肝之府也。"肝主仁，仁者不忍，故以膽斷，是以肝膽二者必有勇也。肝膽異趣，何以知相爲府也？人怒無不色青目腋張者，是其效也。

朱墉曰：聚，集也。一卒，百人也。聚之別爲一列也。逾高，逾越高峻也。超遠，超涉遠道也。王臣失位，王者之臣喪失爵位。見功者，欲立功名以復其舊也。棄城，逃棄城守之士。《左傳》：周宣王料民於太原，仲山甫諫曰："古者，蒐於農隙，蒣穫於籍，獮於既烝，狩於畢時。是皆習民數者也，又何料焉？"

汪紱曰：料者，量其才力而用之之意。選材待用，圖國之良策。此章以簡募良材爲主，而謹禮飭儀，安集吏民，因俗而教，又良材之所由生。若治國不以禮，教民無其道，則良材不可得。而得之亦不爲我用矣。此章所言者，雖皆強國之術，然亦可謂知本矣。

關重秀曰：料其民，料選而用之。有膽氣勇力者，力大之兵。樂以進戰效力，樂，欲也，效，致也，心從之兵。輕足善走者，輕便之兵。欲見功於上者，悔過之兵。欲除其醜者，醜，恥也，欲雪恥之兵。兵法唯以伍法爲要。按周制，小列五人，大列二十五人，參列七十五人。車兵則甲士三人乘車上，步卒七十二人，分爲前拒、左、右角。三隊雖舍車，法在此中焉。甲士三人分爲隊長率之，故車、徒之法一也。又數起於五而終於八，實是井田四道之古制也。故以之八參列其數，得六百人。雖小數，分備之則可得四面八向之準焉。故知以六百人爲一卒，是以五卒合爲三千人也。

【按】卒，周代軍隊編制，此泛指部隊。逾高超遠，能逾高城、越遠境。逾，跨越。超，遠涉。輕足善走，步履輕快，善於奔跑。失位，被解除職位。見功，顯功。見，"現"之古字。棄城去守，逃棄城池，擅離職守。除其醜，洗刷罪過。練銳，精銳。

⑥【集釋】

施子美曰：有此三千人，自内而出，可以決圍。自外而入，可以屠城。況又不止於三千者乎！其在太公練士之法，有所謂冒刃之士，有所謂陷陳之士，有所謂冠兵之士，有所謂倖用之士，是亦吳起料民之意也。故太公繼之曰："此軍之練士，不可不察也。"

劉寅曰：若能有此三千人，内奮而出，則可以決人之圍；外馳而入，則可以屠人之城矣。

黃獻臣曰：決，開也，潰圍自内而出。外入，攻城自外而入。此言固國在料人，料人，正所以在治兵，而必本之以禮。自古未有綱紀淩夷能使吏民和集，教行俗美。師中節制，國奠苞桑者未之前聞。誠謹之以禮,則雖修飾儀文亦關精意。安民順俗,皆本禮教,而簡募良材則又以防維禮教之所不及,正料人以爲治兵之本。

山中倡庵曰:《韻會》曰:"屠,割也,裂也。"

關重秀曰:內攻出則可以開決重圍,外攻入則可以屠剝堅城。

【按】屠城,屠,此爲毀滅、毀壞之義。《荀子·議兵》:"不屠城,不潛軍,不留衆,師不越時。"楊倞注:"屠謂毀其城,殺其民,若屠者然也。"《史記·高祖本紀》:"天下苦秦久矣。今父老雖爲沛令守,諸侯并起,今屠沛。"司馬貞《索隱》:"按:范曄云:'剋城多所誅殺,故云屠也。'"《漢書·項籍傳》:"聞沛公已屠咸陽,羽大怒,使當陽君擊關。"以吳子而言,當重在攻城,而不在殺民。屠亦有"割裂、分裂"之義,但多指國家,如《逸周書·周祝》:"國覆,國事,國孤,國屠,皆若之何?"孔晁注:"屠,謂人分裂也。"

武侯問曰:"願聞陳必定,守必固,戰必勝之道。"① 起對曰:"立見且可,豈直聞乎?② 君能使賢者居上,不肖者處下,則陳已定矣。③ 民安其田宅,親其有司,則守已固矣。④ 百姓皆是吾君而非鄰國,則戰已勝矣。"⑤

① 【彙校】

武侯問曰,"問",《武備志》無此字。"願聞陳必定,守必固,戰必勝",《治要》作"願聞陳必定,戰必勝,守必固"。

【集釋】

施子美曰:用兵有當然之理,故不可不之求。人君有樂聽之心,故求之爲甚切。陳守必定必固,戰必勝,用兵之理,當然也。武侯欲必其然,故以是而求之吳起,而欲願聞之。

劉寅曰:武侯問吳起曰:"願聞陳必欲定,守必欲固,戰必欲勝之道。"

②【彙校】

"立見且可,豈直聞乎?"《治要》無此句。

【集釋】

施子美曰:是三者爲之必有其道,其爲道無甚難言者。立則見其參於前,殆可以立談判矣。豈直聞之而已乎?夫貴足以馭賤,則其勢不亂。下樂於從上,則其心不散。道可以得民,則其功可成。所謂陳定、守固、戰勝之理,於此可必矣。

劉寅曰:吳起對武侯曰:"立衆人之所易見者,猶之可也。豈欲直聞陳之必定,守之必固,戰之必勝乎?"

茅元儀曰:可立而見,豈但聞之而已乎?

山中倡庵曰:《義》曰:"見其參於前,殆可以立談判。"愚謂此說爲難曉矣,以武侯問之事甚爲易談判之事也。陣定、守固、戰勝之道,何爲容易之事乎?《解》曰:"立衆人之所易見者,猶之可也。豈欲直聞陳之必定,守之必固,戰之必勝乎?"愚謂此說亦未安也。《孫子》所謂"見日月不爲明目,聞雷霆不爲聰耳"。故智將者,見衆人之所不見,聞衆人之所不聞也。衆人之所易見者,何爲可乎?

朱墉曰:立見,立時可見也。豈直,猶"豈但"也。

佐藤一齋曰:眼前立見之且可也,豈直聞而已乎?

關重秀曰:且,此也。武侯之問,今在於目前,聞之猶爲遠。

【按】立時可見也。豈但聞之而已乎?豈直,猶"豈但"也。直,特,但。

③【彙校】

不肖者處下,"處",《武備志》作"居"。

【集釋】

施子美曰:賢而尊之於上,不肖者屬之於下,則貴可以馭賤矣。孰謂陣不定乎?

劉寅曰:君能使國中之人,賢有德者居上位,不肖者處下位,賢不肖有等,上與下不亂,則陳已先定矣。

李梴曰：上與下不亂，則陳已先定矣。如即墨大夫毀言日至而政治，而威王封之。阿大夫譽言日至而政不治，威王烹之。齊國遂大治是也。

朱墉曰：不肖者不得與賢者爲伍，則行陣自定。

關重秀曰：不肖者，不似善良也。

④【集釋】

施子美曰：民安其俗，樂其業，服其上而循其教，則下樂於從上矣。孰謂守之不固乎？

劉寅曰：使吾民皆安居其田宅，親愛其有司，則守已先固矣。安其田宅，民不失業矣。親其有司，民知愛其上，死其長矣。

李梴曰：安其田宅，民不失業矣。親其有司，民知愛其上，死其長矣。如曹爽襲蜀，或謂不可拒敵，必自引退。劉敏曰："男女布野，敵人入境，大事去矣。"

朱墉曰：民守本業，親愛有司，則守必堅固。

關重秀曰：民親附其有司也。

⑤【彙校】

"君"，《治要》作"居"。

【集釋】

施子美曰：是其君則直在我，非鄰國則曲在彼，是道可以得民也。孰謂其戰之不勝乎？昔晉之伯也，舉不失職，官不易方，是賢不肖得其所，農工皂隸不知遷業，則安其居而親其上也。民無謗言，是其君也，此晉之所以強。

劉寅曰：百姓皆以吾君爲是，而以鄰國爲非，則戰已先勝矣。以吾君爲是，以鄰國爲非，則可與之同死，可與之同生，而不畏危也。

黃獻臣曰：此言定陣、固守、戰勝之道只在用賢親民之間。"立見"二語是寔話，不是機語。三"已"字是斬釘截鐵語，真有仁者無敵，不戰而屈人之兵之意。如云不肖者不得與賢者爲伍，則陣已定，更有何陣。民守本業，親賢有司，則守已固，更有何守。百姓視君如父母而仇鄰國,則戰已勝,更待何戰。若常說謂用人得宜則行陣自定。民安業而親上則守必固。是君非鄰,則必樂戰而勝,猶是可聞不可見之事矣。此節與《六韜·農器篇》相表裏。

朱墉曰:是吾君,以吾君所行爲是也。非鄰國,以鄰國所行爲非也。

汪紱曰:此借言以見圖國之本,然其實定陣固守戰勝之道,要不外此。此即首章先和之義也,文氣亦甚雄偉。

關重秀曰:《三略》曰:"與衆同惡,靡不傾。"

武侯嘗謀事,群臣莫能及,罷朝而有喜色。① 起進曰:"昔楚莊王嘗謀事,群臣莫能及,退朝而有憂色。申公問曰:'君有憂色,何也?'② 曰:'寡人聞之,世不絕聖,國不乏賢。能得其師者王,得其友者霸。今寡人不才,而群臣莫及者,楚國其殆矣。'此楚莊王之所憂,而君說之,臣竊懼矣。"於是武侯有慚色。③

① 【彙校】

"武侯嘗謀事"至段末,所載之事并見於《荀子·堯問》、《吕氏春秋·驕恣》、《韓詩外傳》和《新序·雜事一》,除《吕氏春秋》以事屬李悝外,其他各篇皆作吳起事,各篇文句稍有不同。《治要》此段在《勵士》篇之後。其文爲:魏武侯嘗謀事,群臣莫能及,罷朝而有喜色。吳起進曰:"昔楚莊王謀事,群臣莫能及,罷朝而有憂色。曰:'寡人聞之,世不絕聖,國不乏賢。能得其師者王,能得其友者霸。今寡人不才,而群臣莫之過,國其殆矣。'莊王所憂,而君說之,臣竊懼矣。"於是武侯乃慚。《彙函》無此段。

【集釋】

劉寅曰:魏武侯嘗籌謀國事,群臣皆莫能及,罷朝而有喜悅之色。

朱墉曰：謀事，籌度國事也。莫能及者，臣下之智慮皆不及武侯之謀也。罷，退也。喜色，自驕其能也。

關重秀曰：記者之文。罷，休也。

②【彙校】

退朝，"退"，《講義》、《直解》、《開宗》、《彙解》、關本作"罷"。

【集釋】

劉寅曰：吳起進諫於武侯曰："昔者楚莊王嘗謀國事，群臣莫能及者，罷朝有憂慼之色。申公問莊王曰：'今君有憂慼之色，何謂也？'"楚莊王，芈姓，名旅。申公，申叔時也。蓋楚申縣尹而僭稱公者也。楚，子爵而僭稱王，故其臣皆僭公。如葉公、白公之類是也。

關重秀曰：申公，莊王之臣。

【按】申公，春秋時楚國大夫。《荀子·堯問》及《韓詩外傳》卷六并作"申公巫臣"，是爲申邑大夫，屈姓，名巫，字子靈。據《左傳》記載，楚莊王時既有申叔時，又有申公巫臣，二人皆爲楚大夫。劉寅謂此申公爲申叔時，然《左傳》宣公十一年所記申叔時未有稱公者，而《左傳》宣公十二年記巫臣則曰"申公巫臣"。楊伯峻注曰："巫臣爲申縣之尹，故稱申公巫臣。"故此申公當指申公巫臣。至於申公、葉公、白公等稱公者，劉寅謂"楚申縣尹而僭稱公者也。楚，子爵而僭稱王，故其臣皆僭公"。其說源於《左傳》宣公十一年："諸侯、縣公皆慶寡人。"杜注："楚縣大夫皆僭稱'公'。"王引之《述聞》云："縣公猶言縣尹也，與公侯之公不同。如謂楚僭稱王，其臣僭稱公，則楚官之貴者無如令尹、司馬，何以令尹、司馬不稱公，而稱公者反在縣大夫乎？襄二十五年《傳》'齊棠公之妻，東郭偃之姊也'，杜注曰：'棠公，齊棠邑大夫。'齊之縣大夫亦稱公，則公爲縣大夫之通稱，非僭擬於公侯也。"王說是。

③【彙校】

"能得其師"二句：《荀子·堯問》引作"中蘬之言"，二句下有"得疑者存，自爲謀而莫己若者亡"等句。《呂氏春秋·驕恣》引作"仲虺之言",二句下有"其所擇而莫如己者亡"。清孫星衍《尚書今古文注疏》據爲《尚書·仲虺之誥》佚文。得其友者霸,"得"前,《講義》《直解》《開宗》《彙解》有"能"字。

【集釋】

施子美曰:人莫不有求勝人之心,人之所以求勝人者,矜也,忌也。矜則欲誇己之長,忌則惡人之出其右。人孰無是矜忌之心?人而無矜忌之心,則無勝人之心矣。是心也,不獨衆人有之,雖君乎人上者,亦有所不免。賢矣哉,楚莊王也。謀事而群臣莫及,是可憂也。莊王之所以憂者,謂其世不絕聖、國不乏賢也。得其師而後可以王,得其友而後可以伯。若此者,蓋其所得之材不同,故其所成之功亦異。才可以爲師,則可以王;才可以爲友,則可以伯。吕望之爲文武師,干木之爲文侯友,此王伯之所由分也。今以莊王之材,而群臣莫之及,則是楚國無材也,豈不殆哉!楚王之所憂,而武侯之所喜,宜吳起舉是以諫之。然嘗論之,湯之於伊尹,學焉而後臣之。桓公之於管仲,亦學焉而後臣之。則伯者之於臣,未嘗不以爲師也。此之所言,以其才之小大也,非師而後王、友而後伯也。不然,《書》何以言:"能自得師者王。"

劉寅曰:莊王曰:寡人嘗聞古之有言,世不絕聖人,國不乏賢者。能得其師者爲王,能得其友者爲霸。今寡人不才而群臣不及者,楚國其危殆矣。此楚莊王之所以爲憂而君乃以爲悦。臣竊畏懼矣。於是武侯有慚怩之色。聖者,神明不測之號。賢者,才德出衆之稱。得師者王,成湯之於伊尹;得友者霸,桓公之於管仲是也。楚莊此言真可爲萬世法。《書》曰:"能自得師者王,謂人莫己若者亡。"好問則裕,自用則小。楚莊其亦知此道歟!

李槃曰:此題不在王上論意,重在能得師。謂世不絕聖,國不乏賢,能有王者,必有王者之師,要在自得而已。

黄獻臣曰:此言人主當寤寐求賢以廣益,不可有自聖自賢之想,自古興王未有不得人而可成大業者。此楚莊王所用以爲憂而武侯何喜之也。

朱墉曰：乏，少也。不才，謙辭也。殆，危也。懼，懼國危也。慚色，聞言而愧悔也。

汪紱曰：此言爲國貴於得人。國以仁民爲本，禮義爲矩，用賢爲輔。孟子所謂得道者多助，不信仁賢則國空虛。無禮義則上下亂也。此篇首拈"和"字以爲圖國之本，其次則曰行道舉義，其次則曰教民禮義，其次則曰選材用賢，而且著佳兵之戒，抑暴逆之師。蓋實有儒者氣象，非學於曾子，何以及此？吳子之首此篇，猶司馬之首仁本。然較之司馬，究不能無純駁之異，不可不察。

關重秀曰：得其師者王，得其友者霸，如周武、齊桓是也。懼，吳子懼魏國之危矣。此爲記者之文。武侯有慚色，此賢賢從諫之至誠也。吳子直言不愛身，此思君之至忠也。君子讀之，忽然或肉上栗起，寒慄而振之證。或曰：此章誠雖爲人君之龜鑑，當世之人君，恐莫至有喜色者乎！所以其有喜色者，心常存於政事也。故由吳子之一諫，忽然亦有慚色。嗟乎！旦暮有能思之者，則不可失國家矣。

【按】關重秀曰："所以其有喜色者，心常存於政事也。"蓋"喜色"，當爲"憂色"之誤。

料敵第二

【題解】

劉寅曰：料敵者，料敵人強弱虛實之形也。上篇言圖國，知己者也。此篇言料敵，知彼者也。以篇內有"料敵"二字，故取以名篇。

山中倡庵曰：《解》曰："以篇內有'料敵'二字，故取以名篇。"愚謂此説甚似不切也。雖有其文字，其義不足成篇名，何以爲篇名乎？此篇雖有幾文字，然盡説料敵之道而耳，故以"料敵"二字名篇。

朱墉曰：料敵者，料算敵人之虛實強弱也。凡七節。

關重秀曰：料敵，料敵虛實。此篇凡四章。予考篇名爲次序與舊本異。

【按】本篇前三段,關重秀《正義》本在"見可而進,知難而退"之後,關本開篇從"吳子曰:'凡料敵有不卜而與之戰者八'"始。

　　武侯謂吳起曰:"今秦脅吾西,楚帶吾南,趙衝吾北,齊臨吾東,燕絕吾後,韓據吾前,六國兵四守,勢甚不便,憂此奈何?"①起對曰:"夫安國家之道,先戒爲寶。今君已戒,禍其遠矣。②臣請論六國之俗:夫齊陳重而不堅,秦陳散而自鬥,楚陳整而不久,燕陳守而不走,三晉陳治而不用。③

①【彙校】

韓據吾前,"據",《直解》作"拒"。六國兵四守,"兵"前,《直解》、《彙函》、《開宗》、《武備志》、《彙解》、關本有"之"字。

【集釋】

施子美曰:魏大梁之墟,故晉之都也。秦居其西,楚居其南,燕趙在其北,齊居其東,而韓據其前,此古戰場之地也。惠王嘗曰:"及寡人之身,東敗於齊,西喪地於秦,南辱於楚。"是魏之見陵於六國也,爲有日矣。今以武侯庸僄之材而當六國之衝,得無憂乎?

劉寅曰:魏武侯謂吳起曰:今秦脅吾國之西。秦,嬴姓,伯益之後。有非子者,善養馬,周孝王封爲附庸而邑之秦。至襄公,能逐犬戎。平王始與周西都畿內八百里之地,都咸陽。秦大國而居其西,故曰脅,謂迫脅於西,秦之國勢之逼也。楚帶吾國之南。楚,羋姓,熊繹之後。都於郢,在魏之南,如衣帶之相連接也。趙衝吾國之北。趙籍,本晉大夫,與韓魏共分晉地爲諸侯,都邯鄲。與魏最近,故曰衝,言爲魏之衝要也。齊臨吾國之東。齊,本姓姜,太公之後。後爲田氏所篡,都臨淄。齊爲大國,故曰臨。言勢之大,如居上而臨下也。燕絕吾國之後。燕,姬姓,召公之裔,都於薊。絕吾後者,謂斷絕其後,退無所往也。韓據吾國之前。韓,亦晉大夫,韓虔之後,都宜陽。據於前者,謂據抗於前,進無所之也。六國之兵,四面與吾相守,其勢甚有不便者。憂此,將爲之奈何？魏都安邑,至惠王遷都大梁。宜陽,即弘農也。韓故都亦曰宜陽,城在洛州福昌縣東。

黃獻臣曰：武侯,都安邑。秦,都咸陽。楚,都郢。趙,都邯鄲。齊,都臨淄。燕,都薊。韓,都宜陽。四守,四面相守。

山中倡庵曰：不便,不安也。

朱墉曰：脅,迫脅也,猶言威勢之逼也。衝,直衝我國也。臨者,齊大魏小,如居高而臨下也。四守,四面距守也。奈何者,何以待之也？

佐藤一齋曰：帶,繞。衝,衝突。臨,臨瞰。絶,斷絶。據,據抗。四守,四面與吾相守。

關重秀曰：脅,以威力恐人也。帶,迫束貌。衝,向突意。臨,偏向也。絶,斷也。據,拒守也。皆謂六國之地形勢力者也。四守,不解緩之謂。

【按】帶,束縛、捆縛,亦指毗連。衝,要衝,本爲軍事、交通上的要害之處,此處指扼制。絶,斷絶,切斷。據,抵拒。

②【彙校】

今君已戒,"已",《彙解》作"先"。

【集釋】

施子美曰：是固可憂也,而有不足憂者,以知所戒也。何者？有備則無患。居山者慮虎豹之爲患,則必謹陷阱以爲戒。居市者,慮穿窬之爲患,則必修垣墻以爲戒。苟知所戒,禍不及之。在《易》之《萃》曰："君子除戎器以戒不虞。"而范文子之告楚子亦曰："君其戒之。"是知戒之所以爲寶也。燕惟不虞制,故亡。魯惟不備邾,故北。今武侯既知所戒,六國雖强,吾何畏彼哉！

劉寅曰：吳起對武侯曰："夫安定國家之道,先戒謹而預防之,爲國之寶也。今君已能戒謹預防,禍患其遠矣。"

李槩曰：此題"戒"字重而"先"字尤宜玩。禦敵知戒，斯能制勝。然先在於料敵，知彼知己，有靜以制動之機，鎮定不輕進，尤深於戒矣。起對：安定國家之道，先戒謹而預防之爲國之寶也。今君已能戒謹，禍患其遠矣。

黃獻臣：戒，備也。今君已戒，憂在六國，已有戒懼之心。

朱墉曰：先戒爲寶，能戒備於先，斯爲可貴也。已戒，已有戒懼之心也。

關重秀曰：先戒，君相之至寶也。

③【集釋】

施子美曰：廣谷大川異制，民生其間異俗。因其俗而以求其性，則其臨陣搏戰之機，皆可得而預言之矣。齊，東國也。楚，南邦。燕爲幽薊之都。秦乃山西之地。而韓趙又晉之遺壤也。彼其所處之地、所習之性有不同，則及其用之，亦必各從其性之所欲，故或重而不堅，或散而自鬥，或整而不久，或守而不走，或治而不用，皆其俗之所習也。烏得同？

劉寅曰：臣請評論六國之風俗：夫齊國之陳重而不甚堅者，以其後輕也。秦國之陳人心散而欲自爲戰者，以其不讓也。楚國之陳齊整而不能久者，以其數戰而民力疲也。燕國之陳能守而不能走者，以其性愨而心慎也。三晉之陳整治而不能用者，以其無死志也。三晉，兼韓、趙而言，與魏共爲三晉也。

黃獻臣曰：齊陣重而不堅，以其後輕也。秦陣散而自鬥，以其尚功也。楚陣整而不久，以其數戰民疲也。燕陣守而不走，以其性愨也。三晉陣治而不用，以其無死志也。此既論六國之俗，預以爲待之之策。此言欲樹國家藩垣者在君心之戒懼，不在四塞之險阻，況諸國風氣不齊，皆有可乘之機。籌策既預，四守何虞。

朱墉曰：重而不堅者，以其後輕也。散而自鬥者，各自爲鬥，以其尚功，故不讓也。整而不久者，整肅而不能持久，以其數戰民疲也。守而不走者，以其性愨而心慎也。韓趙魏爲三晉，治而不用者，以其兵無死志也。愚考齊桓公相管仲作内政，寄軍令、軌里、連鄉之法，具載管子書。大略仿周制變從輕便，故爲五霸首。秦自襄公救周，列爲諸侯，修其車馬。繆公始作三軍，殽之戰，三帥三百乘，遂霸西戎，置陷陣。哀公救楚，車五百乘。獻公爲户籍相伍。及孝公用商鞅，初爲轅田，遂破井田，開阡陌，大率半爲農半習戰。民年二十以上傅之而始有吏卒、正卒、戍族之名。昭王有鋭士虎賁八百萬，長平之役，年十五悉發之，非商鞅之舊矣。楚自武王伐隨而爲三軍。成王城濮之敗，左右師、中軍猶武之舊，又有東宮之甲，若敖之六卒，申息之子弟。然莊王自克庸以來，無日不訓國人，討軍實。逮邲之役，軍制備矣。于是楚莊得列爲五霸。公子嬰齊爲簡之師，組甲被練皆創名，之後蒍掩賦車籍馬，以漸及靈平之世乃有五師，又制爲舟師矣。燕東有朝鮮、遼東，北有林胡、樓煩，西有雲中、九原，南有呼沱、易水。至戰國時，以耕戰自守，安樂無事，未嘗被兵。自蘇秦入燕，始以縱橫之事說之。自是兵交中國，無復寧歲矣。晉自曲沃并翼，周僖王以一軍命武公爲晉侯。獻公作二軍，惠公作州兵，文公作三軍，其後復作三行以禦狄，蓋避天子六軍名。清原之蒐，罷三行爲上下新軍，凡五軍。鞌之戰，蓋車八百乘，始作六軍。厲公鄢陵之戰，罷新上軍。悼公初尚四軍，三分之以伐楚。其後新軍無帥，公使吏率其卒乘官屬以從下軍，遂舍之。其後平公治兵邾南田，車四千乘，專尚威力，軍政移於六卿。後韓趙魏三大夫共分晉地，故名三晉。趙武靈王因河薄，習水戰，因邊地，習騎射。韓北有鞏洛、成皋之固，西有宜陽、常坂之塞，東有宛穰、洧水，南有涇山，地方千里，帶甲數十萬，天下之强弓勁弩皆自韓出。

　　關重秀曰：用兵之道不可不知天下諸國之風俗。齊雖性剛，一陣兩心，前重後輕。秦雖性强，爭功，衆爭。楚數戰而民疲。燕慎而持固。三晉，倦戰以無死志也。

　　【按】俗，指排兵布陣的習慣。重，厚重，指人員多，陣勢大。自鬥，各自爲戰。守，利於穩守。走，奔跑，指運動戰、出擊。不走，謂不便運動、出擊。三晉，公元前453年，晉國三卿趙、韓、魏聯合起來滅掉智氏并共分其地,晋國公室名存實亡。公元前 403 年,周威烈王命韓虔、趙籍、魏斯爲諸侯。古人習稱韓、趙、魏三國爲"三晋"。此處僅指韓、趙兩國。整,整齊,有條理。不用,即不能實戰。

"夫齊性剛,其國富,君臣驕奢而簡於細民。其政寬而禄不均,一陳兩心,前重後輕,故重而不堅。①擊此之道,必三分之,獵其左右,脅而從之,其陳可壞。②秦性強,其地險,其政嚴,其賞罰信,其人不讓,皆有鬥心,故散而自戰。③擊此之道,必先示之以利而引去之,士貪於得而離其將,乘乖獵散,設伏投機,其將可取。④楚性弱,其地廣,其政騷,其民疲,故整而不久。⑤擊此之道,襲亂其屯,先奪其氣,輕進速退,弊而勞之,勿與戰争,其軍可敗。⑥燕性愨,其民慎,好勇義,寡詐謀,故守而不走。⑦擊此之道,觸而迫之,陵而遠之,馳而後之,則上疑而下懼,謹我車騎,必避之路,其將可虜。⑧三晋者,中國也。其性和,其政平,其民疲於戰,習於兵,輕其將,薄其禄,士無死志,故治而不用。⑨擊此之道,阻陳而壓之,衆來則拒之,去則追之,以倦其師。此其勢也。"⑩

①【集釋】
施子美曰:且齊,山東之國,其人多才强,故其性剛。地之所産,魚鹽爲多,故其國富。詩人刺其荒淫怠慢,故其君臣驕奢。孟子言其恩足以及禽獸,而功不加於百姓,故簡於細民。政之所寬者,以其通工商之業,便魚鹽之利,而有太公之風,故其政寬。禄之所以不均者,以其田氏封邑大於平公,故不平。以其所媟近之人,驅之虐用之士,故一陣兩心,前重後輕,雖重而不堅。

劉寅曰:夫齊人心性剛忿,如云"吾姑剪此而朝食",是其性之剛也。其國富饒,以其通工商之業,便魚鹽之利也。君臣驕傲奢侈而簡慢於細民。其政令寬緩而俸禄不均平。一陳而兩其心，言其心之不一也。前軍重而後軍輕，言其力之不齊也。心不一，力不齊，故雖重而不堅固也。

茅元儀曰：簡於細民：不恤小民。前重後輕：前陣強衆，後陣寡弱。

李槃曰：齊人心性剛忿，其國富饒，君臣驕傲奢侈而簡慢於細民，其政令寬緩而俸禄不均平，一陳其心之不一也。前軍重而後軍輕，久其力之不齊也。故雖重而不堅固矣。

黃獻臣曰：其國富，以其通工商之業，便魚鹽之利也。簡，忽也。一陣兩心，心不一也。前重後輕，力不齊也。

朱墉曰：剛，俗性剛烈也。國富者以其通工商之業，便魚鹽之利也。簡，忽慢也。細民，小民也。不均，俸禄厚薄不均平也。兩心，心不一也。前重後輕，力不齊也。

汪紱曰：不得民心，故不和。不和，故前重後輕。後輕，故不堅。

關重秀曰：剛，健勁意。驕奢與政寬者，由其國富饒也。一陣兩心，由簡細民與其政寬也。前重，由其性剛。後輕，由其政寬也。簡，慢也。

【按】宋曾公亮《武經總要》前集卷九：齊威王新立，不理國政，委於卿大夫，故言驕奢而禄不均。簡者，輕易。細人，皂隸牧圉之人也。上驕、下怨，故曰兩心。

②【集釋】

施子美曰：若欲擊之，則何以哉？於此有術焉：三分其兵，獵其左右，脇而從之，則其陣必壞。昔晉侯伐齊，使司馬斥山澤之險，雖所不至，必斾而疏陣之。使乘車者，左寔右僞，以斾先輿，曳柴而從之，齊侯見其衆乃脫走，此正擊齊之道也。

劉寅曰：擊此之道，必三分吾軍，獵齊人之左右，以勢脇而從之，其陳可得而壞矣。

李槃曰：必如此而擊之，乃可壞其陳矣。

黃獻臣曰：三分之，三分吾軍，以一當其前，以二出其左右夾擊。獵，從旁逐禽之名。此詳齊陣重而不堅。惟一陣兩心，故可三分而夾擊之也。

山中倡庵曰：愚謂《義》《解》共以"三分"字輕易解來，近於閑略，蓋以吾軍所以為三分者，以齊國兵一陣兩心，不均也。《宗》夾擊之說可謂得其旨矣。

朱墉曰：壞，破壞也。

汪紱曰：此實戰陣之妙法，不獨可以擊齊，然於齊言之者，以其後輕，故夾擊之，則其後先走矣。脅而從之，則其前重者亦破矣。

關重秀曰：三分我軍而其二當於左右，其一當於中也。獵，謂逐禽獸，假言戰勢者也。從，隨行也。此擊一陣兩心、前重後輕之術也。

【按】脅，逼迫。從(zòng)，追逐。《武經總要》："卒不敢偷其生，故其陣自壞也。"

③【集釋】

施子美曰：秦尚勇力，故其性強。郁函之地，形勢百二，故其地險。商君執政，慘酷是尚，故其政嚴。太子之傅可誅則誅，徙木之人可賞則賞，故其賞罰信。秦人之法，所得於敵者，還以予之。故其人不遜，而皆有鬥心。此其陣所以散而自戰也。

劉寅曰：秦人性強，如所謂"悍然有招八州而朝同列之氣"是也。左崤函，右隴蜀，地豈不險乎？步過六尺者有罰，政豈不嚴乎？立信於徙木，立法於棄灰，賞罰豈不信乎？其人不相遜讓，皆有爭鬥之心，故陣散而各欲自為戰也。

黃獻臣曰：其地險，左崤函，右隴蜀。其政嚴，步過六尺者有罰。賞罰信，立信於徙木，立威於棄灰。

汪紱曰：不讓，故散。政嚴而賞罰信，故能使民自戰。

關重秀曰：強，暴堅意。性強政嚴，稟地險阻風土之氣者也。不讓，由其性強也。鬥心與散而自戰者，由其嚴、信也。

【按】不讓，不謙遜退讓而爭強好勝。《武經總要》：秦左崤函，右汧隴、終南、太白在前,朔方郡固其後。秦孝公用商鞅強國之術,人皆勇於戰,怯於私鬥也。

④【集釋】

施子美曰:若欲擊之,亦必有術焉。誘之以利,使士貪於得而離其將,然後乘乖、獵散、設伏、投機,故其將可取。高祖入嶢關,使酈食其持重寶陷秦將,秦將果叛連和。張良又勸帝因懈擊之,果大破秦軍,此擊秦之道也。

劉寅曰:擊此之道,必先示以小利而引去之。士既貪於所得而離其將帥,我則乘其乖錯,獵其散亂,設伏以待之,發機以勝之,其將可得而取之。

李槃曰:必如此而計之,其將可得而取矣。

黃獻臣曰:離其將,即乖散也。乘乖,乘此乖離。獵散,獵取散亂。此詳秦陣散而自鬥。惟其人不讓,故可利誘而擊之也。

山中倡庵曰:擊秦之術,乘秦人不讓、尚功、貪利之弊也。

朱埔曰:示之以利者,以小利誘之也。引去者,令其士卒引去也。乖,乖離也。乘,相機以乘之也。散,散亂也。設伏者,伏兵以待之也。

汪紱曰:此亦戰陳妙法,然必以施之強悍而無謀之俗,乃爲尤妙。

佐藤一齋曰:設伏投機,設伏兵以投於可擊之機。

關重秀曰:引,發之因也。乖,離也。伏,伏兵也。投,納也。機,巧術也。取,獲也。是擊不讓、鬥心、散而自戰之術也。

【按】引去之,引兵退去。《三國志·魏志·典韋傳》:"布衆退。會日暮,太祖乃得引去。"指我方以小利引誘敵方,然後自引兵退去。乖,背離,分離。機,捕獸的機關,此爲陷阱、圈套之義。投機,投置圈套。

⑤【集釋】

施子美曰:楚,故荊州之地,夷德易衰,其俗剽輕,故其性弱。東連吳越,南有黔中,故其地廣。《傳》稱不恤其民而勞之,吳不動而速之，故其政騷。或一歲而七奔命，或一動而楚三來，故其民疲。以煩擾之令而役疲勞之民，故整而不久。

劉寅曰：楚人性弱，以南方風氣柔弱故也。其地廣，其政騷擾，其民疲困，故陳雖整治而不能持久也。

汪紱曰：煩於政，故亦能整。然性弱而疲，故不能久。

闞重秀曰：政騷者，由其地廣也。民疲，由地廣而屢有防侵掠也。整而不久，雖民習戰，由其性弱政騷也。騷，煩亂也。

【按】騷，騷擾，動亂。《詩·大雅·常武》："徐方繹騷，震驚徐方。"《毛傳》："騷，動也。"《國語·鄭語》："幽王八年而桓公爲司徒，九年而王室始騷，十一年而斃。"韋昭注："騷，謂適庶交爭，亂虐滋甚。"《武經總要》：江淮之間地薄，人性怯懦。楚悼王急於政令，故躁疲者，整而不能久也。

⑥【彙校】

勿與戰争，"戰争"，《講義》、《直解》、《彙函》、《開宗》、《武備志》、《彙解》、闞本皆作"争戰"。

【集釋】

施子美曰：若欲擊之，亦必有道焉。襲亂其屯，先奪其氣，輕進速退，弊而勞之，又勿與争戰，則其軍可敗矣。城濮之役，晋師先犯陳、蔡，陳、蔡奔，右師潰。狐毛設二旆而退，欒枝使輿曳柴而遁，楚師馳之。原軫、郤溱以中軍公族橫擊之。狐毛以上軍夾攻之，楚左師潰。此擊楚之道也。

劉寅曰：擊此之道，襲亂其兵屯，先奪其三軍之氣，使吾即輕進而速退，困弊而勞苦之，勿與彼争戰。吾爲三軍迭出而疲楚之意，故其軍可得而敗也。

李樗曰：必如此以擊之，則可敗其軍矣。

黃獻臣曰：襲亂其屯，襲而擊之，使屯守擾亂。弊而勞之，困之使弊，誤之使勞。此詳楚陣整而不久，惟其性弱民疲，故可先奪其氣，使之勞而弊之。即吳爲三軍迭出而疲楚之意。

山中倡庵曰：擊楚之術，乘其性弱、民疲之弊，奪其三軍氣，不與力戰而降其軍也。

朱墉曰：襲亂者，襲而擊之，使屯守擾亂也。輕進速退者，我軍輕忽而進、疾速而退也。弊而勞之，困之使弊，誤之使勞也。

汪紱曰：此則晉悼公三駕遺法，以其不能持久，故得而勞之也。

關重秀曰：襲，掩其不備也。屯，兵聚也。輕進，彼不得誘。速退，彼不可及也。弊，欺疲也。弊而勞之，彼軍亂，是所以整而不久也。夫雖性弱政騷，其地廣而人民衆，且整齊，故不與爭戰，誘勞而可敗。是乘民疲，待不久，擊此之術也。

【按】屯，兵屯，軍營。

⑦【彙校】

其民慎，"慎"，《講義》、關本作"謹"。【按】"慎""謹"義同。

【集釋】

施子美曰：燕之民剛狠小慮，故其性愨。近夷之俗，其人悍固，故其民謹。奇士居多，故好勇義。巧不足而諒有餘，故寡詐謀。夫如是，故守而不走。

劉寅曰：燕人之性愨實，其民謹慎，好愛勇義，以荊軻事觀之可見；寡少詐謀，以騎劫事觀之可見。故陳守而不走也。

朱墉曰：愨，實也。慎，謹也。寡詐謀，不尚詐謀也。

關重秀曰：愨，謹也，誠也。守，由於謹，不走，由於勇義者也。

【按】愨（què），實誠，厚道。

⑧【集釋】

施子美曰：若欲擊之，則何以哉？亦必有道焉。觸而迫之，以使之懼。陵而遠之，以致其來。馳而後之，使不得與我戰，則必且疑而懼，又且謹我之車騎，必避之道，則其將可虜。北戎侵鄭，鄭伯禦之。公子突曰："使勇而無剛者，嘗寇而速去之，君爲三覆以待之。戎輕而不整，貪而無親，先者見獲，必務進，進而遇覆，必速奔。後者無救，則難繼矣，乃可以逞。"戎人之前遇覆者奔，祝聃逐之，前後盡殪。此擊燕之道也。

劉寅曰：擊此之道，或觸而迫之，如《春秋傳》所謂左右角之是也。或陵而遠之，如所謂令賤而勇者嘗之，務於北無務於得是也。或馳而後之，謂掩之於後也。如此則在上者疑惑，在下者恐懼。又當謹我車騎，必避之路，其將可得而虜矣。

茅元儀曰：觸而迫之，左右角之也。陵而遠之，相陵稍遠也。謹我車騎，必避之路，勿輕與戰，避其所由之路。

李橒曰：必如此而困之，其將可得而擒耳。

黃獻臣曰：觸而迫之，相角而逼近。陵而遠之，相陵而稍遠。馳而後之，馳驟而出乎其後。謹，伏也。此言燕陣守而不走，惟其性愨寡謀，故可若近若遠，使之疑而懼之，觀荊軻事可知燕民之好勇義，觀騎劫事可知燕民之寡詐謀。

山中倡庵曰：愚謂擊燕之道極難說，《義》《解》《宗》共未切當也，故竊辨之。問：觸而迫之，何乎？曰：是應燕性愨、其民慎言。我迫急侵深則彼謹愨者亦忽生忿怒之心，而欲出戰也，是敗謹愨之道也。問：陵而遠之，何乎？曰：是應好勇義言。我陵甚，則彼以勇義欲務戰鬥，然我遠之，則彼之勇義無所施而三軍之氣脫沒矣。是敗好勇義之道也。問：馳而後之，何乎？曰：我馳而出彼之後，則彼固寡詐謀，故疑何之有謀計而如此入深乎？故上疑下懼，是敗寡詐謀之道也。然彼守而不走，謹愨尚深矣，故我兵見入深，謹懼我車騎而欲經異道歸，是避之本路也。當此時，而進兵機急迫處伐則其將可虜。

朱墉曰：疑，惑也。懼，恐也。必避之路，敵人所不當由之路也，勿使之知也。可虜者，勇而無謀，又懷疑懼，故可生虜也。

汪紱曰：伏車騎以要其必避之路也。全是疑兵，用以對愨而慎之人更妙。

佐藤一齋曰：都是調敵之術，使彼不得測。於是致謹於我車騎，不敢輕戰，彼必當收軍避之路。"謹我車騎，必避之路"八字，恐有闕文誤字。今姑為之詮耳。注家釋"謹"為"伏"，謂伏車騎於敵避逃之路,牽强甚。

關重秀曰:觸,犯進也。陵,犯侮也。遠之,謂退隔也。馳而後之,馳進而失先也。觸迫、陵遠、馳後者,奇詐之術也。彼性慤謹而寡用詐謀,勇義而不鄙,所謂君子可欺之類也。守而不走,故動之者也。有其必避,所以謹慎也。謹我車騎,必避之路,謂專勒兵要敵人必退逃之路也。彼民謹,故我亦謹也。車騎,謂兵之良者也。是以詐擊正之術也。

【按】陵,侵犯,侵擾。《禮記·中庸》:"在上位,不陵下;在下位,不援上。"此謂侵擾而挑釁之,然後遠離以誘敵出戰。即施氏所謂"陵而遠之,以致其來",劉氏所謂"令賤而勇者嘗之,務於北無務於得"是也。馳而後之,於其後追逐、掩殺。"謹我車騎,必避之路":謹,謹嚴,嚴格。《荀子·王霸》:"謹畜積,修戰備。"楊倞注:"謹嚴畜積,不妄耗費。"此指周密安排我軍車騎,設伏於燕軍逃避時的必經之路。

⑨【集釋】

施子美曰:三晋者,韓、趙、魏也。魏斯、韓虔、趙籍三分晋國而君之,故謂之三晋。其地乃澗、瀍之間,天地所合,風雨所會,故其性和。聖賢之所教,仁義之所施,故其政平。介於大國之間,處於四戰之地,故其民疲於戰,習於兵。李牧之吏,皆以爲吾將怯,故輕其將。中原之士,衣褐不全,糟糠不厭,故其祿薄。不恤其民而强用之,孰視其上而不之救,故士無死志,其陣雖治而不用。

劉寅曰:三晋,地居中國。其人性恊和,其國政均平,其民疲困於戰鬥,士習於兵而輕其將。觀荀林父、荀偃之事可知。薄其祿,以君之祿爲薄,無致死之志,故陳治而不爲用也。韓、趙皆晋地,其事同,故總之三晋言之。

朱墉曰:和,温和也。輕者,玩視其主將也。薄者,以俸祿爲薄也。無死志者,無死鬥之志也。不用者,不爲上用也。

汪紱曰:薄其祿,以君之祿爲薄。士無死志,故治而不用。和、平而習於兵,故治。薄其祿而無死志,故不用。

佐藤一齋曰：和，和緩。平，平均。輕，輕蔑。薄，菲薄。死志，效死之志。

關重秀曰：性和，政平，由中國之氣候順和也。其民疲於戰，自四方侵攻故也。習於兵，屢戰故也。輕於將，熟於戰故也。薄其祿，疲於戰故也。士無死志，薄其祿故也。其兵可治，由性和習兵也。雖然，有疲戰、輕將、薄祿、無死之疾，不爲其用也。習，狎熟也。

【按】中國，古指中原地區，中原之國。韓、趙地處中原地區，故云。和，溫和。平，平穩。習於兵，頻頻用兵。《史記·五帝本紀》："軒轅之時，神農氏世衰。諸侯相侵伐，暴虐百姓，而神農氏弗能征。於是軒轅乃習用干戈，以征不享，諸侯咸來賓從。"習用干戈，頻繁動用干戈。"疲於戰""習於兵""輕其將""薄其祿"并舉，四者皆有貶義。"習於兵"指因頻繁用兵而倦於兵戎之事。此處并非練習作戰之義。

⑩【集釋】

施子美曰：若欲擊之，則何以哉？亦必有道也。阻陳而壓之，所以陵之也。來則拒而去則追，所以倦其師也。秦之禦趙軍也，秦軍佯敗而走，張二奇兵以劫之，趙軍遂勝，返造秦壁，秦壁堅拒，不得入，而秦奇兵絕趙糧道，一軍絕趙壁，趙括出銳搏戰，秦軍射殺之。此擊趙之道也。凡此五者，皆所以制六國之勢也。蓋必有以知敵人之勢，乃可以施制敵之術，既得其勢，其於制敵也，又何難焉？

劉寅曰：擊此之道，阻其陳而壓之，衆來則絕而拒之，兵去則追而襲之，以勞倦其師。此擊韓、趙二國之勢也。夫韓、趙、魏三國，如輔車，唇齒之相依也，豈可自相攻擊而引之倦哉？此吳子但略言其勢，不言其虜將敗軍之形也。

李槢曰：必如此而疲之，則可敗其軍勢矣。

黃獻臣曰：阻陣而壓之，阻壓其前往之勢。此詳三晉陣治而不用。惟其民疲於戰而無死志，故可拒其來、追其去以倦其師。吳子但言制韓、趙二國之勢，而不言虜將敗軍之形。蓋以三晉如輔車，唇齒相依，豈可自相攻擊而引他人之勝己也。亦其立言之有斟酌處。輕其將，觀荀林父、荀偃事可見。

　　山中倡庵曰：乘和平機而勞倦之矣。

　　朱墉曰：阻陣者，阻壓其前往之勢，使之不得逞也。此其勢，此待韓、趙之勢也。以上言待各國之陣，以下又審料己陣也。

　　汪紱曰：舊疏曰：三晉有輔車脣齒相依之勢。故吳子言制二國之勢，而不言虜將敗軍之效，不欲自相攻擊而引他人之勝己也。六國之風俗政教不同如此。此正司馬所謂"性州異，教成俗"者也。微獨在吳子時，蓋南北剛柔，俗因政易，千古定理，勿謂古今異，宜也。吳子料敵之熟如此，故在魯而魯勝，在魏而魏強，在楚而多戰功。若廉頗則在趙而良，在楚而無功，以其不知風氣之異，以教成俗之道也。

　　關重秀曰：阻，隔也。壓，覆鎮也。阻陣而壓之，由其民疲於戰，爲令彼倦於久者也。故彼或來或去，我拒追而使之倦勞也。此其勢，謂此擊三晉之形勢也。擊四國之道，以壞、取、敗、虜之四字斷之。至三晉之道，曰"此其勢也"者，魏在於其中，故忌之，緩其言。吳子對武侯六國之問，以魏加韓、趙論以三晉之俗，且并言擊魏之道者，則與"以先戒爲寶"之文首尾相應也。誠可感讀。

　　【按】阻陳而壓之，倚仗軍陣來壓制它。阻，倚仗，憑藉。《左傳·隱公四年》："阻兵而安忍，阻兵，無衆；安忍，無親。"杜預注："恃兵則民殘。"楊伯峻注："阻，仗恃也，《漢書·朱建傳》'不欲阻險'，不欲恃險也。"《史記·十二諸侯年表》："晉阻三河，齊負東海，楚介江淮。"王念孫《讀書雜志·史記二》："介，恃也。阻、負、介三字同義。"《文選·陸機〈五等論〉》："諸侯阻其國家之富，憑其士民之力。"李善注："阻，恃也。"此其勢也，此擊韓、趙二國之勢也。據上下文意，待韓、趙之法，以堅守防禦爲主。取敵來則拒之，敵去則追之，以倦其師之戰術。

　　"然則一軍之中，必有虎賁之士。力輕扛鼎，足輕戎馬，搴旗斬將，必有能者。若此之等，選而別之，愛而貴之，是謂軍命。[①]其有工用五兵、材力健疾、志在吞敵者，必加其爵列，可以決勝。②厚其父母妻子,勸賞畏罰,此堅陳之士,可與持久。能審料此,可以擊倍。"武侯曰:"善!"③

①【彙校】
搴旗斬將,"斬",《講義》《直解》作"取"。
【集釋】
施子美曰:世未嘗無傑特之材,患不見知耳。不有蕭何,則韓淮陰終於都尉。不求自效,則皇甫規老於功曹。士不患無材,患不見知耳。是以一軍之中,必有虎賁之士。虎賁者,取其猛毅也。《書》所謂"虎賁三百人"是也。力輕扛鼎,則其力爲足取者也。《傳》所謂"扛鴻鼎"是也。足輕戎馬,則以其捷速也。《韜》所謂"輕足善走"者也。搴旗取將,則以其能破軍殺將也。《韜》所謂"絶滅旌旗"者是也。若此之類,必有能者,要在乎選別而愛貴之。蓋將以牽衆,則人之有能者,必致其辨。將以勵衆,則人之有能者,必致其厚。選而別之,所以致其下而以牽衆也。愛而貴之,所以致其厚而以勵衆也。若是之人,謂之何哉?軍之死生係焉。

劉寅曰:然則一軍萬人之中必有虎賁之士,其力輕於扛鼎,言力之多,不以鼎爲重也。其足輕於戎馬,言足之疾過於馬也。搴旗取將,必有能者。若此之人,簡選而類別之,親愛而貴重之,是謂三軍之司命。

李㮚曰:萬人之中,必有虎賁之士,其力之允不以鼎爲重也。其足輕疾過於馬也。

黃獻臣曰:足輕戎馬,疾過於馬也。

朱墉曰:虎賁,有力如虎者也。力輕扛鼎,以扛鼎爲輕也。足輕,足之便疾,以戎馬爲後也。搴旗,能奪敵之旗也。別,異也。貴,尊顯也。軍命,三軍之司命也。

汪紱曰:軍命:謂一軍之勝敗所係也。

佐藤一齋曰:一軍,謂我魏軍。

關重秀曰：欲擊此，則選虎賁之士，勵堅陣之士，應攻勝守備之用矣。虎賁，甚勇也。"賁"與"奔"同。扛，舉也。搴，奪取也。等，輩也。命，猶謂本。是於習兵之中選別虎賁之士者也。

【按】虎賁，古代猛士之稱。《尚書·牧誓序》："武王戎車三百兩（輛），虎賁三百人。"孔穎達疏："若虎之賁（奔）走逐獸，言其猛也。"搴旗斬將：搴，拔取。《楚辭·離騷》："朝搴阰之木蘭兮，夕攬洲之宿莽。"軍命，軍隊之命脉。

②【彙校】

《直解》：或改"列"爲"則"。然則，尉繚書中，"爵列之等"又何改乎？

【集釋】

施子美曰：其有工用五兵、材力健疾、志在吞敵者，是亦敢爲之士也。五兵：弓矢、戈、矛、殳、戟也。工用五兵，則其用五兵者也。

劉寅曰：其善用五兵，材技勇力輕健剽疾，志在吞滅敵人，必加其爵禄之等列，用之而進，可以決勝。五兵，謂戈、盾、戟、夷矛、酋矛也。戈，平頭戟也。盾，干也。戟，小枝向上者也。夷矛，長二丈四尺。酋矛，長二丈，皆鉤也。

黄獻臣曰：工，善也。

朱墉曰：加其爵列，使之榮寵也。

關重秀曰：五兵，弓、殳、矛、戈、戟也。材，材技。力，氣力也。吞，滅也。

【按】工用五兵：工，精通、擅長。五兵，古代的五種兵器，具體的說法不一，此泛指戈、矛、劍、戟、弓矢等各種兵器。材，通"才"，才能。

③【彙校】

"善"，《講義》、關本作"善哉"。

【集釋】

施子美曰：如此之人，亦必加其爵列，厚其父母妻子，既勸以賞，以勉其心；又威以罰，以懲其心。若是，則人皆可用，以攻則必取，故可以決勝；以守則必固，故可與持久。人君誠能審察此人而用之，是雖一可以擊倍。安得武侯不稱善其言！

劉寅曰：厚待其父母妻子，勸之以重賞，畏之以重罰，此二等皆堅陣之人，可與之持久。爲將者能審料此，可以擊人之倍。武侯稱曰："善。"愚按：此章前假言料敵，後假言選士。料敵者，知彼也。選士者，知己也。然必先選士，養己之勢力，然後料敵，有可乘之隙而取勝也。

李樗曰：如楊素用法雖嚴，凡從征伐者，微功必錄。所籍財物，俱以分賞將士。又如祭遵，以上所賜，輒與士卒，歲時賚物，遣慰行役之家，此可謂厚其父母妻子之一證也。

黃獻臣曰：此章前言料敵，後言選士。此言形勝在握則當選士，以爲三軍司命。榮其身，厚其家，而後可以得其死力，而後可以無敵。

朱墉曰：厚其父母妻子，使無內顧也。持久，臨陣相持久而不靡也。審料者，審查料取此人而用之也。擊倍者，以吾之一而擊敵人之倍也。

汪綍曰：和、平而習兵，輕將而薄祿，此三晉之俗也。選其尤習兵者而貴之、賞之，則因其和平習兵之美俗而奮其剛勇之志，又矯其輕將薄祿之病而後良才舉，而陣亦可用矣。曰堅者，對不堅者而言也。不效其驕奢而祿不均，故堅。曰持久，對不久者而言也。不效其騷而疲民，故可久。此教民易俗之道也。然惜其所料選者，不過爲戰陣計，則本計不足耳。

關重秀曰：可與持久，可與之持久而不倦也。是無倦師之憂者以爲堅陣之士也。此士自幼而爲武士者，故工用五兵又加其爵列。擊倍，寡可以擊衆。

吳子曰："凡料敵，有不卜而與之戰者八：① 一曰疾風大寒，早興寤遷，刊木濟水，不憚艱難；② 二曰盛夏炎熱，晏興無間，行驅飢渴，務於取遠；③ 三曰師既淹久，糧食無有，百姓怨怒,袄祥數起,上不能止;④四曰軍資既竭,薪芻既寡,天多陰雨,欲掠無所;⑤五曰徒衆不多,水地不利,人馬疾疫,四鄰不至;⑥六曰道遠日暮,士衆勞懼,倦而未食,解甲而息;⑦七曰將薄吏輕,士卒不固,三軍數驚,師徒無助;⑧八曰陳而未定,舍而未畢,行阪涉險,半隱半出。⑨諸如此者,擊之勿疑。⑩

①【彙校】

"凡料敵,有不卜而與之戰者八。"此句,《通典》卷一百五十作"凡敵有不卜而與戰"。此句下,有"有不占而避之"句。

【集釋】

施子美曰:用兵之道,料敵爲先。何者?知吾卒之可以擊,而不知敵之不可擊者,勝之半也。故必料敵而後與戰。料之既審,則決勝在己,何必求之於神。故雖不卜,而可以與戰。自"疾風大寒"至於"陣而未定",此八者,皆敵有可克之理。雖戰可也。

劉寅曰:吳子言:"凡料敵之道,有不必卜問而可與之戰者凡八事。"

朱墉曰:卜,占卜也,卜以決疑。因敵人之情形未周知而卜也。若敵人必敗之道明明白白爲我周知不疑,何卜也?言不待時,不用謀也。

關重秀曰:卜,問吉凶也。

②【彙校】

一曰疾風大寒,"一曰",《通典》卷一百五十無此二字。下文"二曰""三曰"等《通典》皆無。

早興寤遷,"寤",《通典》卷一百五十作"冥"。"遷",關本作"移"。

刊木濟水,"刊木",《通典》卷一百五十、《講義》、《直解》、《彙函》、《開宗》、《武備志》、《彙解》、關本皆作"剖冰"。【按】此說隆冬盛寒而興師者,"刊木"當是"剖冰"之訛誤。

"濟水",《通典》卷一百五十作"濟度"。

"不憚艱難",《通典》卷一百五十無此句。

【集釋】

施子美曰:一曰:疾風大寒。此以隆冬盛寒而興師者也。此正曹公赤壁之役,時方盛寒,驅士卒遠涉,不習水土,而敗於周瑜之時也。加以早興寤遷,割冰濟水,不畏艱難,則其士卒必勞,故可與戰。

劉寅曰:初一曰:遭遇迅疾之風,其時隆冬大寒,或早而興起,或始寤而遷移,剖凍冰而濟水,不畏憚其艱難勞苦者。

李楪曰:乘其困於寒也。

黃獻臣曰:早興,未明而興起。寤遷,方寤而遷移。此困於寒可乘。

朱墉曰:疾風,勁烈之風也。早興者,未明而興起也。寤遷者,既睡而遷移也。剖,開也。開凍冰而濟冷水也。憚,畏也。艱難,士卒困苦也。

汪紱曰:早興寤遷:未明而興,或已寢而復遷。剖冰濟水,乘其勞於寒也。

闞重秀曰:寤移,終夜不寐而移也。

【按】興,起。指出發。早興,一早就出發。寤遷,剛剛醒來就遷移。劉說、黃說是。朱墉解爲"既睡而遷移"、汪紱解爲"已寢而復遷",是誤以"寤"爲"寐"也。早興寤遷,指士卒倉促奔波之狀。不憚艱難,指將領不顧及士卒艱難困苦。

③【彙校】

"晏興無間",此句,《通典》卷一百五十作"興役無間"。

"行驅飢渴",此句,《通典》卷一百五十作"行飢驅渴"。

"務於取遠",此句,《通典》卷一百五十作"務取於遠"。"於",《直解》《武備志》作"以"。

【集釋】

施子美曰:二曰:盛夏炎熱。此以盛夏之際而興師也。正馬援壺頭之役,士卒疾疫之時也。況以晏興無間,行驅飢渴,務於取遠,則士卒亦勞耳。故可與之戰。

劉寅曰:次二曰:盛夏之時,天氣炎熱,起之又晚,無有暇隙之處,行走驅馳,飢而又渴,務取遠路而與人戰。

李樗曰:乘其困於暑也。

黃獻臣曰:晏興無間,晏晚興兵,無有間歇。行驅飢渴,行走驅馳,不免飢渴。務於取遠,責以遠程也。此困於暑可乘。

朱墉曰:晏興無間者,晏晚興起,無間隙之時也。行驅飢渴者,行走驅馳,飢而又渴也。務於取遠者,專務取必於遠程也。

汪紱曰:晏興無間,行而不息。

關重秀曰:無間,無間斷也。務於取遠,兼行倍道而務取遠程也。

【按】晏,安定,平靜。《莊子·山木》:"聖人晏然體逝而終矣!"《史記·司馬相如列傳》:"及臻厥成,天下晏如也。"此處指停下。興,作,指行動。無間,無有暇隙之時。晏興無間,意爲剛剛停下又要行動起來,毫無閒暇。

④【彙校】

"三曰師既淹久,糧食無有",此兩句,《通典》卷一百五十作"師久無糧"。

百姓怨怒,"百姓",《通典》卷一百五十作"士衆"。

"祅祥數起",此句,《通典》卷一百五十作"妖祥疑惑"。"祅",《直解》、《開宗》、《彙解》、關本皆作"妖"。【按】"祅"爲"妖"之異體,義同。

【集釋】

施子美曰:三曰:師既淹久,糧食無有,其老師費財可知矣。加之百姓怨怒而下無以得人之心,祅祥數起而上無以當天之意,爲之上者,有所不能知止,不敗何爲。其可與戰也必矣。此正公孫文懿之師,雖衆而飢,時有長星出自襄平西南,墜於凉水,文懿懼請降,率爲司馬所斬是也。

劉寅曰:次三曰:師既淹延日久,糧食皆無所有,百姓怨而且怒,妖祥之事頻數而起,在上之人不能止息。

李檉曰:師老糧匱,人民怨讟可乘。

黃獻臣曰:怨讟興而將領不能禁止,可乘也。

山中倡庵曰:《小補勻會》曰:"淹,留也。"

朱墉曰:淹久,淹延日久也。怨怒妖祥者,怨讟煩興,妖怪機祥之事屢見軍中而將領不能禁止也。

汪紱曰:妖祥數起,生於惑者。上不能止,乘其怨也。

佐藤一齋曰:在上之人尚貪多功,不能止息。

關重秀曰:淹,久留也。妖祥,災異也。

【按】淹,滯留。淹久,淹延日久。祅祥,亦作"妖祥",本指凶兆和吉兆。此指預示災異的凶兆。《禮記·樂記》:"疾疢不作,而無妖祥。"《淮南子·繆稱訓》:"國有妖祥,不勝善政。"《漢書·燕刺王劉旦傳》:"謀事不成,妖祥數見。"《漢書·五行志》:"妖孽自外來謂之祥。"數,音 shuò,屢屢。

⑤【彙校】

"薪芻既寡",《通典》卷一百五十無此句。

"天多陰雨",此句,《通典》卷一百五十作"時多霖注"。

欲掠無所,"所",《通典》卷一百五十作"便"。

【集釋】

施子美曰:四曰:軍資既竭,則無以給軍食。薪芻既寡,則無以給樵蘇。加以天多陰雨,欲掠無所,故可與戰。此唐太宗之克突厥,所以因天雨甚,冒雨而進,醜徒果震駭也。

劉寅曰:次四曰:軍之資財既竭盡,薪芻既寡少,天時又多陰雨,欲往獵取無有去所。

李檉曰:飢窘可乘。

黃獻臣曰:軍資,衣裝器用之類。薪芻,薪以炊爨,芻以飼馬。掠,剽掠也。

朱墉曰:竭,盡也。既寡,皆寡少也。欲掠無所,欲往掠取,無有去所也。
汪紱曰:欲掠無所,乘其困也。
佐藤一齋曰:軍資,錢穀。
關重秀曰:資,財用也。芻,馬所食之草槁也。天多陰雨,冷濕益多,薪芻愈少也。欲掠無所掠取也。

⑥【彙校】
徒衆不多,"徒",《通典》卷一百五十作"師"。
水地不利,"水地",《通典》卷一百五十作"地土"。
"四鄰不至",《通典》卷一百五十無此句。
【集釋】
施子美曰:五曰:師衆不多,則其兵寡也。水地不利,則不得地利也。人馬疾疫,則失時也。四鄰不至,則無援也。故亦可擊。此正薛仁貴之擊吐蕃,謂烏海地陰而瘴,可謂危地。及後至烏海以待援,果爲吐蕃所敗是也。
劉寅曰:次五曰:徒衆又不多,水地不便利,人馬皆生疾疫,四鄰之救者不至。
李楳曰:勢弱援寡可乘。
黃獻臣曰:四鄰,援兵也。勢弱援寡可乘。
朱墉曰:徒衆,徒步之衆也。
汪紱曰:乘其孤病無援也。
關重秀曰:徒衆不多則乘騎固少可知也。水地不利則不可免飢渴,故疫皆疾也。四鄰不至,救援不至也。

⑦【彙校】
士衆勞懼,"懼",《通典》卷一百五十作"倦"。
倦而未食,"倦",《通典》卷一百五十作"飢"。
【集釋】
施子美曰:六曰:道遠日莫,士衆勞懼,是則倍道兼行之際。其衆亦云倦矣,倦而未食,又且解甲而息,故可擊。此正孫臏之斬龐涓,度其行,暮當至馬陵而克之是也。

劉寅曰:次六曰:道路遙遠,日已昏暮,士衆勞苦、畏懼,倦怠而未得飲食,解甲休息於路。

黃獻臣曰:此疲敝可乘。

朱墉曰:勞懼,勞苦恐懼也。息,暫時休息也。

汪紱曰:乘其勞倦也。

關重秀曰:勞,疲倦也。懼,恐敵之出於不意也。

⑧【彙校】

士卒不固,"不",《通典》卷一百五十作"無"。

【集釋】

施子美曰:七曰:將薄吏輕,士卒不固,此則上不能以制下也。故三軍數驚,則其心必疑,師徒無助,則其勢必孤。故亦可擊。此正邲之戰,晉之從政者新,以中軍佐濟,二憾皆往,餘師不能軍,舟中指可掬,所以見敗於楚也。

劉寅曰:次七曰:將不持重,吏又輕薄,士卒又不堅固,三軍之衆,頻數驚擾,師徒又無助援。

黃獻臣曰:將無威嚴、兵無節制可乘。

朱墉曰:將薄,不持重也。吏輕,權輕不足以服人也。不固,無堅久之心也。數驚,頻繁驚恐也。無助,孤立無援也。

汪紱曰:乘其離散也。

關重秀曰:將薄吏輕,將威薄,吏權輕也。師徒無助,謂兵衆之無來援者也。

【按】"薄""輕"均指資歷淺,威信低。不固,無堅久之心,鬥志不堅。師徒,指軍隊。

⑨【集釋】

施子美曰:其八者,陣必欲其定,今而陣未定。舍必欲其畢,今而舍未畢。行山阪,涉險阻,半隱半出,其師不相續也。是亦可擊。此如史祥與余公理對軍,公理未成列,而祥縱擊,大破之是也。

劉寅曰：次八曰：行陳未能安定，舍次未能完畢，行山阪，涉險阻，半隱於內，半出於外。

黃獻臣曰：半隱半出，將出險而未盡之時。此不整可乘。

朱墉曰：未畢，營舍未完也。阪，山坂也。

關重秀曰：未畢，未盡入也。半隱半出，高低之阪，險不易行之地也。

【按】阪，山坡，斜坡。"阪"同"坂"。

⑩【彙校】

諸如此者，"者"，《通典》卷一百五十作"類"。

擊之勿疑，"之"，《通典》卷一百五十作"而"。

【集釋】

施子美曰：凡此八者，皆敵有可擊之道。故有如此者，則擊而勿疑。

劉寅曰：遇敵有如此者，宜速擊之，勿疑惑也。

朱墉曰：如此者，總上八事而言也。

關重秀曰：諸，凡也。以上之八事皆可擊。

"有不占而避之者六。①一曰：土地廣大，人民富眾。②二曰：上愛其下，惠施流布。③三曰：賞信刑察，發必得時。④四曰：陳功居列，任賢使能。⑤五曰：師徒之眾，兵甲之精。⑥六曰：四鄰之助，大國之援。⑦凡此不如敵人，避之勿疑。所謂'見可而進，知難而退'也。⑧"

①【彙校】

"有不占而避之者六"，此句，《通典》卷一百五十在"有不卜而與戰"之後，作"有不占而避之"。

【集釋】

施子美曰：敵有可擊者，亦有不可擊者。可擊而不擊，則為失利。

不可擊而擊之,則爲妄進。

劉寅曰:有不必占問而避者凡六事。

朱墉曰:避,勿與交戰也。《法》曰:合於利而動,不合於利而止。合於利而動者,此不卜而與之戰者也。不合於利而止者,此不占而避之者也。不占而避之者,是亦自知其未可以勝,故不必占之於神也。其避之也,凡有六焉。

佐藤一齋曰:卜以龜,占以蓍。八事不卜,六事不占,實非有異,互文乃爾。

關重秀曰:不若則避之也。

②【彙校】

"一曰",《通典》卷一百五十無此二字。下文"二曰""三曰"等《通典》皆無。

"土地廣大",此句,《通典》卷一百五十作"若土地廣大"。

"人民富衆",此句,《通典》卷一百五十作"人衆富盛"。

【集釋】

施子美曰:一曰土地廣大,人民富庶,此強敵也。敵強下之,故避而不與戰。此如燕欲伐齊,樂毅曰:"齊地大,人衆,未易攻也。"

劉寅曰:初一曰:土地廣大則財必盛,人民富衆則兵必強。

黃獻臣曰:地廣則財贍,民衆則兵強,此富強之國。

山中倡庵曰:《周易彙解》曰:"廣大,言天地之量也。廣,博而無不及之謂。大,全而無不包之謂。"

關重秀曰:以耕治撫育之政及民,爲廣大富衆。如桀紂則雖爲王,不得謂廣大富衆也。

③【集釋】

施子美曰:二曰:上愛其下,惠施流布。此恩足以及人者也。蓄恩不倦,以一取萬,故亦避之,而不與戰。此如楚子已責逮鰥,救乏赦罪,而晉人避之也。

劉寅曰:次二曰:在上者親愛其下,恩惠施與,流行宣布於民。

黄獻臣曰：行仁政則民親上死長，此有恩惠及民者。

朱墉曰：惠，恩惠也。上施恩惠於下，如水之流布於地而普遍之也。

【按】惠施流布，普遍施恩惠於民众。流布，遍布，廣布。朱説是。《左傳·成公十八年》：" 二月乙酉朔，晋悼公即位于朝。始命百官，施舍，已責，逮鰥寡，振廢滯，匡乏困，救災患，禁淫慝，薄賦斂，宥罪戾，節器用，時用民，欲無犯時。"施氏《講義》的"楚子"應爲"晋悼公"，"晋人避之"應爲"楚人避之"。

④【彙校】

發必得時，"必"，《通典》卷一百五十作"止"。

【集釋】

施子美曰：三曰：賞信刑察，發必得時。此賞罰之必行，而事無妄動故也。故必避之。此如楚子討鄭叛而伐之，服而舍之，德刑以成，故雖入陳、入鄭，民不罷勞，而隨季知其不可敵是也。

劉寅曰：次三曰：賞有功者務信，刑有罪者務察。察者，明也。發動必得其時，言不違時也。

茅元儀曰：審察必真，且發中時宜。

黄獻臣曰：賞罰明允，動皆合宜。

朱墉曰：賞信者，賞不失言也。刑察者，罰必察情也。察，明也。發必得時者，發動必得其時。

【按】發，賞賜和懲罰的發布。

⑤【彙校】

"陳功居列"，此句，《通典》卷一百五十作"行陣居列"。

【集釋】

施子美曰：四曰：陳功居列，任賢使能。此謂有功者，既陳而在列，而又賢有德者，則任之。能有材者，則使之。是得人則國必强也，故必避之。此如廉頗藺相如之在趙，而强秦不敢加兵是也。

劉寅曰：次四曰：戰陳有功者居於班列之中，所任者惟賢，所使者惟能。

茅元儀曰：陳顯有功之人，使居班之中。

李樗曰：有功必錄，有善不遺。

黃獻臣曰：陳顯有功之人，使居行列。任賢使能，任用得人。

朱墉曰：陳功居列者，戰陣有功之人居於行列之中，所任者惟賢，所使者惟能也。

關重秀曰：如此三者，雖爲小國，亦可懼，況大國哉！發，興軍也。陳功，敷告功譽也。居列，謂正賢能不肖而令各居於其可居之列也。

【按】關重秀云"如此三者"，是總"二曰""三曰""四曰"言之。陳功居列，列舉功績授予官職。陳，陳列，列出。《易·繫辭上》："卑高以陳，貴賤位矣。"韓康伯注："天尊地卑之義既列，則涉乎萬物貴賤之位明矣。"孔穎達疏："卑高既以陳列，則物之貴賤得其位矣。"《左傳·襄公九年》："火所未至，徹小屋，塗大屋，陳畚挶，具綆缶，備水器。"楊伯峻注："陳，列也。"陳功，列出功績，猶論功也。列，位列。指官職。

⑥【彙校】

"師徒之衆"，此句，《通典》卷一百五十作"師徒習教"。

"兵甲之精"，此句，《通典》卷一百五十作"兵甲精銳"。

【集釋】

施子美曰：五曰：師徒之衆，兵甲之精。此謂士卒强而器用備也。故必避之。此如邲之戰，隨武子謂楚君"荊尸而舉，前茅慮無，中權，後勁，百官象物而動，軍政不戒而備"，而不敢與之敵是也。

劉寅曰：次五曰：師徒衆多，則力强；兵甲精銳，則利戰。

李樗曰：堂堂之陣，正正之旗。

黃獻臣曰：力强器利，威武奮揚。

朱墉曰：甲精者，力强器利也。

關重秀曰：兵，兵刃。甲，甲冑。精，善也。

⑦【彙校】

四鄰之助，"之"，《通典》卷一百五十作"有"。

【集釋】

施子美曰：六曰：四鄰之助，大國之援。此謂資人之助，而其勢強盛也。故亦當避之。正如六國合從，秦兵不敢出關者十五年是也。

劉寅曰：次六曰：有四鄰之助，得大國之援。

黃獻臣曰：助援者，交鄰事，大舉得其心也。

關重秀曰：援，救助也。

⑧【彙校】

"凡此不如敵人"，此句，《通典》卷一百五十作"凡如此類"。

"避之勿疑"，此句，《通典》卷一百五十作"憚而避之"。

"所謂"，《通典》卷一百五十作"故曰"。

【集釋】

施子美曰：凡此六者吾不若敵，不若者能避之，故避之勿疑。惟夫知其可擊而擊之，是見可而進也。知其不可擊而避之，是知難而退也。此隨武子於邲之戰，所以亦曰"見可而進，知難而退"。

劉寅曰：凡此數者不如敵人，當避之，無疑惑也。所謂"見其可則進，知其難則退"也。愚按此章之旨，吳子亦舉其大概者言之。兵家之勢不常，亦有變弱而爲強，轉禍而爲福者。如太王避狄人之強而卒興周，勾踐收禍敗之餘而卒滅吳。苻堅恃強大而亡，隗囂恃富盛而滅，要在臨時而制宜，相機而行事，不可執一也。

黃獻臣曰："見可而進，知難而退"，二語見《易》傳，又通結上文"戰""避"二者而言。此言料敵以爲進退之方。其云"不卜""不占"者，斷則有必戰必避之勢，非徒不拘占卜之說。知其可戰，則可得隨機制勝之策。知其可避，則可得畏天保國之圖。如曰"姑且避之"，尚有用隙伺隙之謀，則彼惠施流布、任賢使能之國猶思僥倖圖之。無論圖之不勝，即圖而勝，是以不仁而伐至仁，其不至速敗者幾希。

朱墉曰：凡此者，總上六事也。勿疑，決意引避也。見可者，見其有可乘之機也。知難者，知其有難攻之勢也。

汪紱曰：此所謂知己知彼者也。

佐藤一齋曰:孫子曰:"不若則避之。"又曰:"強而避之。"苟能避之,則知用隘伺隙之利矣。不然則小敵之堅,大敵之擒也。

關重秀曰:以上之六事皆可避。見可,見可擊之現證也。知難,察難爭之陰秘也。

【按】知難而退,此引古代兵書之語。《左傳‧僖公二十八年》:"《軍志》曰:'允當則歸。'又曰:'知難而退。'"

武侯問曰:"吾欲觀敵之外以知其內,察其進以知其止,以定勝負。可得聞乎?"①起對曰:"敵人之來,蕩蕩無慮,旌旗煩亂,人馬數顧,一可擊十,必使無措。②諸侯未會,君臣未和,溝壘未成,禁令未施,三軍匈匈,欲前不能,欲去不敢,以半擊倍,百戰不殆。③"

①【集釋】

施子美曰:量敵而後進,慮勝而後會,此兵法之常也。將以量敵而進,慮勝而會。吁!亦難矣。何者?敵人之情僞,有可得而知者,有不可得而知者。可得而知者,外也,進也。不可得而知者,內也,止也。吾欲由外以知內,由進以知止,不亦難乎?既知乎此,則勝負可以坐決矣。此武侯之所以問吳起也。

劉寅曰:武侯問吳起曰:"我欲觀敵之外,以知其在內之虛實,察其前進之勢,以知其所止之形,以定彼我之勝負。其道可得而聞乎?"

山中倡庵曰:外,言外勢。內,言內謀也。

朱墉曰:外,在外之形也。內,敵之虛實也。

關重秀曰:外,軍陣城郭之外貌。內,內實。

②【集釋】

施子美曰:起之意謂:欲知之,即其勢而求之可也。堂堂之陣,不可擊。正正之旗,不可邀。今而敵人之來,蕩蕩無慮,則其軍爲妄進也。旌旗煩亂,則其衆爲無統也。況又人馬數顧而莫有鬥心,若此之勢,一可擊十,必能使之無所措矣。何者,言軍之自亂,取之易也。此如苻堅淮淝之役,一麾之間,軍亂莫止,衆心已怖,是雖謝玄之八千,可以破其百萬。非以一擊十乎?

劉寅曰:吳起對曰:"敵人之來,蕩蕩然無他謀慮。蕩蕩,輕忽之貌。旌旗煩擾紊亂,人馬頻數顧望,此爲愚將。吾以一倍之少可擊十倍之多,必使之倉皇無措也。"

茅元儀曰:以我一倍之兵可擊敵十倍之兵,必使之倉皇無措。

黃獻臣曰:蕩蕩無慮,輕忽而無顧慮。旌旗煩亂,將令不一。人馬數顧,將也無主。此應"觀敵之外以知其內"句。

朱墉曰:蕩蕩,輕乎之貌,散漫而無慮也。煩亂者,煩雜而且散亂,將令不一也。數顧者,將心無主也。必使無措者,必使敵人倉皇無備也。此言觀外知內之法也。

汪紱曰:驕而不備可知。無節制可知。

關重秀曰:蕩蕩,法度廢壞之貌。煩,不正也。數顧,疑而難進之貌。措,安著也。

【按】慮,思考,謀劃。《書·太甲下》:"弗慮胡獲,弗爲胡成。"《史記·淮陰侯列傳》:"智者千慮,必有一失;愚者千慮,必有一得。"蕩蕩無慮,旌旗煩亂,人馬數顧者,皆散亂無序狀,則其軍爲無謀劃之妄進,其衆爲無統無疑。

③【彙校】

諸侯未會,"未",原作"大",據《講義》、《直解》、《彙函》、《開宗》、《武備志》、《彙解》、關本改。"匈匈",《直解》《彙函》《開宗》《武備志》《彙解》作"洶洶"。【按】匈匈,同"洶洶"。喧嘩,騷亂貌。《莊子·在宥》:"自三代以下者,匈匈焉終以賞罰爲事,彼何暇安其性命之情哉!"成玄英疏:"匈匈,諠譁也。"《漢書·佞幸傳·石顯》:"顯聞衆人匈匈,言己殺前將軍蕭望之。"

【集釋】

施子美曰:若夫諸侯未會,君臣未和,溝壘未成,禁令未施,如此之時,軍士匈匈然不敢進,亦不敢退,此正疑惑之際,三軍既惑且疑,則必有隙之可乘。故可以半擊倍。能審乎此,雖百戰而不危殆矣。此如鄖人軍於蒲騷,將與隨、絞、州、蓼伐楚,軍其郊而不誡,旦日虞四國之至。鬥廉知其可取,故不待濟師而克之。且謂"師克在和,不在眾"。是非以半擊倍之意乎?雖然,前之所言以一擊十,是十倍其數而克之也。至於此,特以半擊倍者,蓋蕩蕩無慮,旌旗煩亂,此亂軍也。亂軍引勝,故雖一可擊十。至於諸侯未會,必有時而會。君臣未和,必有時而和。溝壘未成,禁令未施,必有時而可成、可施,吾乘其未然而擊,故特可以半擊倍。

劉寅曰:鄰國諸侯未曾會合,君臣上下未曾協和,溝塹壁壘未得成就,法禁號令未曾施設,三軍之眾,洶洶然驚懼,欲前進而不能,欲後退而不敢,以吾一半之少可以擊彼加倍之多,雖百戰而不危殆也。

黃獻臣曰:會,合也。洶洶,驚語貌。不能、不敢,進退無據也。此應"察其進以知其止"句。此言按兵之整亂可知其內之虛實,察進之備缺可知其止之堅瑕,料之審故擊之易,善將者其勿以冥冥決事。

山中倡庵曰:溝,城池。壘,藩屏。

朱墉曰:會,合集也。未成,浚築未能成就也。禁,約制也。未施,未及施設也。"不能、不敢"者,進退皆恐懼不決也,此言察進知止之法也。

汪紱曰:人心之離散,危懼而無死志可知。

關重秀曰:匈匈,喧擾之意。前,進也。不敢,不決也。

武侯問敵必可擊之道。起對曰:"用兵必須審敵虛實而趨其危。①敵人遠來新至,行列未定可擊;既食未設備可擊;奔走可擊;勤勞可擊;未得地利可擊;失時不從可擊;旌旗亂動可擊;涉長道後行未息可擊;涉水半渡可擊;險道狹路可擊;陳數移動可擊;將離士卒可擊;心怖可擊。凡若此者,選銳衝之,分兵繼之,急擊勿疑。②"

①【集釋】
施子美曰:敵有必可擊之道乎?曰:有。何以知其有也?兵形避實而擊虛,惟乘其虛,故可擊。是以吳起對武侯之問,謂必審敵之虛實而趨其危。昔太宗嘗曰:《孫子》十三篇,無出虛實,知虛實之勢,則無不勝矣。既知其虛實,則必避實擊虛,以趨其危,是豈不爲必可擊乎?

劉寅曰:武侯問敵必可擊之道。吳起對曰:"凡用兵之法,必須審察敵人之虛實,而趨其危急之隙,乃可勝也。"若不審虛实,恐彼實而示之虛,虛而示之實,反爲所勝耳。

茅元儀曰:趨其危而乘之。

黃獻臣曰:危,指敵言。

朱墉曰:趨危,趨敵人之虛弱之處也。

關重秀曰:用兵可擊之總要論。

山中倡庵曰:危,敵人危隙之地。

②【彙校】
"旌旗亂動可擊",此句,《講義》、《直解》、《彙函》、《開宗》、《武備志》、《彙解》、關本在"險道狹路可擊"之後。

【集釋】
施子美曰:敵人遠來新至,行列未定可擊。如陳慶之之伐魏也,謂魏人遠來,皆已疲倦,及其未集,須挫其氣是也。既食未設備可擊。此如光弼伺賊方飯而擊之是也。奔走可擊。此如羅之役,楚師亂次以濟,而爲羅所敗是也。勤勞可擊。此如周訪擊杜曾,曰:彼勞我逸。故克之是也。未得地利可擊。此如竇泰依山爲陳,未成列,爲周文帝所擊是也。失時不從可擊。此如宋襄公不阻險,不鼓不成列,而爲楚人所敗是也。涉長道，後行未息可擊。此如周文帝謂左右曰"高歡數日行八九百里，曉兵者所忌，正須乘便擊之"是也。涉水半渡可擊。此如高祖擊曹咎，俟其半渡而擊之是也。險道狹路可擊。此如孫臏斬龐涓於馬陵是也。旌旗亂動可擊。此如曹劌望其旗靡而追齊師是也。陳數移動可擊。此如徐敬業置陣既久，士皆瞻顧，陣不能整，爲李孝逸所擊是也。將離士卒可擊。此如劉裕入長安，令其子居守，率之狼狽而歸是也。心怖可擊。此如苻堅之軍見八公山草木皆人形而爲謝玄所敗是也。凡若此者，皆敵有必可擊之道，故選銳以衝之，分兵以繼之，急擊之而勿疑。其在杜佑《通典》，亦有所謂敵有十五形可擊：曰新集，曰未食，曰不順，曰後至，曰奔走，曰不戎，曰勤勞，曰將離，曰長路，曰候濟，曰不暇，曰險路，曰擾亂，曰驚怖，曰不定。凡此十五形，求其旨意，亦必自吳子始也。

劉寅曰：因敵人遠來新至，行列部伍未定，則可擊。既食而不設備禦之計，則可擊。士卒奔走，氣必不屬，則可擊。士卒勤勞，力必不全，則可擊。不得地利之便者，則可擊。凡舉事動衆，必順其時，若失時不順者，則可擊。涉長道，後行未息，則前後不接，故可擊。涉大水，候其半渡，行列未定，故可擊。險道狹路，或衝其中，或掩其後，敵難以相救，故可擊。旌旗亂動，是無節制也，故可擊。陳數移動，人心不定也，故可擊。將離士卒，則上下相隔，令不一也，故可擊。衆心恐怖，故可擊。凡若此等，簡選精銳，左右衝之，分吾兵衆，前後繼之，急速擊之，勿致疑也。

李楏曰：敵未定則易亂，未備則易乘，奔走則氣不屬，勤勞則力不全，失地利則無據，失天時則不順，遠行半途則力不齊，險狹則前後不相顧，旗亂則兵無節制，陣動則人心不定，將離則上下乖張，心怖則氣奪，此皆可擊者也。審其實而趨其危，大概類是矣。

黃獻臣曰：行列未定，則易亂。既食未設備，則易乘。奔走，則氣不屬。勤勞，勤於戰事，則力不全。未得地利，則無據守。時，天時。不從，則不順利。後行未息，勁者先，疲者後，前後不接，兵勢易分。半渡水中,兵力未齊。險道狹路,前後不相救。心怖,則氣奪。分兵繼之,分兵繼其後。此言擊敵在審虛實而乘其危。擊與戰不同,戰必兩敵交鋒,擊則乘虛忽入。《七書》中每喜言擊法,如石勒策姬澹,謂烏合不齊,一戰可擒,遂督兵急擊之。則擊之法只在呼吸轉盼間也。料之宜審矣。

朱墉曰:設,置也。備,器具也。新至未定者,易亂也。未設備者,無所恃也。未得地利者,無險可守也。失時不從,如晴明風雪不順也。後行未息,前者已至,後不接續也。半渡,先後不齊也。險道狹路,或衝其中,或掩其後,難以相救也。將離士卒,上下相隔,呼吸不通也。心怖,乖張也。選銳,選擇精銳之卒也。衝,衝其前也。

汪紱曰:奔走可擊,心未一也。勤勞可擊,力未全也。未息可擊,前後未有接應。數移動可擊,其陣不固。旌旗亂動可擊,無紀律。將離士卒可擊,法令未施。古者兵不以阻阨,詐戰曰敗,《春秋》譏之。此章所陳,皆春秋詐戰之例矣。然時殊事異,則或有不得不出此者,與守小正而僨事,又不若達變以成功也。此所謂權出於戰者,而權之又權,雖君子當亦有不得已者耳。如非不得已,則君子終惡其險也。

關重秀曰:遠來新至,行列未定,狼狼擾動。新至,不熟地利也。既食未設備,惰氣不堅。奔走,氣不紹。勤勞,力不繼。未得地利,進退不便,據守不辨。不從,士卒不從。後行未息,前後不繼,氣力竭盡。半渡,兵勢不齊。險道狹路,援救不及。陣數移動,軍慮不定。將離士卒,將忿卒畏,將獨進出而士卒不及也。心怖,心失氣傷。急擊勿疑,審虛實,趨其危也。

治兵第三

【題解】

劉寅曰:治兵者,整治士卒而不使之亂也。兵治則勝,不治則自敗矣。況能與人戰乎?以篇內皆論治兵之道,故以名篇。凡八章。

黃獻臣曰:治者,整而不亂者也。凡八章。

關重秀曰：治兵，治整兵卒。此篇凡八章，予考篇名爲序次與舊本異。

【按】本篇第一段，關本在"堅陣以待之"之後。關本以"兵何以爲勝"至"父子之兵"爲本篇首章。其餘各章次序與底本同。治兵，治理軍隊。

武侯問曰："進兵之道何先？"起對曰："先明四輕、二重、一信。"曰："何謂也？"① 對曰："使地輕馬，馬輕車，車輕人，人輕戰。② 明知陰陽，則地輕馬；芻秣以時，則馬輕車；膏鐧有餘，則車輕人；鋒銳甲堅，則人輕戰。③ 進有重賞，退有重刑。行之以信。審能達此，勝之主也。④"

①【彙校】

進兵之道何先，"進"，《講義》、《直解》、《彙函》、《開宗》、《武備志》、《彙解》、《四庫》本、關本皆作"用"。此段，《御覽》卷三百一十三引作：吳子曰："用兵之道，先明四輕、二重。使地輕馬，使馬輕車，使車輕人，使人輕戰。鋒銳甲堅，則人輕戰。"【按】《御覽》所引不全。

【集釋】

施子美曰：天下之事，必有所謂先務者，況於用兵乎？兵之所謂先務者，不一而足。兵之所資以爲用者，必使其便。兵之所資以爲權者，必欲其誠。惟便，故可以制敵。惟誠，故可以馭人。兵之所先，其在是乎？四輕者，必兵之所資以爲用者也。二重、一信者，此兵之所資以爲權者也。惟輕，故便。惟信，故誠。

劉寅曰：武侯問吳起曰："用兵之道，以何者爲先？"吳起對曰："先明四輕、二重、一信。"武侯又問："何謂也？"

李樗曰：此題要發一"先"字。"先"即下四輕、二重、一信等而先明之也。能明此四者，而用兵之道可以取勝矣。如先明四輕、二重、一信,題作論,亦是此意。

黃獻臣曰:輕,猶便也。重,刑賞。

山中倡庵曰:治兵與用兵自有分別。治者,是整治。用者,是作用。武侯問者,是作用。吳子答者,是整治。蓋其旨微也。欲爲其作用者,不整治不能矣。路無舟車,不得行。兵不整治,不得用。故侯問用,起則以治對。亦務本之意。應"先"字,有味矣。

朱墉曰:輕,便利也,不爲所苦之意也。

②【集釋】

劉寅曰:吳起對曰:"使地輕便於馬,馬輕便於車,車輕便於人,人輕便於戰。"車,革車也。

【按】輕,輕便,輕鬆。地輕馬,地形便於行馬。馬輕車,馬輕鬆地駕車。車輕人,車輕便地載人。人輕戰,人輕便地作戰。

③【彙校】

"明知陰陽",此句,《講義》、《直解》、《彙函》、《開宗》、《武備志》、《彙解》、關本皆作"明知險易"。

【集釋】

施子美曰:地有異形,明知險易,則爲得地之利矣,故地輕於馬。馬有常齵,芻秣以時,則馬輕於車。膏者,所以脂車也,膏之欲其利。鐧者,所以爲鍵也,鐧之則車堅。膏鐧有餘,故車輕於人。礪乃鋒刃,則鋒必欲其銳。穀乃甲冑,則甲必欲其堅。故人輕於戰,此兵之所資以爲用者。既得其便,而所以爲馭人之權者,又不可廢也。

劉寅曰:明知地之險易,則利於馳逐,故地輕便於馬也。喂飼芻秣不失其時,則力有餘,故馬輕便於車也。脂膏鐧鐵常不缺少,則軸滑澤,故車輕便於人也。兵刃鋒銳,鎧甲堅固,則無所失,故人輕便於戰也。

茅元儀曰:膏,油,所以潤車者。鐧,鐵也,所以固車者。

李樗曰:此言處得制宜,則可以行矣。明生地陷地之法,車戰所最先。方今禦北虜,衝鋒陷陣,非車不可,安得懲殷浩之敗而廢之,但須仿秦時小戎之制,稱中國長技。

黃獻臣曰:明知險易,險易之地曉然明白。地輕馬,騎行不陷險地,故曰地輕馬。言馬因地而輕便也。芻秣,以草食馬曰芻,以粟食馬曰秣。膏,所以潤車。鐧,車上鐵也。有餘,足用也。

朱墉曰:明知險易者,險易之處曉然明白,則騎行不陷險地也。餵飼不失其時,則馬得所養而有餘力也。膏,以脂膏塗其車軸也。鐧,以鐵飾車也。銳兵,刃利也。堅,鎧甲厚也。

關重秀曰:芻秣以時,饑飽得節也。鐧,車軸鐵。

【按】芻秣,牛馬的飼料。《周禮・天官・大宰》:"以九式均節財用……七曰芻秣之式。"鄭玄注:"芻秣,養牛馬禾穀也。"此用做動詞,指"餵養牲口"。鐧,車軸與車轂之間的鐵套。膏鐧,在車軸轂間添加膏脂潤滑。《講義》曰:"轂乃甲胄,則甲必欲其堅。""轂",蓋爲"敦"之誤。

④【彙校】

"審能達此",原作"令制遠此",《講義》、《直解》、《彙函》、《開宗》、《武備志》、《彙解》、《四庫》本、關本皆作"審能達此",據改。

【集釋】

施子美曰:故進有重賞,所以示之勸。退有重刑,所以示之懲。二者之用,非誠不可也。故行之必以信,用既得其便,權既參其誠,以是而待敵,何往而不克?此能審乎此者,所以爲勝之主也。謂之勝之主者,蓋勝之本在是也。求之於成周之際,司馬之職,有所謂"險野人爲主,易野車爲主",此則知險易也。趣馬齊其飲食,圉人掌芻牧之事,此則芻秣以時也。車僕掌戎路之萃,廣車之萃,輕車之萃,與夫輪人之爲輪,輈人之爲輈,則其膏鐧必有餘也。函人之爲甲,犀甲七屬,兕甲七屬,合甲五屬,與夫桃氏之爲劍,與夫廬人之爲廬器,其鋒銳甲堅可知也。不獨是也,獲則有小禽之私,徇則有斬牲之誓,率之皆坐皆諜,而無不如令者,必其行之信也。成周之制若是,一有用焉,又何患其不勝哉!

劉寅曰：前進則有重賞，後退則有重刑。二者行之，皆必以信，爲將者能審察曉達此理，乃制勝之主也。

黃獻臣曰：此言兵道所先在審輕重之衡而本之一信。信者，千古制勝之主也。

山中倡庵曰："達此"之"此"字，承"四輕二重一信"來。

朱埔曰："之"字指賞刑言，行賞罰皆必以信寔也。達此，曉達此理也。

汪紱曰：此章之言，覺瑣陋矣。然不知此，實不可以行軍。至行之以信，尤卓見大本。

關重秀曰：行之有信，《論語》曰："自古皆有死，民無信不立。"

【按】勝之主也，致勝的根本。主，根本，關鍵要素。《易・繫辭上》："言行，君子之樞機；樞機之發，榮辱之主也。"《晏子春秋・雜下十四》："禁者，政之本也；讓者，德之主也。"

武侯問曰："兵何以爲勝？"起對曰："以治爲勝。"① 又問曰："不在衆寡？"對曰："若法令不明，賞罰不信，金之不止，鼓之不進，雖有百萬，何益於用？② 所謂治者，居則有禮，動則有威，進不可當，退不可追，前却有節，左右應麾，雖絕成陳，雖散成行。與之安，與之危。其衆可合而不可離，可用而不可疲，投之所往，天下莫當，名曰父子之兵。③"

①【彙校】

"武侯問曰"，此句，《通典》卷一百五十引作"戰國魏武侯問吳起曰"，《御覽》卷三百二十二引《戰國策》作"魏武侯問吳起曰"。

"兵何以爲勝"，此句，《治要》作"兵以何爲勝"，《通典》卷一百五十、《御覽》卷三百二十二引《戰國策》作"兵以何勝"。

"起對曰"，《治要》作"吳子曰"，《通典》卷一百五十作"對曰"，《御覽》卷三百二十二引《戰國策》作"曰"。

"以治爲勝",此句,《治要》作"兵以治爲勝",《御覽》卷三百二十二引《戰國策》作"以理爲勝"。【按】"治""理"義同。

此段,關本以爲本篇首章。

【集釋】

施子美曰:戰不必勝,不足爲善,戰勝固可爲也。而所以爲勝者,則何以哉?曰:治也。治可以勝,而武侯必問起者,蓋君有疑於其心者,則必質之於其臣也。武侯方求其所以勝,而未得其道,得不以其疑而問之起乎?起以治而答之者,蓋所以理軍者,既盡其法。則所以制勝者,必盡其道。楚之軍,惟亂次以濟,故敗於羅。晋之軍,惟不能軍,故敗於楚。苻堅之軍,惟亂莫能止,故敗於謝玄。周摯之師,惟方陣而嚚,故敗於光弼。惟亂,故敗。若夫治,則勝矣。師行有紀,鄧禹之所以勝。馭戎嚴整,楊素之所以勝。治軍馴整,子儀之所以勝。持軍整齊,岑彭之所以勝。由是觀之,則治之可以爲勝也,明矣。武侯復疑乎治之未必勝,且曰:"不在衆乎?"夫豈知衆而不治適以召亂,不若寡而治者之爲有功也。

劉寅曰:武侯問吳起曰:"兵以何道爲勝?"吳起對曰:"以整治爲勝。"

李樗曰:此題要認一"治"字發揮。治即節制之兵,含下居則有禮,動則有威等云云。總是明用兵之道,而以教戒爲先也。

朱墉曰:治,整理教戒也。

【按】治,指軍隊的作風、紀律、鬥志、作戰能力等綜合素質的治理。

②【彙校】

"又問曰",此句,《通典》卷一百五十無,《御覽》卷三百二十二引《戰國策》作"曰"。

"不在衆寡",此句,《治要》、《講義》、《直解》、《彙函》、《開宗》、《武備志》、《彙解》、關本、《通典》卷一百五十、《御覽》卷三百二十二引《戰國策》皆作"不在衆乎"。

"對曰",《通典》卷一百五十、《御覽》卷三百二十二引《戰國策》作"起曰",《彙函》作"起對曰"。

"若法令不明"之"若",《通典》卷一百五十、《御覽》卷三百二十二引《戰國策》無此字。

"金之不止,鼓之不進",此句,《通典》卷一百五十引作"聞鼓不進,聞金不止",《御覽》卷三百二十二引《戰國策》作"聞鼓不止,聞金不進"。【按】《御覽》引爲倒誤。

雖有百萬,"百萬"下,《治要》、《通典》卷一百五十、《御覽》卷三百二十二引《戰國策》皆有"之師"二字。

【集釋】

施子美曰:使其法令不明,賞罰不信,金之不止,鼓之不進,雖有百萬,何所用之？衆而不治,不足用也。吳宮之教,三令五申之後,二姬既斬之餘,約束爲已明,申令爲已熟,左右前後跪起皆中繩墨,雖赴水火猶可,況於統軍持勢之際,申令賞罰,既明以示之,又安有望敵不進,棄甲而走者乎？

劉寅曰:武侯又問曰:"不在人之衆多乎？"吳起對曰:"若法度號令不明,賞功罰罪不信,擊金而不能止,鳴鼓而不能進,雖有百萬之多,何益於我之用哉？"

李槃曰:不明此法,須多何益於用哉？如"王夜叉"驕倨殘暴,竟爲余玠所誅,全師雄剽掠叛逆,卒爲曹翰所除,此非雖百萬無益於用之一證乎？

黃獻臣曰:此言不治之弊。

山中倡庵曰:朱子曰:"兵以鼓進,以金退。"

朱墉曰:明,顯白無私也。信,誠寔也。金之不止,聞金聲而不止也。鼓之不進,聞鼓聲而不進也。何益於用？雖多無益,不治之弊也。

關重秀曰:賞罰不信,由親疏貴賤失賞罰之法謂之不信也。何益於用,以不明不信致不用。

【按】金,指軍中作信號用的樂器"鉦"。擊鉦即命令停止或後撤。金之,敲鉦令之停止。鼓,軍中以擊鼓傳令進攻。鼓之,擊鼓令之進攻。

③【彙校】

所謂治者,"謂",《通典》卷一百五十作"爲"。"治",《御覽》卷三百二十二引《戰國策》作"理"。

前卻有節,"有",《治要》、《通典》卷一百五十、《御覽》卷三百二十二引《戰國策》作"如"。

"左右應麾"至"可用而不可疲",此數句,《治要》無。

雖散成行,"散",《御覽》卷三百二十二引《戰國策》作"敗"。

"與之安"至"可用而不可疲",此數句,《通典》卷一百五十、《御覽》卷三百二十二引《戰國策》皆無。

"投之所往",此句,《通典》卷一百五十、《御覽》卷三百二十二引《戰國策》作"投之無所往"。

"天下莫當","當"上,《講義》有"能"字。此句,《御覽》卷三百二十二引《戰國策》作"天下莫敢當"。【按】上句,《通典》所引蓋衍一"無"字。《御覽》引此句又衍一"敢"字,以與上句對應。

"名曰父子之兵","兵"下,《治要》有"也"字。此句,《通典》卷一百五十、《御覽》卷三百二十二引《戰國策》皆無。

【集釋】

施子美曰:夫所謂治者何也?居則有禮,動則有威也。兵之未用也,既有所制,則兵之既用也,必不可禦。居則有禮,此節制之兵也。動則有威,非無敵而何?惟其居有禮,故能動有威。輕而無禮,秦師之所以敗。少長有禮,晉師之所以勝。有禮必有威也明矣。武王之兵,六步七步而止齊,六伐七伐而止齊,此禮也。如虎、如貔、如熊、如羆於商郊,非威而何?兵惟盡是道,故其效無所不全。其進也則不可當,以其進之勇也。其退也則不可追,以其退之速也。一前一却,莫不有節。或左或右,莫不應麾。故雖絕而不絕,又且成陣。雖散而不散,又且成行。方其絕也,散也,似真敗却者矣。而旗齊鼓應,號令如一,紛紛紜紜,鬥亂不亂,混混沌沌,形員不散,向非節制之兵,其能若是乎?故無事而守,則可以共其安,有事而用,則可以共其危。故可合而不可離,可用而不可疲。一有用之,莫之敢當。若是者,謂之何哉?名曰"父子之兵"。謂之父子者,以其恩之固結,出於天性之自然也。惟其恩足以結之,故其情故有必親也。言兵者得不推其恩而究其情乎?

劉寅曰:所謂兵得其治者,平居則上下有禮,動作則奮發有威。進之而前,使敵不能當其勇,退之而返,使敵不能追其後。或前或却,皆有節。或左或右,皆應麾。雖斷絕而成陳,雖散亂而成行。可與之同處於安,可與之同處於危。其衆可合而爲一,不可離而爲二。可用之以戰,而不可疲其力。投之所往之地,天下莫能當之,名曰父子之兵。蓋父子之兵,上下一心者也。非結之以恩信,施之以仁義,其能然乎?孫子曰:"道者,令民與上同意,可與之死,可與之生,而不畏危。"即此義耳。

茅元儀曰:一前一後,皆合節度。一左一右,皆應麾旗。兵雖斷絕,亦成陣勢。將與士卒,共處安危。

李槃曰:如孔明八陣圖,直接伏羲心法,其進退左右,整齊約束,又何非禮之動蕩?孔子對靈公問陳,則曰"俎豆之事",正謂言禮即兵也。却萊夷於好會,此其一證也。

黃獻臣曰:知尊君親上之道,故居有禮。諳馳射擊刺之法,故動有威。進不可當,其鋒銳也。退不可追,其去速也。前卻,後也。雖斷絕散亂,亦成行陣。與之安,與之危,即"可與死,可與生"意。可用,可用之以戰。不可疲,言不以爲疲也。父子之兵,即上下一心,總言兵之治也。此言兵不貴衆而貴治,首在明尊君親上之禮。禮明則可動、可靜、可退、可前、可後、可左、可右、可絕、可散、可安、可危、可合而不可離、可用而不可疲,往而莫當,明乎他人不能禁吾子也。吳子談兵每致意於道、義、仁、信,而復惓惓於禮教,其得於聖門之遺訓者歟?若"王夜叉"恃功驕倨,殘暴滅禮而見誅於余玠;全師雄繩之以法,輒謀叛逆而計除於曹翰,初未嘗治之以禮耳。

山中倡庵曰:"居則有禮"一句,一章之命脉,有禮而後一數者自行矣。此"父子"字,是借用字,非譬喻字。君將爲士卒之父,士卒爲君將之子,其交堅,其親深,皆自中心來。

朱墉曰:居,平日也。有威,諳攻圍、擊刺之法也。不可當者,進戰銳猛,敵不能禦也。不可追者,齊一迅速,敵不敢逐也。却,退後也。節,制度也。應麾,麾指左右無不應命也。絕,斷也。與之安危,可與同處安危也。可合者,心之一也。可用者,力之齊也。不可疲,言不以爲疲也。父子之兵,如一父之子也,一體之愛,死生相倚者也。

汪紱曰:其名(案:指"父子之兵")妙絕。分明畫出一臂指之形,率然之勢,信乎投之所往,天下莫當也。然此中豫有積數年之教習,而又必有仁義威信之將以爲之主,然後可庶幾到此地位。兵以治爲勝,而"治"之一字亦匪易言矣。

關重秀曰:有禮則人人不倦惰喧呼,故無受敵之間,進退有節,敵不可當追。卻,退卻也。行,行伍也。與之安,與之危,上下與安危。可用不可疲,明、信之所致也。天下莫當,孫子曰"投之無所往,死且不北"。吳子言"投之所往,天下莫當"。孫子言成節制禁令之始,吳子言節制禁令成之後。於其效用則一也。父子之兵,視卒如愛子,視將亦如父母,此治兵之全妙也。

【按】有威,軍威雄壯。有節,符合法度。麾,古代用以指揮軍隊的旗幟。此處爲指揮之義。應麾,遵從指揮。投之所往,天下莫當:所向無敵。投之所往,猶"所到之處"。

吳子曰:"凡行軍之道,無犯進止之節,無失飲食之適,無絕人馬之力。此三者,所以任其上令。任其上令,則治之所由生也。①若進止不度,飲食不適,馬疲人倦,而不解舍,所以不任其上令。上令既廢,以居則亂,以戰則敗。②"

①【集釋】

施子美曰:此又吳子申言所以治軍之道。治軍之道,既無不得其宜,則三軍之士,亦無不惟上之聽。何則進止之節,飲食之適,人馬之力,各有所宜? 令而進止,無犯其節,則軍無失次之患。飲食各適其適,則軍無飢渴之患。人馬不絕其力,則軍無疲困之患。三者既得其宜,則人惟上之從矣。故任其上而無不治者也。此治之所由以生也。成周之際,大司馬之教戰也,車驟徒趨,及表乃止;車馳徒走,及表乃止;三發三刺,及表乃止。所以然者,欲其無犯進止之節也。挈壺以令軍,并挈畚以令糧,所以然者,欲其無失飲食之適也。進與馬謀,退與人謀。終日馳騁人不捷,行數千里馬不契需,所以然者,欲其無絕人馬之力也。故其大閱之際,坐作、進退、疾徐、疏數,無不如節者。

劉寅曰:吳子言:凡行軍之道,無犯其前後進止之節,使之有所守。無失其平日飲食之適,使之有所養。無絕其人馬佚飽之力,使之有所恃。此三者,皆所以任用在上之令也。任用在上之令,則治道之所自而生也。

茅元儀曰:任其上令,言三者皆任用於將之所令,在爲將者處之有道。

李槱曰:如趙穿屬車以獨馳,竟爲秦人所□,宋軍採蒿以和麵,卒爲元兵所縛,李陵策疲敝之兵當新羈之騎,此皆不任上令,治曷由生耶?

黃獻臣曰:進止之節,進止合度。飲食之適,飲食適宜。無絕人馬之力,人馬佚飽。任,以遵奉言。

朱墉曰:犯,亂也,又過也。當進當止不爽其節也。適,合宜也。絕,困也,用之盡也。任,負荷聽從也,遵奉也。令,號令也。任其上令,軍中士卒聽將之命令也。生,起也。士卒有所守,有所養,人馬佚飽,號令嚴肅,紀律條貫,治道由此而生也。

汪紱曰："任"字猶"堪"字、"勝"字之意。不亂、不饑、不疲，然後可勝上之使令也。

關重秀曰：無犯、無失、無絕，則不亂、不饑、不勞。任其上令，下不得自爲之。治，法宜設。

【按】犯，擾亂。節，節度，法度。適，合度，合宜。絕，用盡也。任其上令，士卒能遵從、服從在上之令。任，本爲承當、擔當之義，此指遵從。

②【集釋】

施子美曰：其任上令爲如何？苟爲不然，進退無度，飲食無適，馬疲人倦，尚不獲舍，若是則彼必怨嗟，其肯任上之令乎？宜其居則亂，而戰則敗也。

劉寅曰：若一進一止不合節度，一飲一食不適其宜，馬疲勞，人倦怠，而不知解鞍舍止休息之，是所以不任其上令。在上之令既已廢弛，以之居守則亂，以之進戰則敗。

李樏曰：不任其上令，居守則亂，進戰則敗。

黃獻臣曰：不解舍，不知解鞍舍止以休息之。此言士卒任令不任令，給養之裕與不裕。進止合度，比禮也。飲食適宜可以見仁，人馬力足可以見勇。如吳子斬勇士先獲雙首者，節進止也。若趙穿自謂我不知謀，率其屬以獨馳，無度甚矣。李廣拊循士卒饑渴，適飲食也。若張迪入洛陽，采蒿和麪，倉皇就縛，不適甚矣。李光弼定而後戰，迭用精銳，以爲繼裕衆力也。若李陵策疲敝之兵當新羈之馬，力絕甚矣。行軍者欲有治而無亂，有勝而無敗，不得不早審於此。

朱墉曰：不度，不合節度也。不解舍者，不解甲舍止休息也。廢，棄而不用也。居亂，居守之時亦叛亂也。

汪紱曰：上章只說得個"治"之形狀，此乃明其所以能治之道也。分甘切少，與士勞逸，是吳子一生本領。誠能如是，兵可治矣。然治兵當尚有不在是者，恐《圖國》一篇或非時王之所能行也。

關重秀曰：解，解甲鞍也。舍，止舍也。雖有上令，治法不正，則不任其上令也。居則亂,戰則敗,無禮故亂,無威故敗。

【按】解舍,解甲宿營休息。

吳子曰:"凡兵戰之場,立屍之地,必死則生,幸生則死。① 其善將者,如坐漏船之中,伏燒屋之下,使智者不及謀,勇者不及怒,受敵可也。② 故曰:用兵之害,猶豫最大。三軍之災,生於狐疑。③"

① 【彙校】
"立",《直解》、《彙解》、《彙函》、《開宗》、關本皆作"止"。

【集釋】
施子美曰:人有所甚愛,亦有所甚畏。生者,所甚愛也。死者,所甚畏也。捐其所甚愛而樂其所甚畏,此固人情之所不忍也。兵戰之場,立屍之地,固萬死一生之所,非可以僥倖求也。人而至此,乃能捐其所愛而樂其所畏者,蓋甚陷則不懼,無所往則鬥。士於斯時,有死之心,無生之志。故能變死而爲生。苟爲幸生,則必不致死戰,故陷於死。昔王官之役,孟明視濟河焚舟,示以必死,故能封殽屍而還,此必死則生也。邲之戰,晉趙嬰齊使其徒先具舟於河,欲敗而先濟,是以大敗。此幸生則死也。

劉寅曰:吳子言:凡兩兵交戰之場,乃止屍之地也。戰,危事。兵,死地。不可不謹也。若有必死之志,則得生。若有幸生之心,則必死。

茅元儀曰:兵戰之場,乃止屍之地,言必死也。

李檏曰:此題兩立,喻總是示敵以必死戰之意,三軍一心以爭死,則戰無不克,是有死之心,乃所以有生之道也。戰,危事;兵,死也。不可不出也。

黃獻臣曰:戰,危事,其場猶止屍之地。

朱墉曰：止屍之地，死地也。幸生，僥倖求生也。

【按】立屍之地，生死之地。立，站立，代指"生"。屍，死者，代指"死"。幸生，僥倖偷生。《管子·七法》："朝無政，則賞罰不明。賞罰不明，則民幸生；賞罰明，則人不幸。"尹知章注："僥倖以偷生也。"《荀子·王制》："朝無幸位，民無幸生。"王先謙注："幸，僥倖也。"

②【集釋】

施子美曰：是故善將者置之於死地，陷之於亡地，譬猶坐漏船之中，伏燒屋之下。夫漏船之中，其沉也必矣。燒屋之下，其焚也必矣。於斯之時，雖有勇者不及怒，智者不及謀。何者？勢不可也。用衆而若此，以之受敵，何有不可？彼於斯時，惟知受敵而不知有他，故能以萬死而易一生。昔王仁鑑有言：事有迫於不得已者，前有淵谷不可躍而越也，後有猛虎不可狎而近也。一旦不幸而臨乎淵谷之險，視其後而猛虎逐之，寧躍而越淵谷乎？將坐而待斃於猛虎乎？坐而待斃於猛虎，死也；躍而越淵谷，亦死也。等死耳，待斃於猛虎，萬萬之死也，躍而越淵谷，萬一之生也。與其有萬萬之死，孰若有萬一之生？兵戰之場，立屍之地，萬萬之死也，必受敵而可以求萬一之生於萬萬之死矣。

劉寅曰：其善爲將者，如坐於漏船之中，伏於燒屋之下，示以必死，使敵之智者不及爲我之謀，敵之勇者不及爲我之怒，吾能受敵可也。

茅元儀曰：使敵之智者失其謀，勇者失其怒。吾能奮勇以受敵而無敗也。

黃獻臣曰：示敵以必死。智者，敵之智者。受敵可也，吾能奮勇以受敵，庶可保全而無敗。

山中倡庵曰：如坐漏船之中，伏燒屋之下者，言必死之勢也。《宗》曰："示敵以必死。"此説難信矣。彼沉船破甑皆必死勢也，然而未見示敵謀，且以必死示敵，則敵或以謀計，或堅守，是不得制勝得利也。故從《義》及《解》之説而爲"將以必死示我士卒"之説。智者，功於謀慮也，然我士卒專必死之心，故彼之謀慮無所於施及也。勇者，勁於忿怒也，然我士卒逞於必死之勢，故彼之勇猛不得於敢當也。

朱墉曰：坐漏船、伏燒屋二者，喻志在必死也。智者、勇者，敵之智、勇也。

汪紱曰：言戰之所，即死之所也。"智者"二句止是發明"必死"二字，指我軍之智勇言，不指敵之智勇言。蓋智謀用於未戰之先，不用於交戰之時。交戰之時而懷一智謀，便是幸生之念。即著一"勇"字，亦是客氣，殊用不著。故曰：受敵可也，非是不要智勇。但智勇不用之交戰之時耳。舊注指敵言，深覺不可通。

佐藤一齋曰：受敵，當敵。

關重秀曰：漏船、燒屋者，"投之無所往"之謂。是吳子亦於成其禁令則所以與孫子一也。投之死地，雖有智勇之士不及謀怒，惟將能可成其所欲也。神速無二，其勢受敵則可也。殺敵之外更無他事。

【按】受敵，應敵。受，應接，對付。

③【集釋】

施子美曰：故曰：用兵之害，猶豫最大。三軍之災，生於狐疑。此言用兵之道，不可以無斷，亦不可以有惑也。猶之為獸，一行而一退，若不斷之象也。狐之為獸，一步而一止，此疑惑之象也。猶豫則不斷，故其為害也大。《傳》曰："當斷不斷，反受其亂。"則不斷者，其為害豈不大乎？狐疑則眾惑，故災之所由起未至於甚害也。《法》曰："眾疑無定國。"疑則不定，不疑則復定。故狐疑但（疑應為"且"）可以為災，而猶豫則為大害也。《傳》曰："持不斷之志者，開群枉之門。執狐疑之心者，來讒賊之口。"《傳》以狐疑對不斷而言之，則猶豫之為不斷也明矣。不然《韜》何以亦曰："用兵之害，猶豫最大。三軍之災，莫過狐疑。"

劉寅曰：故曰：用兵之患害，猶豫不決最為害之大者。三軍之災難，生於心之狐疑而不果斷。猶，蛙也，仰鼻長尾，性多疑。聞有聲則豫，登木上下不一，故謂"不決"曰"猶豫"。狐多疑，河冰始合，必帖耳先聽,無水聲而後過,故以多疑爲"狐疑"。

黃獻臣曰:此言善將者要在持之以必死之志。能使敵之知勇皆不及施,而後可以受敵。如項羽沉船破甑,人人圖死戰,無不一當百,可謂善將者矣。李衛公曰:"用衆在乎心一,心一在乎禁祥去疑。"老子曰:"當斷不斷,反受其亂。"彼猶豫狐疑,所怕只是一個死耳。

山中倡庵曰:猶豫,不決也。狐疑,迷惑也。

朱墉曰:猶、狐,二獸名。引此以喻將無決斷,乃爲衆兵之災害也。

汪紱曰:此章止是教人要決,不是置之死地乃能生,置之亡地乃能存之解。

佐藤一齋曰:此與兵貴拙速同一意。害、大、災、疑,爲韻語。

關重秀曰:猶、豫,獸名,性多疑,故假言不決。狐,獸名,性淫多疑,故狐疑亦言不決。

【按】猶豫,遲疑不決。《楚辭·離騷》:"欲從靈氛之吉占兮,心猶豫而狐疑。"曹植《洛神賦》:"感交甫之棄言兮,悵猶豫而狐疑。""猶豫"爲雙聲字,以聲取義,本無定字,故亦作"猶移""猶與""由與""尤與""猶夷"等。亦或與"容與"同義。《楚辭·九章·思美人》:"固朕形之不服兮,然容與而狐疑。"《楚辭·離騷》:"忽吾行此流沙兮,遵赤水而容與。"游國恩《纂義》:"容與即猶豫,亦即夷猶,躊躇不前之意。"舊注多以"猶""豫"爲二獸名,性皆多疑,乃迂曲之說。

吳子曰:"夫人當死其所不能,敗其所不便。故用兵之法,教戒爲先。一人學戰,教成十人;十人學戰,教成百人;百人學戰,教成千人;千人學戰,教成萬人;萬人學戰,教成三軍。①以近待遠,以佚待勞,以飽待飢。②圓而方之,坐而起之,行而止之,左而右之,前而後之,分而合之,結而解之。每變皆習,乃授其兵。是謂將事。③"

①【彙校】

"吳子曰",《彙函》無此句。"當",《講義》、《直解》、《開宗》、《武備志》、《彙解》、關本皆作"常"。

【集釋】

施子美曰:《傳》曰:"不教民戰,謂之殃民。"民不素教,則耳目不熟於旗鼓,手足不熟於器械。一有用焉,是以其卒予敵也。故死於其所不能,敗於其所不便。《司馬法》曰:"用其所欲,行其所能,廢其不欲不能,於敵反是。"廢其不欲不能,則不至於死敗矣。將欲使之各盡其能,各得其便,則何以哉?亦不過先之以教戒而已。有以教之,則人知所習。有以戒之,則人謹所習。是必明之以號令,示之以賞罰,使之閑於馳逐,熟於擊刺,明於坐作、進退、疾徐、疏數之節。其在《周官》有所謂教振旅、教茇舍、教治兵、教大閱,此之所謂教也。有所謂前期戒衆庶,鼓戒三闋,若大師,則掌其戒令,此所謂戒也。成周之際,猶以是而爲先,況戰國乎?教戒之法,由寡而後可以至衆。自治可以待敵,習變而後可以應卒。自一人學戰,教成十人,累而至於教成三軍。此由寡以至衆也。由寡以至衆,則其力不勞而教亦易成矣。其在《尉繚子》有所謂"百人而教戰,教成,合之千人;千人教成,合之萬人;萬人教成,合之三軍"。是亦吳子教戰之法也。

劉寅曰:吳子言:"凡人常死其戰陣之所不能者,敗其坐作、進退之所不便者。若能戰陣,豈可致之死?若便於坐作、進退,豈可使之敗?故用兵之法,教訓戒敕最爲先務。使一人學戰,則可教成十人。十人學戰,則可教成百人。百人學戰,則可教成千人。千人學戰,則可教成萬人。萬人學戰,則可教成三軍。"三軍者,三萬七千五百人也。

茅元儀曰:兵無技能,戰不便習,由於不教也。故常至於死且敗焉。

李槃曰:此題最重一"先"字,要行兵者,須教成之有素,如下所言,以一教十,以十教百,以佚待勞,以飽待飢,皆是教戒之方。用兵者不此是、先是，用不教之民以戰，不幾乎以其卒予敵也？如唐太宗引騎射於殿庭，漢武帝欲伐昆明，鑿池以習水戰，此又屈萬乘之尊而躬教士卒，尤非所以爲訓。此言用兵之法，教訓戒敕最爲先務。

黃獻臣曰：兵無技能，人不便習，不教之兵也，必至於死敗。此所謂以一教十者。

山中倡庵曰：戰陣之法，人人得之教之，則不能使彼萬卒千兵悉教之坐作進退如一也。唯使一人學戰，則其化及十人，使十人學戰，則其化及百人，雖至億兆之衆而因無不化也。

朱墉曰：不能，困於性拙也。如南人短於馬，北人短於舟也，爲先者，以此爲先務也。

關重秀曰：不能，謂材技不熟也。不便，謂器械不便也。教，教操也。戒，警備也。《料敵》篇曰："先戒爲寶。"是安國家之道也。此篇教戒爲先是用兵之法也。其義大抵雖同，加"教"字審其義。一人，萬人之將。十人，千人之將。成，謂習熟也。百人，百人之長。千人，什長。萬人，千什，則二千伍也。教成，試之以閱大將軍之職也。此教成之法與尉子《勒卒令》篇、《兵教》篇教成之法同。雖然，尉子教成合之之法，故自下之上也。吳子教成之法，故白上及下也。義同，法小異。

【按】所不能，不具備必要的能力。便，擅長，熟練。所不便，不熟悉必要的方法。教戒，教訓戒敕。教所以訓練其才能，戒所以戒飭其怠玩。

②【彙校】

以佚待勞，"佚"，《彙函》作"逸"。【按】佚，通"逸"。安逸，舒適。《墨子·尚同中》："夫建國設都，乃作后王君公，否用泰也；卿大夫師長，否用佚也。"

【集釋】

施子美曰：以我之近，待彼之遠；以我之佚，待彼之勞；以我之飽，待彼之飢。此自治而後可以待敵也。自治以待敵，則敵必爲我致矣。

其在孫子,亦有所謂"以近待遠,以佚待勞,以飽待飢"。此治力者也。是亦吳子教戰之法也。

劉寅曰:以我之近,待彼之遠來者。以我之佚,待彼之勞倦者。以我之飽,待彼之飢餓者。此孫子治力之法也。或曰:吳子論學戰,言以近而待其遠,以佚而待其勞,以飽而待其飢,欲其三軍同心一力也。然必先能齊己之力而後治彼之力耳。

黃獻臣曰:此教以養力之事。

朱墉曰:以近,以我兵道里之近也。待,伺候也。待遠,等待敵人之遠來也。近、佚、飽,皆養力之事也。

③【集釋】

施子美曰:圓而方之者,既教以方,又教以圓。既教以圓,又教以方,欲其明於動靜之理也。坐而起之者,既坐而復起之,欲其明於作止之理也。或左或右,或前或後,欲其運用之皆得也。或分或合,或結或解,欲其聚散之適宜也。若是者,每變皆習,是能習變而後可以應率也。其在張昭教習法,亦有所謂"方之圓之,曲之銳之,行而止之,左而右之,前而後之,離而合之"。是亦吳子之法也。謂每變皆習,則自方圓、坐作以至於分合、結解,莫不隨變而習之。既習之矣,然後可用。故乃授之兵,使之將而以用之,故可以謂之將軍。將軍者,將是軍而為之將也。一本以為"將事"。

劉寅曰:圓而方之者,謂隨陣變化成形也。如十二將兵有方陣,有圓陣,或方而變為圓,或圓而變為方,隨將所指也。坐而起之者,謂一坐一起,如《司馬法》"立進""俯坐""進跪"是也。行而止之者,謂行人當止而齊之也。如六步、七步乃止齊焉是也。左而右之者,謂麾之左則左,麾之右則右也。前而後之者,謂或進之前,或退之後,如前却有節是也。分而合之者,謂分而能合也。結而解之者,謂合而能分也。太公曰:"分不分為縻軍,聚不聚為孤旅。"兵不能分合、解結,何益於用哉?使吾軍每變皆習熟之,乃授其兵,是謂大將之事。

茅元儀曰:圓而方之,可圓可方也。坐而起之,一坐一起也。行而止之，或行或止也。左而右之，麾左麾右也。前而後之，或前或後也。

黃獻臣曰：兵有方陣、有圓陣，隨將所指。行而止之，如六步、七步乃止齊焉。前而後之，即前卻有節。分而合之，能分能合也。結而解之，時聚時散也。此陣營行伍之變化也。將事，良將之事。此言用兵當循序成教，使之習變化之法，然後授以待敵之兵，則將不勞而兵治。若漢武欲伐昆明，鑿池以習水戰；唐太宗引騎士教射於殿庭，屈萬乘而爲兵師，則非所以爲訓矣。

山中倡庵曰：《解》曰"大將之事"。《宗》曰"良將之事"。愚謂有大將之事，有少將之事。立教使之習定變化之法者，大將之事也。成教使之習從變化之法者，少將之事也。今立教使變化之法者，大將之常分，不爲有餘也。何者？得"良"字猶明道，所謂在周公位爲周公事，臣子之分所當爲也。對庸君愚將則有良將，述兵法則爲大將，何得爲良將乎？宜從《解》之説也。

朱墉曰：圓而方之，方陣圓陣，隨將所指，不執一也。坐而起之，或跪而坐，或作而起也。行而止之，或行而往，或止而齊也。左而右之，或麾之左，或麾之右也。前而後之，或進而前，或却而後也。結，聚也。解，散也。皆習，悉令習熟也。授其兵，與以兵器，使與敵戰也。將事，良將教兵之事也。

汪紱曰：結而解之，猶言合而分之也。此又行陳變化之方如此。每變皆習，變化既熟。此言教戒之事與太公意同，亦治之所由以生也。

關重秀曰：結而解之，與敵接兵結刃而解之去之也。乃授其兵，教習既成而授其兵器，用之於實敵本事也。尉子曰：三軍之衆，有分有合。爲大戰之法，教成之義同。

【按】圓，圓陣。方，方陣。方之，使其變成方陣。下六句用法與此同，皆指軍陣行伍之變化。將事，大將之事。劉寅、山中倡庵説是。

吳子曰："教戰之令：短者持矛戟，長者持弓弩，強者持旌旗，勇者持金鼓，弱者給廝養，智者爲謀主。①鄉里相比，什伍相保。②一鼓整兵，二鼓習陳，三鼓趨食，四鼓嚴辨，五鼓就行。聞鼓聲合，然後舉旗。③"

①【彙校】
"吳子曰"，《彙函》無此句。
"教戰之令"，《通典》卷一百四十九、《御覽》卷二百九十七作"吳起教戰法"。"謀主"，《通典》卷一百四十九引作"謀士"。
【集釋】
施子美曰：在人有不同之才，在我有因用之法。瞽司聲，聾司火，奴司耕，婢司爨，因而用之，未有不適其用者。況於用兵之際，可不因而用之乎？夫殺人於五十步之內者，矛戟也。其所用者近，故使短者持之可也。殺人於百步之外者，弓矢也。其所用者遠，故使長者持之。旌旗所以形衆也，強者持之，則力於率衆，必有以蚩弧登，周麾而呼者。金鼓所以聲衆也，勇者持之則敢於進戰，必有傷矢流血及履而鼓音未絕者。其在張昭教陣法亦曰："長持弓矢，短持矛戟，力者持旗，勇者擊鼓。"亦此意也。若夫弱者似不足用矣，而廝養之役，亦足以給之。是則無棄人矣。至於智者，其謀足多，故以爲謀主。必終之以智者爲謀主者，蓋言軍不可以無謀主也。
劉寅曰：吳子言：教戰之令，身短者持矛戟以刺。矛，夷矛、酋矛也。矛戟長兵，故使身短者執之。身長者執弓弩以射，弓弩及遠，故使身長者執之。強梁者持旌旗以指麾，旌旗搖蕩，非強者不能持。勇力者持金鼓以進止，金鼓體重，非勇者不能持。力弱者不能戰，故使給廝養之役。有智者能料敵，故使爲計謀之主。又草爲防者曰廝，炊烹者爲養。
黃獻臣曰：短者持矛戟，以矛戟之長補其身之短。長者持弓弩，以射疏之力展其身之長。強者持旌旗，非強不能麾轉旌旗。勇者持金鼓，非勇不能敲擊金鼓。

山中倡庵曰："勇者持金鼓"解，《義》《解》《宗》共不精也。蓋鼓所以進而交兵也，金所以退而全後也。如使怯者敲擊之，則兵可進鼓常遲矣；兵未可退金已擊。故使勇者必持金鼓也。

朱墉曰：令，教習戰鬥之法令也。短，身之短也。持，執也。矛，夷矛，酋矛也，用以自衛，故使身之短者持之。弓弩可及遠，故使身之長者持之。旌旗搖蕩，非強力不能麾轉。金鼓體重，非勇壯不能敲擊。給，供應也。廝，刈草也。養，炊爨也。使老弱者充之，蓋老弱者不能戰，惟可充牧馬取薪之役也。謀主，計謀之主宰也。

汪紱曰：此因人而使也。

闕重秀曰：穿突之術以揚鋒刃而突得善貫，以自下突上爲利，故身體短者持之。引滿之術，以長臂爲善。射法以低箭簇而射得善貫，以自高射卑爲利，故身體長者持之。強力者執旌旗，指揮自由。勇猛者持金鼓，擊鳴不失。折薪養馬爲廝，炊烹爲養。

【按】弩，古代一種利用機械力量射箭的弓。給，供給。此爲充任、充當之義。廝養，猶廝役。《戰國策·齊策五》："士大夫之所匿，廝養士之所竊，十年之田而不償也。"鮑彪注："廝，析薪養馬者。"《史記·張耳陳餘列傳》："有廝養卒謝其舍中曰：'吾爲公説燕，與趙王載歸。'"裴駰《集解》引韋昭曰："析薪爲廝，炊烹爲養。"此泛指飼牲、炊事等雜役。

②【集釋】

施子美曰：至於鄉里相比，什伍相保，此又聯民之法也。方其居於比閭旅黨之中，其出入相友，守望相助，疾病相扶持，其情固已親矣。及用之於伍兩師旅之際，亦向之比閭旅黨之民也。推其鄉里之情而用之於什伍之際，一有患難，其不知所救援乎？故同其鄉里，而使之相比，所以親之也。列爲什伍，而使之相保，所以聯之也。其在《周官·族師》有所謂"五家爲比，十家爲聯；五人爲伍，十人爲聯……

使之相保相受",正此意也。

　　劉寅曰：使同鄉同里者相親比，同什同伍者相保護，萬二千五百家爲一鄉，二十五家爲一里，十人爲一什，五人爲一伍，皆古法也。保，護。

　　黃獻臣曰：比，親。十人爲什，五人爲伍。

　　朱墉曰：比，親合也。

　　汪紱曰：使同鄉里之人比合爲什伍也。此使之自相保護也。

　　關重秀曰：比，和親也。保，守助也。

　　【按】鄉里相比，同鄉同里的人編排在一起，使其互相親和。比，編次，排列。《禮記·樂記》："律小大之稱，比終始之序，以象事行。"孔穎達疏："比五聲終始，使有次序也。"《舊唐書·經籍志上》："篇卷錯亂，難於檢閱，卿試爲朕整比之。"鄉、里：古代居民的聚居單位。周制，一萬二千五百家爲鄉。《周禮·地官·大司徒》："令五家爲比，使之相保。"鄭玄注："鄉，萬二千五百家。"《莊子·逍遙游》："故夫知效一官，行比一鄉，德合一君，而徵一國者，其自視也亦若此矣。"成玄英疏："鄉是萬二千五百家也。"里：周制二十五家爲一里。《禮記·郊特牲》："唯爲社事，單出里。"鄭玄注："二十五家爲里。"《詩經·鄭風·將仲子》："無逾我里。"《毛傳》："里，居也。二十五家爲里。"鄉、里之制，自周始，後代多因之。春秋戰國時期各諸侯國規制不一，秦漢以後規制亦不相同。什伍相保，讓同什同伍的人互相擔保。什伍，古代户籍、軍隊的編制單位。户籍以五家爲伍，十户爲什。《管子·立政》："十家爲什，五家爲伍，什伍皆有長焉。"軍隊以五人爲伍，二伍爲什，稱什伍。《禮記·祭義》："軍旅什伍，同爵則尚齒，而弟達乎軍旅矣。"鄭玄注："什伍，士卒部曲也。"孔穎達疏："五人爲伍，二伍爲什。"保，擔保。古代有連坐相保制度，令同一編制單位中的個體互相擔保。《史記·商君列傳》："令民爲什伍，而相牧司連坐。"司馬貞《索隱》引劉氏云："五家爲保，十保相連。"張守節《正義》："或爲十保，或爲五保。"

③【彙校】

二鼓習陳,"習",《通典》卷一百四十九、《御覽》卷二百九十七作"戰"。

三鼓趨食,"趨",《通典》卷一百四十九、《御覽》卷二百九十七作"趣"。【按】"趨""趣"通。

四鼓嚴辨,"嚴",《通典》卷一百四十九作"白",《御覽》卷二百九十七作"然"。

【集釋】

施子美曰:一鼓整兵,二鼓習陣。此則以鼓而爲節也。一鼓則整齊其兵旅,再鼓則使之習陣,三鼓則趨之以食,四鼓則嚴辨其器用,五鼓則就行列。雖五鼓之後,必待衆鼓聲合,然後舉旗。夫旗鼓者,軍之耳目也,所以齊之也。晋張侯曰:"師之耳目,在吾旗鼓。"則非鼓,其何以齊之乎?杜佑載《步戰令》曰:嚴鼓一通,步騎悉裝;再通,騎上馬,步結屯;三通,以次出之。其載《船戰令》曰:雷鼓一通,吏士皆嚴;鼓再通,什伍皆就船,整持櫓;三通,大小戰船以次發。是皆以鼓爲節也。

劉寅曰:一擊鼓,使整兵器。二擊鼓,使習陳法。三擊鼓,催促飲食。四擊鼓,嚴謹裝束。五擊鼓,使就行列。聞鼓聲既合,然後舉旗而施令。

黄獻臣曰:趨,催。辨,裝束。舉旗而施號令。此言教戰當隨材器便,而以智者爲計謀之主,使之相親相保,聽鼓聲而施號令。一鄉教成,通之一國。一國教成,通之天下。此足上篇習教之事。

朱墉曰:一鼓,一次擊鼓也。整兵,張弓出刃也。習陣,齊習陣法也。趨食,催督飲食也。嚴辨,嚴整裝束也。就行,使就行列也。鼓聲齊合,然後舉旗,而施號令也。

汪紱曰:一鼓整兵,二鼓習陣,遂成行列矣。三鼓趨食,陣而後食,使食時亦不致亂也。四鼓嚴辨,厮養收食物及行帳之屬。五鼓就行,行如字,行就戰表也。舊注次序錯舛非是。聞鼓聲合,此五鼓之後又鳴合戰之鼓也。然後舉旗,此三軍之旗非號令之旗也。蓋前者五鼓就行,而至表則坐而少休,鼓聲既合,則群吏舉旗,坐者皆起,進而擊刺也。

佐藤一齋曰:"嚴"即"裝"也。東漢避諱,"裝"字皆用"嚴"字。自第一至第五鼓後,大將當舉旗而施令焉。

關重秀曰:整,備兵具。二鼓習陣,同伍同什教習,自將帥分付之,陣法進退交鋒熟得記定,求無違犯。嚴辨,謹嚴辨具。就行,次正、疏直、齊均。聞鼓聲合,謂諸隊五鼓聲合了。舉旗,舉令旗而施行號令,操練教戰之法如此。

【按】趨(cù),通"促",催促、趕快、迅速。《荀子·哀公》:"定公越席而起,曰:'趨駕召顔淵。'"楊倞注:"趨,讀爲促,速也。"嚴辨,嚴整裝束,察驗器用。嚴:整飭,整備。漢王逸《九思·逢尤》:"心煩憒兮意無聊,嚴載駕兮出戲遊。"《後漢書·南匈奴傳》:"臣國成敗,要在今年。已敕諸部嚴兵馬,訖九月龍祠,悉集河上。"佐藤以爲東漢避諱,"裝"字皆用"嚴"字。證據不足。辨:察驗,檢察。就行(háng):進入行列,各自歸位。行,行列、隊伍。

武侯問曰:"三軍進止,豈有道乎?"起對曰:"無當天竈,無當龍頭。天竈者,大谷之口;龍頭者,大山之端。① 必左青龍,右白虎,前朱雀,後玄武,招搖在上,從事於下。② 將戰之時,審候風所從來,風順致呼而從之,風逆堅陳以待之。③"

①【彙校】
"無當天竈",此句下,《孫子·地形》篇作"大谷之口"。
【集釋】
施子美曰:行軍之道,必欲違害而就利。天竈、龍頭,此軍之害也。青龍,白虎,招搖在上,此軍之利也。害欲其避,故無當之。利欲其就,故從事於下。天竈者,大谷之口,乏水草之地。龍頭者,大山之端,是爲絶地。張昭《安營壘法》謂:"安營築壘,須知陰陽吉凶,山川向背,崗陵地形。"亦舉吴子曰:"無當天竈,無當龍頭。"繼之以凡出軍遇已上之地,急去無留,不可駐軍。以是知害不可以不避也。

劉寅曰:武侯問吴起曰:"三軍一進一止,豈亦有道乎?"吴起對曰:"三軍進止,無當天竈。天竈者,大谷之口。當大谷之口而營,一則恐爲敵所衝,二則恐爲水所没。無當龍頭,龍頭者,大山之端。當大山之端而營,一則恐爲敵所圍,二則恐水草不便。"太公曰"處山之高則爲敵所栖,處山之下則爲敵所囚"是也。

黄獻臣曰:當谷口而營,恐爲敵所衝水所没。當山端而營,恐爲敵所圍,且水草不便。

朱墉曰:端,顛也。

佐藤一齋曰:天竈、龍頭,蓋兵家隱名如是。大谷之口,恐見驅陷於谷中也。大山之端,恐有伏自上下擊也。宜布陣於廣漠之野。

關重秀曰:豈,曾也。前大谷張陣設營,進無路,後受難。背大谷陣營,進退不便,而無生路。向大山之端陣營,則敵之攻擊得利,我不便。

【按】當,守值,駐扎,處於。

②【彙校】

從事於下,"於",《講義》作"在"。

【集釋】

施子美曰:必左青龍、右白虎、前朱雀、後玄武,此欲四方擁護也。張昭又曰:"朱雀、青龍輔翼,白虎長遠,玄武不逼,玉案橫長,連珠堆阜,即爲勝。"正此意也。招摇,斗柄之星也。斗,北方星也。以殺爲義也。招摇之名,取其麾指之意也。招摇在上,而從事於下,取其得天也。

劉寅曰:此星旗之名也。左青龍者,所謂蛟龍,曰旂也。右白虎者,所謂熊虎,曰旗也。前朱雀者,所謂鳥隼,曰旟也。後玄武者,所謂龜蛇,曰旐也。招搖,星名,在北斗傍,梗河上,此中軍之旗也,故曰從事於下。

黃獻臣曰:此言進止當審地利也。

山中倡庵曰:《左傳疏》曰:"東方神曰青龍,南方神曰朱鳥,西方神曰白虎,北方神曰玄武。"

朱墉曰:招搖,北斗七星也,此中軍之旗也。從事者,旗物麾於在上而後從事於在下,言進止當明旗幟也。

汪紱曰:此行陣之法。

佐藤一齋曰:左(東)豎青龍之旗爲一隊,右(西)豎白虎之旗爲一隊,前(南)豎朱雀之旗爲一隊。後(北)豎玄武之旗爲一隊,招搖之旗高揭在上爲中軍。四面每隊齊待號令,從事於旗下,是萬全不敗之陣也。必如是而後進止,則宜隨其時而已。

關重秀曰:青龍、白虎、朱雀、玄武,神旗四面四方立,表兵之所視以爲左右前後進止周旋也。平而漸低者朱雀也。險而漸高者玄武也。薪水之便者青龍、白虎也。招搖,北斗第七星,此主將,三軍司命之號旗,表其指度神而不違也。招搖在上,歲時晝夜更行不止。從事在下,從時萬事興成,於軍事亦如此。

③【彙校】

風順致呼而從之,"致",《直解》作"治"。

【集釋】

施子美曰:至於將戰之時,必審候風之所從來,風順致呼而從之,欲以鼓噪而奪之也。風逆堅壁以待之,懼其因風縱火而爲李孝逸之舉。順風揚灰而爲楊琁之舉。故須堅陣以待之,此亦欲就利而避害也。若五代張彥澤爲契丹所圍,契丹順風揚塵,奮擊甚銳,軍中大懼。諸將皆曰:"賊乘上風,吾居其下,待風回,乃可戰。"彥澤以爲然,其偏將謂彥澤曰:"今軍中飢渴已甚,若待風回,吾屬爲虜矣。且逆風而戰,敵人必謂我不能,所謂出其不意。"即追契丹,敗之。是又權以濟之也,不必堅壁以待之也。

劉寅曰：將欲戰鬥之時，必要審察候伺風所從來之處。若風順，則致吾士卒，使大呼而從之；若風逆，則堅守吾陣以待之。

李樗曰：凡與敵戰，若運順風致勢而擊之，或通風逆出不意而擣之，則無有不勝。《法》曰："風順致勢而從之，風逆堅陣以待之。"

黃獻臣曰：風順則呼噪而戰，風逆則止。此言進止當占風候也。此言三軍進止，當審地利而占風候。太公曰："處山之高則爲敵所栖，處山之下則爲敵所因。"即龍頭天竈之意。又曰："處山之陽，備山之陰。處山之陰，備山之陽。處山之左，備山之右。處山之右，備山之左。高置旌旗，謹敕三軍。"即左右前後上下之意。宜處風後，無當風前，此常法也。若崔浩破赫連昌，符彥卿破契丹，皆以逆風取勝。則又當別論矣。

朱墉曰：風順者，風勢之來於我爲順，乃呼噪而從之，與之決戰；風勢之來於我爲逆，則堅守行陣以待其便，言進止當占風候也。

汪紱曰：上章言教戒之事，而未言行列之法。此章左青龍數句則又行列之法也。至於地利、天時又皆爲將者所宜因時制變者也。故并言及之。風逆堅陳以待之甚妙，不然鮮有不亂者矣。

佐藤一齋曰：方將戰之時，則宜審候風所從來也。風順則致士卒呼號而令從之，是進也。風逆則堅固陣列以待之，是止也。凡隨時之宜者，此類也。

關重秀曰：將戰之時，詳伺風之方位。風吹敵，順也，故致呼而從之。致，送詣也。呼，大叫也。從，追也。此張勢脅敵而進殺也。風吹我，逆也，故堅陣戒不虞以待敵。此三軍進止之法也。

武侯問曰："凡畜卒騎，豈有方乎？"起對曰："夫馬，必安其處所，適其水草，節其飢飽。冬則溫厩，夏則凉廡。刻剔毛鬣，謹落四下。戢其耳目，無令驚駭。習其馳逐，閑其進止。人馬相親，然後可使。①車騎之具，鞍、勒、銜、轡，必令完堅。凡馬不傷於末，必傷於始；不傷於飢，必傷於飽。日暮道遠，必數上下。寧勞於人，慎無勞馬。常令有餘，備敵覆我。能明此者，橫行天下。②"

①【彙校】
　　劉寅《直解》："卒騎"，一本做"率騎"，皆誤也。舊本作"車騎"爲是。下文"車騎之具"乃一證也。【按】劉説是。古之戰，車馬并用，尤其是馬拉之戰車爲最高級的武器，故此車馬并説。"廐"，原作"燒"，據《講義》《直解》《開宗》《彙解》改。

【集釋】
　　施子美曰：馬者，甲兵之本，軍之所急務者也。詩人之美魯僖公也，不及其他，而稱其"有騅有駓，有騂有駱"而已。其美衛文公也，不及其他，而稱其"秉心塞淵，騋牝三千"而已。是馬之爲用大矣。武侯安得不問其所以蓄之之道乎？夫蓄馬之法，以居處則欲其安，以水草則欲其得，以飢飽則欲其節，冬則温廐，慮其傷於寒也。夏則凉廡，慮其傷於熱也。廡者，鄭司農以爲，廡所以庇馬凉也。刻剔毛鬣，謹落四下者，攻其蹄齧也。戢其耳目，無令驚駭者，所以教之也。習其馳逐，閑其進止者，又欲使之熟於戰也。夫然故人與馬相親，然後可使。成周之蓄馬之官非一職也。有趣馬以齊其飲食，則所謂適其水草，節其飢飽者，爲有官也。有圉師以豐廐廡，馬則安其處所，而温廐凉廡者，爲有官也。有廋人以教駣、攻駒、執駒、散馬耳，則刻剝、謹落、戢其耳目、閑其馳逐者，爲有官也。若是則人馬其不相親乎？乃若鄭之小駟，驕債不馴，卒之還濘而止者，以其蓄之教之無術，故人與馬不相親也。

　　劉寅曰：武侯問吳起曰："凡畜養駕車之騎，豈亦有方乎？"起對曰："夫馬，必要安其居處之所，適其水草之宜，節量飢飽之候。冬則温廐不使之寒也。夏則凉廡不使之熱也。刻剔毛鬣使之疏通，謹落四下使之輕便。四下，四蹄也。戢其耳目之視聽，無令驚逸駭躍，習其馳逐，閑其進止，使之熟也。人與馬相親愛，然後可用之戰矣。"

黄獻臣曰：卒騎，士卒所乘之馬也。厩爲舍，廡爲廊，可通風日者。刻剔毛鬣，馬之毛鬣，常與剔理，使之疏通。四下，四蹄也，易於生妬肉，謹慎刊落，勿傷其足，使其便利。此概舉畜馬之事。

朱墉曰：適，順也。温，暖也。厩，馬舍也。廡，周室可通風日者。冬，温舍不使之寒也。夏，涼廡不使之熱也。鬣，長鬃也。戢，調戢也。驚駭，驚逸、駭躍也。習，熟慣也。進止，閑之欲其齊一也。可使，馬可使用也。

關重秀曰：適，從其所嗜也。鬣，馬領毛，剪之使目明。落，剪落也。"謹"字須玩味。戢其耳目，以物觸而試其耳目也，且蓋蔽而得其宜。閑，慣也。親，馴爲用。

【按】適其水草，調節其水草飲食也。適，調節，節制。《管子·禁藏》："故聖人之制事也，能節宮室、適車輿以實藏，則國必富、位必尊。"尹知章注："不費於宮室車輿，則庫藏自實也。"《韓非子·揚權》："欲爲其地，必適其賜，不適其賜，亂人求益，彼求我予，假仇人斧。"俞樾《諸子平議·韓非子》："必適其賜者，必節其賜也。"《史記·日者列傳》："四時不和不能調，歲穀不孰不能適。"司馬貞《索隱》："適，猶調也。"此處"適其水草"與下文"節其飢飽"對舉，句法相同，意義相關。"適""節"皆爲"調節"之義。劉寅解爲"適宜"，朱墉解爲"順應"，皆不合語法和文義。廡，大屋，此指馬棚。刻剔，削剪。謹落四下，小心地修理馬的四蹄。落，剔除馬蹄上的老繭。戢，掩藏，掩住。古代戰馬要用物掩住耳目兩側，使之只能直視，并防止受到驚嚇。習其馳逐，閑其進止，熟悉奔跑和追逐，嫻熟前進和停止。習、閑，皆熟練之義。閑通"嫻"，嫻熟。

②【彙校】

"完堅"，《武備志》作"堅完"。慎無勞馬，"無"，《直解》《開宗》《武備志》《彙解》作"勿"。

【集釋】

施子美曰：至於車騎之具，鞍、勒、銜、轡，則所以駕馬者也。故必欲完全而堅固。夫蓄馬至爲難，而用之尤爲難，不傷於末，必傷於始，不傷於飢，必傷於飽，此馬之所以爲難蓄也。日暮道遠，必數上下，寧勞於人，慎無勞馬，此馬之所以爲難用也。惟馬力有餘，然後可以備敵之覆我。能明乎此者，可以無敵矣。故能橫行天下。昔漢之盛時，衛青以三萬騎出雁門，霍去病以萬騎出隴西，與夫李廣、張騫等，凡十四萬騎，所以能立功異域。其後馬死十餘萬匹，漢馬既少，不能復擊匈奴。知此則知蓄馬繁盛者，豈不足以橫行天下乎？

劉寅曰：車騎合用之具，鞍、勒、銜、轡，必令完堅，防損失也。凡馬不傷於末，必傷於初時。不傷於飢，必傷於飽時。所以初乘馬者，必緩馳之。遇日暮道遠，必頻數上下，節其力也。寧可勞於人，慎勿勞於馬。常令其力有餘，防備敵人掩覆而用以戰。能明此理，亦可橫行天下。

李㮯曰：此題再舉馬之飢飽勞佚而叮嚀之。能明此養畜之方，則馬輕人，人輕戰，可以百戰百勝而無敵於天下矣。按：用兵之道，固要先明四輕、二重、一信，此誠以"治"爲勝之道。然其所謂先者，先之以教戒而已。教戒之道，居則有禮，動則有威，無犯進止之節，無失飲食之適，無絕人馬之力。果其任上令，以一教十，人各一技，技各一能，分門按隊擇任之，精□專督閱校之外，無瑣屑不勞而兵治矣。所謂治兵之道，於此乎無餘蘊矣。

黃獻臣曰：此言養馬之事，而并及駕馬之具，又爲馬計始末飢飽。寧勞人以養馬力，以備敵之掩我，是愛馬正所以愛人也。則馬輕車，人輕戰矣。

朱墉曰：完堅，可以涉遠而無蹶，亦可以任重而無虞也。末、始，馳逐之初、終也。數上下者，養其力也。此再舉馬之飢飽勞逸而叮嚀之也。覆我，掩覆我軍也。橫行者，言馬得其養，兵必精強，而可以得志於天下也。此節專言養馬之事，以足首章"馬輕車"之意。蓋馬政亦戎事之最大者也。於此亦足以見其細心之至矣。

汪紱曰：驟竭其力則傷於始矣。常令有餘，使馬力有餘也。一能養馬便可橫行天下乎？陋矣！愚意或是言馬可以橫行，非言人也。此篇以治兵名，看來通篇只"兵治爲勝"一句爲主。以下節節相生，總只申明得此一句。蓋兵貴於治，治由於能任上令，令不過教習，教習不外於步伐止齊，前後左右，金鼓之節，應變之道而已。而車騎賞則所以輔其治也。通篇脉絡細密，次序明顯，章法完足，文亦古韻。

佐藤一齋曰：末，駕已熟。始，駕未熟。飢，飢餒。飽，飽滿。

關重秀曰：撰良馬爲駟馬，爲騎馬，各有其馬具。勒，絡也，絡馬頭而引之。銜，馬口中勒也，以鐵爲之。轡，馬韁也，禦人把持之革。始，乘駕之始。始緩終急，騎馭之法也。飽之害多。上下，上馬下馬。有餘，養氣力有餘也。當敵覆我，突戰在於馬軍之力。世將不明此理，故能明此者，得橫行天下。明此，明畜騎之事也。畜騎如此，況於養人乎？故明此者，橫行無敵。

【按】完堅，完好，結實。數上下，頻繁地上馬下馬，讓馬得到足够的休息，以保證戰時有足够的體力。備敵覆我，防備敵人掩殺我軍。

吴子卷下

論將第四

【題解】

劉寅曰：論將者，評論爲將之道也。篇內兼論敵將之能否，而爲取勝之道。以其有"論將"二字，故以名篇。凡五章。

黃獻臣曰：前兩節論爲將之道，後兩節試敵將之術。凡五章。

【按】"論將"即對將領的品質、素養和才能等進行分析和評價。

吳子曰："夫總文武者，軍之將也。兼剛柔者，兵之事也。①凡人論將，常觀於勇。勇之於將，乃數分之一爾。夫勇者必輕合，輕合而不知利，未可也。②故將之所愼者五：一曰理，二曰備，三曰果，四曰戒，五曰約。③理者，治衆如治寡。備者，出門如見敵。果者，臨敵不懷生。戒者，雖克如始戰。約者，法令省而不煩。④受命而不辭，敵破而後言返，將之禮也。⑤故師出之日，有死之榮，無生之辱。⑥"

①【集釋】

施子美曰：才足以兼資，然後可以統軍。術足以相濟，然後可以治軍。文武者材也，總文武而後可以爲軍之將，非才足以兼資而後可以統軍乎？剛柔者，術也。兼剛柔而後可以盡兵之事，非術足以相濟而後可以治軍乎？陸機識能辨亡，無救河橋之敗。養由基射穿七札，不免鄢陵之奔。才不兼資，如統軍何？子玉剛而無禮，卒至於敗。李廣行無部伍，終於失道。術不兼濟，其何以治軍乎？昔田穰苴可謂兩盡乎是矣。文能附衆，武能威敵，則其材備矣。於將軍也，何有？莊賈可斬，則斬之而不貸；士卒可恤，則撫之而不以爲過。是又術之兼盡也。其於軍事，亦優爲矣。古之擇將，必欲材與術兩盡而不偏，然後爲得。

劉寅曰：吳子言："夫總文與武者，三軍之將也。文以附衆，武以威敵。缺一不可。兼剛與柔者，用兵之事也。大剛則折，大柔則廢。"《三略》曰："能柔能剛，其國彌光。"二者亦不可缺也。

李樏曰：此題雖文武并提，然意專重在武上，文能附衆，武可威而兼總互用，則可爲三軍之大將。結意重在任將當專。"兼剛柔者兵之事也。"此題要知論兵事與上論軍之將不同。太剛則折，太柔則廢。故行兵之事，須在剛柔兼用。結意歸重在柔能濟剛，不可徒任剛處。

黃獻臣曰：文以附衆，武以威敵，總之乃三軍之大將。《孫子》亦曰："令之以文，齊之以武。"太剛則折，太柔則廢。兼之乃爲用兵之事。

山中倡庵曰：《解》及《宗》曰："大剛則折，大柔則廢。"愚謂如此說，則似少剛則不折，少柔則不廢也。所謂兼剛柔者，當剛而剛，當柔而柔，是兼剛柔也。且當大剛而大剛，則豈可折乎？當大柔而大柔，則豈可廢乎？是故兼剛柔，兼治剛柔而措時之宜也。看來，《義》之說無害矣。

朱墉曰：總，兼也。合而有之，體備不偏也。文者，上知天時，下知地利，中知人事，謹君臣之禮，飾上下之儀，順俗而教民，綏以道，理以義，動以禮，撫以仁是也。武者，受命忘親，臨陣忘身，進死爲榮，退生爲辱。信賞罰明，法令威震天下是也。剛而能柔則不暴而有節制，柔而能剛則不廢而有變通也。

關重秀曰：尉子曰："文所以視利害，辨安危；武所以犯強敵，力攻守也。"苟不兼得文武,則非三軍之帥也。純剛必夷,純柔亦刵,能兼剛柔擊殺者,兵卒之事也。

②【彙校】

凡人論將,"人"下,《治要》、《孫子·九變》杜牧注、《御覽》卷二百七十三皆有"之"字。

"常觀於勇",此句,《治要》、《御覽》卷二百七十三作"恒觀之於勇"。

"乃數分之一爾",此句,《御覽》卷二百七十三作"乃萬分之一耳"。

夫勇者必輕合,"必",《開宗》無此字。"夫勇者"至"未可也",《治要》作"夫勇者,輕命而不知利,未可也"。

輕合而不知利,"合"上,《武備志》無"輕"字。

未可也,"可"下,《孫子·九變》杜牧注有"將"字。

【集釋】

施子美曰:凡人論將,則先乎勇。夫豈知獨勇不足以盡其材也。且孫子之論將,則曰:智、信、仁、勇、嚴。太公論將則曰:勇、智、仁、信、忠。五材兼備,然後可也。可獨勇乎?勇非不足取也,白衣自顯,仁貴所以爲虓將。錦裘自表,李晟所以敵萬人。勇固不足取耶?勇雖可取,特數分之中一分耳。辨大事者,非勇者所爲也。才氣無雙,李廣非不勇也,而終於失道。被羽先登,賈復非不勇也,而不得別將。勇其可獨任乎?勇之所以不足多者,謂其輕合也。輕合則不知利之所在,其可乎?昔子路問夫子曰:"子行三軍,則誰與?"子曰:"暴虎憑河,死而無悔者,吾不與也。必也臨事而懼,好謀而成者也。"論將之道,非勇所能盡也。

劉寅曰:凡人論將,恒於勇上觀之。勇之於將,乃數分中之一分耳。夫勇者,必輕與人合戰,輕於合戰而不知我之所利,未可取勝。

李樗曰:凡與敵戰,必須料敵詳審而後出兵。若不計而進,不謀而戰,則必爲敵人所敗矣。《法》曰:"勇者必輕合,輕合而不知利。"如春秋晉文公與楚戰，知楚將子玉剛忿褊急，文公遂執其使宛春以撓之。子玉怒，遂乘晉軍，楚師大敗。

黃獻臣曰：利，利害也。甚言勇反以害事。

山中倡庵曰：勇之於將，數分之一者，將之德非一也。孫子稱將之德曰：智、信、仁、勇、嚴也。又太公論將之德曰：勇、智、仁、信、忠。五材兼備，然後可也。以此思，勇則將之數德分中一分也。

朱墉曰：未可者，甚言勇足以害事也。

佐藤一齋曰：觀，著眼。

關重秀曰：輕合，輕忽合戰也。不知利，不知利害也。

③【彙校】

故將之所慎者五，"慎"，《講義》作"謹"。【按】"謹""慎"義同。

【集釋】

施子美曰：用兵之事，不一而足。而爲將之任，亦無乎不謹。理也，備也，果也，戒也，約也，此五者無一而不謹，然後可以爲將矣。不理則亂，何以治衆？不備則怠，何以待敵？不果則怯，何以殺敵？不戒則驕，何以守勝？不約則煩，何以率下？此將之所以必欲謹是五者也。

劉寅曰：故將之所當謹慎者有五事，謂理、備、果、戒、約也。

李樗曰：此題玩一"慎"字，能慎此五者，其體則武而能文，其用則剛而知柔。宣聖所謂"臨事而懼，好謀而成"，即此慎之之道也。故將之所當謹慎者有五事，謂理、備、果、戒、約也。（策題）問太公論將曰：勇、智、仁、信、忠。孫子論將曰：智、信、仁、勇、嚴。今吳子論將又曰：理、備、果、戒、約。三論總皆是爲將之道，然其中不無優劣也。舊答意宜以孫、吳二子之論未及心字，總不若大公根心之言。覺未得旨。

朱墉曰：慎，謹慎也。

佐藤一齋曰：理，統理。備，嚴備。果，果決。戒，戒懼。約，省約。

關重秀曰：此五者，將帥之至要法。

【按】理，治理，整理。《淮南子·原道訓》："夫能理三苗、朝羽民。"高誘注："理，治也。"此指治軍有條理。備，防備、準備。《孫子·計篇》："攻其無備，出其不意。"《尚書·說命中》："惟事事乃其有備，有備無患。"此指作戰充分準備。果，果敢，有決斷。《左傳·宣公二年》："殺敵爲果。"《論語·子路》："言必信，行必果。"晉葛洪《抱朴子·逸民》："魏武帝亦刑法嚴峻，果於殺戮。"戒，戒慎，謹慎。《孫子·九地》："是故其兵不修而戒，不求而得。"張預注："危難之地，人自同力，不修整而自戒慎。"此指不驕躁。約，簡約、簡要。《管子·桓公問》："事約而易從，求寡而易足。"《孟子·公孫丑上》："夫二子之勇，未知其孰賢，然而孟施舍守約也。"

④【彙校】

"臨敵"，《治要》作"迎敵"。"克敵如始戰"，《副詮》："始"，一作"弗"，亦通。

【集釋】

施子美曰：所謂理者，蓋統軍之際，其人雖若難治，而吾能治之以易治，故雖衆猶寡也。如韓信之多多益辦，非理者乎？所謂備者，蓋預防之術，雖無所畏，而常若有所畏，故雖出門之際，常如見敵。如馮道根之遠斥候，有如敵將至者，非備者乎？所謂果者，蓋有敢爲之志者，雖有可畏，而常若不足畏，故臨敵之際，示以必死，而無貪生之心。如田單之在即墨，有死之心，士卒無生之氣，是也。所謂戒者，謂善慮事者，雖已勝而常若未勝，故雖克戰，而如始戰。鄭敗楚師，國人皆喜，唯子良獨憂曰："是國之災也。"非雖克如始戰乎？所謂約者，蓋得治軍之要者，不欲使之苦其勞而使之樂爲用。李光弼之代子儀，一無所更，非約而不煩乎？

劉寅曰：理者，治衆多之兵如治寡少之兵。言得其治兵之理也。備者，一出轅門，如見敵之在前。言其預備之謹也。果者，臨敵有必死之志，無懷生之心。言果敢於戰也。戒者，以勝敵如初交戰之時，言戒之至也。約者，法令減省而不煩苛。言令之简也。

李檉曰：凡與敵戰，若我勝彼負，不可驕惰，當日夜嚴備以待之。敵人雖來，有備無害。《法》曰："雖克如始戰。"

黃獻臣曰：如治寡，有節制也。如見敵，能敬謹也。不懷生，無退怯也。戒者，懼敵乘也。不煩，操簡要也。

朱墉曰：理，條理也，以有分辨言。衆者，寡之積也。寡者，衆之分也。備，預防也。出門，出轅門也。果，有決斷也。懷生，意念貪生也。克，勝也。法，法度也。令，號令也。省，減少也。

關重秀曰：理，在分數節制之禁令。備，敬勝怠。果，援枹而鼓忘其身。戒，不驕不怠。約，法令不煩，故人能記得。

⑤【彙校】

受命而不辭，劉寅曰："舊本'辭'下有'家'字，今從之。"《彙函》《開宗》《武備志》《彙解》同之。山中倡庵曰："《解》及《宗》作'不辭家'，《義》作'不辭'。詳上下文勢，省'家'字之說似安也，俟知者而已。"

【集釋】

施子美曰：志在奉公者，必不避難。志在克敵者，必不懷生。受命而不辭，此志在奉公也。一有命焉，即就道而往，吾何以避難爲辭？敵破而後言返，此志在敵者也。敵未亡，則無還期，吾何以懷生而思返乎？爲將之禮，其在是矣。郭子儀之爲師也，詔至即引道，無纖芥顧望。此受命而不辭也。裴度之爲師也，謂"賊未授首，臣無還期"，此敵破而後言返也。爲將之禮，必裴晉公、郭汾陽而後可也。

劉寅曰：言受命即行，不辭於家。敵人破滅，然後言返。此爲將之禮也。

朱墉曰：不辭家者，速行恐生顧戀也。

關重秀曰：立將有卜齋受鉞之禮，故將之受命言返亦謂將之禮也。

⑥【彙校】

"有死之榮，無生之辱"，《治要》作"有死而榮，無生而辱也"。

【集釋】

施子美曰:故師出之際,雖死之日,猶生之年。寧死以爲榮,無生以爲辱。此白起所以不爲辱軍將,而嚴顏謂有斷頭將軍者,誠以幸生爲可愧也。

劉寅曰:故師旅出行之日,將有進而必死之榮,無退而幸生之辱。

黃獻臣曰:并及爲將之禮,亦文德也。死而榮孰與生而辱?此言爲將之道而并及爲將之禮,文武兼資,剛柔互用,將之道也。故不徒勇以害事,必致慎以成謀。理,如李靖以九數稽軍,實百萬之衆,毫無混淆是也。備,如若敖狃蒲騷之役將自用,伯比欲威以刑是也。果,如李懷光誓以身許國,不與賊同戴日月是也。防守稍懈,敵乘吾驕,戰勝宜戒也。鈴閣之下,刁斗不設,法令宜約也。操是五者,而又守之以禮,所以有榮而無辱,有利而無害也。

朱墉曰:死之榮,以死事爲榮也。生之辱,以逃生爲辱也。

汪紱曰:將有五慎,句句堪爲模楷。此亦吳子之自言矣。

關重秀曰:將,死官也。

【按】有死之榮,無生之辱。只有戰死的光榮,而絕無貪生蒙受恥辱的道理。

吳子曰:"凡兵有四機:一曰氣機,二曰地機,三曰事機,四曰力機。①三軍之衆,百萬之師,張設輕重,在於一人,是謂氣機。②路狹道險,名山大塞,十夫所守,千夫不過,是謂地機。③善行間諜,輕兵往來,分散其衆,使其君臣相怨,上下相咎,是謂事機。④車堅管轄,舟利櫓楫,士習戰陳,馬閑馳逐,是謂力機。⑤知此四者,乃可爲將。⑥然其威、德、仁、勇,必足以率下安衆,怖敵決疑。施令而下不犯,所在寇不敢敵。得之國強,去之國亡,是謂良將。⑦"

①【彙校】

"吳子曰",《彙函》無此句。

【集釋】

施子美曰：兵必有其用，用各有其要。四機者皆用兵之要也。一曰氣機者，謂作其氣而使勇也。二曰地機者，謂因地形而用之也。三曰事機者，謂有以離其君臣上下也。四曰力機者，謂舟車士馬之力必欲其有餘也。

劉寅曰：吳子言：凡行兵有四機。機，弩牙也。言發動之機如弩牙也。四機，氣、地、事、力也。

李槃曰：此題全在一"機"字，□發機者，發動所由。有倏忽變幻，不可方物之意。四機在下作論，須重在氣機上。大將提師，氣魄爲主，必忠誠足以動天地，慷慨足以鼓三軍，使山谿失其險，智巧不能間，堅甲利器無所用其力，而氣機之所握爲最神也。

山中倡庵曰：《大傳本義》曰："機，發動所由也。"

關重秀曰：機，樞要也。

【按】機，事物的關鍵、樞紐。《管子・權修》："察能授官，班禄賜予，使民之機也。"《史記・淮陰侯列傳》："夫聽者事之候也，計者事之機也，聽過計失而能久安者，鮮矣。"劉寅、朱墉解爲"弩牙"，亦即機關、要害之義。事機，特指間諜之事。

②【彙校】

"是謂氣機"，《御覽》卷二百七十三作"謂之氣機"。

【集釋】

施子美曰：《法》曰："戰在於治氣。"欲治其氣，則必作之使鋭，養之使閑，雜三軍之衆，百萬之師，張設輕重，皆在於將。此之謂氣機。怒自十倍，田單所以勝燕。彼竭我盈，曹劌所以勝齊。是得乎氣機也。

劉寅曰：三軍之衆士，百萬之師旅，張設輕重之勢在於爲將之一人耳。此爲氣機。言百萬士衆之氣在將帥一人之氣，故將勇則兵强，將怯則兵弱,氣使然也。

黃獻臣曰:三軍所以戰者氣,在爲將者鼓舞之耳。故將勇則兵強,將怯則兵弱。氣使然也。

朱墉曰:張設,施張顯設也。輕重,用兵輕重之勢也。

汪紱曰:輕重,言輕兵重兵也。輕兵氣銳,重兵氣固。或時宜輕以銳,或時宜重以固,惟爲將者審時而張設之,故曰氣機。

佐藤一齋曰:三軍之勇怯系將之勇怯。氣使然也。

關重秀曰:輕者如雲,重者如山,兵之氣勢。一人,將帥也。

【按】張設,安排,部署。王充《論衡·齊世》:"雖言男三十而娶,女二十而嫁,法制張設,未必奉行。"此指排兵布陣,安營設防。輕重,陣勢薄弱或嚴密。

③【彙校】

十夫所守,千夫不過。"夫",《御覽》卷二百七十三作"人"。

【集釋】

施子美曰:《法》曰:"地形者,兵之助。"惟得其地,則據其險隘要害之處,雖十夫所守,可使千夫不敢過。夫是之謂地機。馬陵道隘,孫臏所以勝龐涓。殽有二陵,晋人所以禦秦師。是得夫地機也。

劉寅曰:路狹道險,如車不得方軌,騎不得成列。名山大塞,如蜀之劍閣、秦之潼關,十夫守之,千夫不過,此謂地機也。

黃獻臣曰:路狹道險,如趙之井陘,魏之馬陵。

朱墉曰:狹,窄隘也。塞,要害也。

汪紱曰:得之則宜,守時不可失,故曰地機。

關重秀曰:塞,障壅之地。

【按】塞,要塞,邊境險要處所設的關隘。

④【彙校】

"輕兵往來",《御覽》卷二百七十三無此句。

"使其君臣相怨","其",《御覽》卷二百七十三無此字。

"上下相咎",《御覽》卷二百七十三無此句。

【集釋】

施子美曰:《法》曰:"事莫密於間。"則行間諜以離其情,用輕兵以分其勢,使其君臣上下至於相怨咎,是之謂事機。秦人使間間趙,而廉頗果代。越人使間間吳,而子胥果殺。此得乎事機也。

劉寅曰:善行間諜以離之,輕兵往來以疑之。分散其衆,使力不齊;君臣相怨,上下相咎,使心不一,此謂事機也。

黃獻臣曰:用反間以疑其主。設輕兵以散其力。咎,責也。

山中倡庵曰:輕兵者,我輕兵也。"其衆""其君臣"二"其"之字,指敵言。

朱墉曰:間諜,細作之人也。輕兵,剽疾之兵也。散其衆,使力不齊也。相怨、相咎,心不一也。成敗之勢由於所使,故曰事機也。

汪紱曰:因事有可間而間之,故曰事機。

佐藤一齋曰:孫子校之以計而索其情,是兵之妙用也。故十三篇以《用間》置之篇終,以寓其意。吳子所謂"事機"亦此秘也。

關重秀曰:事機,以計令乖離敵人。

【按】輕兵,行動便捷的小股部隊。此指配合間諜計劃,迷惑敵人的機動部隊。

⑤【彙校】

"車堅管轄,舟利櫓楫",《御覽》卷二百七十三作"車堅舟利"。

"士習戰陳,馬閑馳逐",《御覽》卷二百七十三作"士馬嫻習"。

"是謂力機",此句下,《御覽》卷二百七十三有"此所謂四機者也"。

【集釋】

施子美曰:車以管轄而致用,故必堅之;舟以櫓楫而後濟,故必利之。以士則必習於戰陳,以馬則必閑於馳逐,是之謂力機。水陸并進,王濬所以平吳。兵馬甚盛,吳漢所以克成都。此得乎力機也。

劉寅曰:車堅管轄,備陸戰也。舟利櫓楫,修水戰也。人習戰陳,教練之有素。馬閑馳逐，控御之有法。此謂力機也。

黃獻臣曰：管以冒轂，轄以健輪，皆車中器。堅之以備陸戰。櫓、楫行舟，利之以便水戰。士馬練習，則又適於步騎也。

朱墉曰：櫓、楫，行舟之器也，利之以便水戰也。士習、馬閑，練熟於步騎也。器用既利人，馬又調力自充足，故曰力機也。

汪紱曰：因其長而用之，故曰力機。

關重秀曰：管與輨同，轂端鐵。轄，車軸頭鐵。戰，與敵鬥殺也。陣，與衆保助也。

【按】車堅管轄，使戰車的輪軸堅固。管，車軸頭上的套管。轄，車軸頭上的插銷。皆是車子的關鍵部件。舟利櫓楫，使舟船的櫓楫便利。櫓，比槳長大的划船工具，安在船尾或船旁。楫，船槳。短曰楫，長曰櫂（棹）。閑通"嫻"，熟練。

⑥【集釋】

施子美曰：四者之機，惟無一而不知，然後可以爲將矣。

劉寅曰：知此四機，乃可爲三軍之將。

李㯶曰：此題最重一"知"字，機藏於不可知之中。知者，于機未動之先而知之。故曰：知機其神乎？"知"字雖有變化不測之運用，大意還根一"慎"字發服。

山中倡庵曰：知彼四機者，爲庸將。自然其威、德、仁、勇以下云良將道也。對庸將云良將也。

朱墉曰：四者皆知，作氣、相地、審事、養力，故可爲大將也。

關重秀曰：此四者，乃將之急務。

⑦【彙校】

怖敵決疑，"怖"，《武備志》作"懼"。【按】"怖""懼"義同。"下不犯"，《叢刊》本、《彙函》同之，《講義》《直解》《開宗》《武備志》《彙解》皆作"下不敢犯"。【按】此處有"敢"字爲佳。"所在寇不敢敵"，《叢刊》本、《彙函》同之，《講義》《直解》《開宗》《武備志》《彙解》皆作"所在而寇不敢敵"。劉寅《直解》："舊本'寇'上有'而'字，今從之。"【按】此處有"而"字爲佳。

【集釋】

施子美曰：知此四機，雖可以爲將，而所謂良將者，又必其有威、德、仁、勇也。威、德、仁、勇，足以率下安衆，則施令而下不犯。足以怖敵決疑，則所在而寇不敢敵。蓋能足以撫士，而後人莫不從。能足以制勝，而後敵無不服。威、德、仁、勇，此將之能也。推是以怖敵決疑，則可以制勝矣。故所在而寇不敢敵，非敵無不服乎？且吳起之爲將也，前獲雙首者，雖有功而不赦。五萬之衆，可使爲一死賊，其威勇爲如何？衣食必與士卒同，廉平可以得士心，其德爲如何？以是而率下安衆，則見於親萬民，使士卒樂死。以是而怖敵決疑，則見於大戰七十六，全勝六十四。至於車騎與徒皆從受敵，其令不煩，而威震天下，非所謂施令而下不敢犯乎？守西河而秦兵不敢東向，韓趙賓從，茲非所在而寇不敢敵乎？若是者，得之則國強，去之則國亡。不獨可以謂之將也，必謂之良將而後可。觀起之在魏而魏盛，在楚而楚強，茲非所謂良將乎？夫所謂良者，以其才之出於自然，非人所可及也。知而謂之良知，能而謂之良能，皆其天資自然出乎衆表也。故傅説之相高宗也，則以爲良弼。魏徵之佐太宗也，則願爲良臣。將而謂之良，其可以強國安民，而非庸將所及也。

劉寅曰：威，嚴畏也。德，恩信也。仁，慈愛也。勇，果敢也。四者必足以率下安衆，怖敵決疑。率下安衆，德也，仁也。怖敵決疑，嚴也，勇也。施令而下不敢犯，又專言嚴也。所在而寇不敢敵，又專言勇也。得而任之則國強，失而去之則國亡。如樂毅歸燕而昭王盛強，奔趙而騎劫敗死。此謂之良將也。

黃獻臣曰：此言良將必審四機而具四德，然後國賴以強。如樂毅之於燕，武侯之於蜀。用舍存亡之間，國之盛衰存亡係焉，不可不察也。兵有四機而氣機居首。何也？大將提師，氣魄爲主，必精誠足以動天地而泣鬼神，義勇足以鼓三軍而襬強敵，則山谿不足爲險，善間不能爲攜，利器強兵無所試其力，則氣之所噓，神也。故魏延有吞十萬之氣，既而曹操之兵不敢窺漢中。若無摧鋒陷敵之氣，雖有馬陵潼關之守，伐頗伐毅之謀，鐵鏃車軸之固，安所用之？是故氣機爲主，而三者缺一不可，而復施之以威、德、仁、勇，衆安敵懼，疑決令行，而將稱良矣。

山中倡庵曰：所在而寇不敢敵，此良將之所在之地者，雖強寇亦不敢敵來也。

朱墉曰：威足以懾下之玩心，德足以聯下之渙心，仁足以結下之歡心，勇足以鼓下之懦心。怖，恐懼也。怖敵決疑，嚴也，勇也。施令而下不敢犯，又專言嚴也。所在寇不敢敵，又專言勇也。

汪紱曰：威、德、仁、勇四字一串說，不分四德。此章之意重一"機"字。蓋機者，弩之牙也。矢之中與不中，皆由於機之正否，故張機者必審慎以張之，既正則果決以發，使發無不中，然後爲機之妙，此即好謀而成之道也。

關重秀曰：威兼德、仁兼勇則全。下不敢犯，不犯法令也。所在，其將所居也。"寇"字可味。得之，"之"字指良將。得失，用舍就去之義。得之在於禮信，失之在於嫌疑。

吳子曰："夫鼙鼓金鐸，所以威耳。旌旗麾幟，所以威目。禁令刑罰，所以威心。①耳威於聲，不可不清。目威於色，不可不明。心威於刑，不可不嚴。②三者不立，雖有其國，必敗於敵。③故曰：將之所麾，莫不從移；將之所指，莫不前死。④"

①【彙校】

"夫鼙鼓金鐸"，"夫"，《孫子·地形》篇杜牧注引無此字。此句，《御覽》卷二百七十作"鼓鞞金鐸"。

"旌旗麾幟"，"幟"，《孫子·地形》篇杜牧注引作"章"。此句，《御覽》卷二百七十作"旄麾旗章"。

【集釋】

施子美曰：張昭教習之法舉兵法云："三官不謬，五教不亂，是謂能軍。"三官者，鼓也、金也、旗也。五教者，耳、目、足、手、心也。教目知形勢之旗，教耳知號令之數，教足知進退之度，教手知兵之長短，教心知賞罰之用。五者閑習，是取勝之道也。知此則知吳子之所以威其耳、威其目、威其心者，正爲將之所先也。鼙鼓所以進之也，金鐸所以止之也，旌旗麾幟所以指撝之也。晉張侯曰："師之耳目在吾旗鼓。"故金鼓可以威耳，旗幟可以威目。若夫禁令刑罰，則所以驅人而用之也。《法》曰："卒已親附而罰不行，則不可用。"故禁令刑罰可以威其心。曰"威"云者，將以使之畏而從也。

劉寅曰：吳子言：夫鼙鼓金鐸之聲，所以威三軍之耳也。旌旗麾幟之色，所以威三軍之目也。禁令刑罰之施，所以威三軍之心也。

山中倡庵曰：《字彙》曰："鼙，騎上鼓也。"《呂氏春秋》曰："帝嚳令人作鼙鼓之樂。"《字彙》曰："鐸，金鈴金舌，軍法用之。木鐸，金鈴木舌，文教用之。"《周禮·春官》曰："司常拆羽爲旌。"朱子曰："拆羽而注於旂干之首曰旌。"徐曰："拆羽，謂分拆鳥羽爲之，其竿頭則綴以犛牛尾也。"《廣雅》曰："天子旌高九仞，諸侯七仞，大夫五仞，士三仞。"《釋名》曰："旗，熊虎爲旗，軍將所建，象其猛如虎與象期其下也。"《周禮》曰："麾，巾車建大麾以田，後世協律即執之以合樂工，高七尺，干飾以龍首，綴纁帛，畫升龍於其上。"《字彙》曰："幟，旂也。"《周禮》曰："交龍爲旂。"

朱墉曰：鼙鼓，馬上小鼓也。金鐸，金鈴也。威耳，威嚴三軍之耳也。威目，威嚴三軍之目也。

關重秀曰：鼙，騎上擊鼓。鐸，金鈴，金舌。麾幟，兩旂旖之屬。

【按】鼙鼓，本指小鼓与大鼓。鼙，軍中所用的小鼓，漢以後亦名騎鼓。亦朱墉所謂"馬上小鼓也"。鼓，大鼓。《周禮·夏官·大司馬》："中軍以鼙令鼓，鼓人皆三鼓。"除了古代軍隊用鼙鼓，樂隊也用。《周禮·春官·鍾師》："掌鼙鼓縵樂。"《呂氏春秋·古樂》："有倕作爲鼙鼓鐘磬。"《儀禮·大射》:"應鼙在其東。"鄭玄注:"鼙,小鼓也。"清戴震《樂器考》:"《儀禮》有朔鼙、應鼙。鼙者,小鼓,與大鼓爲節。"此處"鼙鼓"與"金鐸"對舉,當專指小鼓(鼙)言。金鐸,即鐸。古樂器名,一種大鈴。《周禮·地官·鼓人》:"以金鐸通鼓。"鄭玄注:"鐸,大鈴也,振之以通鼓。"《周禮·夏官·大司馬》:"群司馬振鐸,車徒皆作。"《六韜·兵徵》:"金鐸之聲揚以清,鼙鼓之聲宛以鳴。"清顧炎武《日知録·木鐸》:"金鐸所以令軍中,木鐸所以令國中。"軍中用鼙鼓金鐸來傳令。

旌,古代用犛牛尾或兼五采羽毛飾竿頭的旗子。《周禮·春官·司常》:"全羽爲旞,析羽爲旌。"

②【彙校】

"不可不清"及下文"不可不明""不可不嚴"之"可",《孫子·地形》杜牧注皆作"得"。

【集釋】

施子美曰:金鼓之聲,所以威耳,故聲不可不清。旌幟之色,所以威目,故色不可不明。刑罰所以威心,故刑罰不可不嚴。清則易聞,明則易見,嚴則不敢犯。

劉寅曰:耳威於聲,故聲不可不清也。目威於色,故色不可不明也。心威於刑,故刑不可不嚴也。

黃獻臣曰:清,以各音清亮言。明,以各項鮮明言。清、明、嚴,此言三者之用,將之所以一衆,在此三者而已。

朱墉曰:清,各音清亮,分辨不混也。明,色之鮮明也,華采壯麗也。嚴,犯而不赦也。嚴刑,將所以一衆也。

關重秀曰:不以其擊數而用幾器謂之聲。不用其字繪而用幾彩謂之色。不以其輕罰而用斬刲謂之刑。

【按】威,震慴,震動。

③【彙校】

"雖有其國",此句,《彙函》、《孫子·地形》杜牧注引無。"其",

《御覽》卷二百七十無此字。

【集釋】

施子美曰：是三者，用衆之本也。苟三者不立，則雖有其國，必爲敵人所敗矣。昔成周之世，天下太平，五兵不試，宜無用於此也。而教戰之法，辨鼓鐸鐲鐃之用，則所以威耳也。辨旗物之用，則所以威目也。前期而戒，斬牲以徇，則所以威心也。成周之法，若此其善。此後世所以必來取法也。

劉寅曰：此三者不立，雖有其國，必然取敗於敵。

李樗曰：威耳、威目、威心，此三者不立，雖有其國，必然取敗於敵。

黃獻臣曰：三者，清、明、嚴也。

山中倡庵曰：《解》曰："金鼓、旗幟、刑令三者不立，雖有其國，必然取敗於敵。"《宗》曰："三者，清、明、嚴也。"愚謂聲、色、刑，體也。清、明、嚴，用也。故以此三者爲清、明、嚴，則不應下文"不立"字，宜從《解》之説也。

朱墉曰：三者不立，不能預使之清、明、嚴也。

汪紱曰：豈立國之事止此三者？

【按】山中倡庵説是。

④【彙校】

將之所麾，"麾"，《孫子·地形》杜牧注作"撝"。莫不前死，"前"，《武備志》作"從"。

【按】"故曰"下，《御覽》卷二百七十作"心威於形，不可不嚴"，蓋上句誤入。

【集釋】

施子美曰：將之治兵，惟其教習之有法，故將之所麾，莫不從移，將之所指，莫不前死。此言教習有素，故民之從之，若是其順也。方其麾之而使往，則莫不從而趨之。及其指之而使進，則復莫不前趨於死矣。昔李光弼善馭軍者也，申號令、鳴鼓角、賞當功、罰適過。北城之役,光弼執大旗曰:"望吾旗麾,三麾至地,諸軍畢入。"此麾之而從趨也。及三麾之後,諸軍争奮,賊衆奔敗,非所指而莫不前死乎?

劉寅曰:故曰:將之所麾,莫敢不從而移之。將之所指,莫敢不進而死之。

黄獻臣曰:從移,從而移易也。從移、前死,言三者之效用如此。此言將有三威,而後國不敗而衆可死。

朱墉曰:前死,士卒莫敢不進而致死也。

汪紱曰:金鼓、旌旗、禁令皆爲將者所主,故以清、明、嚴三事責之爲將者。

佐藤一齋曰:"將之所麾"四句出自《兵志》,有韻。

關重秀曰:麾,指麾也。前,進也。三威立者,士卒應將之指麾如響影也。

【按】從移,隨之行動。

吴子曰:"凡戰之要,必先占其將而察其才,因形用權,則不勞而功舉。① 其將愚而信人,可詐而誘。② 貪而忽名,可貨而賂。③ 輕變無謀,可勞而困。④ 上富而驕,下貧而怨,可離而間。⑤ 進退多疑,其衆無依,可震而走。⑥ 士輕其將而有歸志,塞易開險,可邀而取。⑦ 進道易,退道難,可來而前。⑧ 進道險,退道易,可薄而擊。⑨ 居軍下濕,水無所通,霖雨數至,可灌而沈。⑩ 居軍荒澤,草楚幽穢,風飈數至,可焚而滅。⑪ 停久不移,將士懈怠,其軍不備,可潛而襲。⑫"

① 【彙校】

"吴子曰",《彙函》無此句。

必先占其將而察其才,"必",《御覽》卷二百七十三引無此字。

因形用權,劉寅《直解》:"舊本'形'上、'權'上皆有'其'字,'用'

上有'而'字,與上句文法同,今從之。"《開宗》《武備志》《彙解》同之。

"則不勞而功舉",《御覽》卷二百七十三作"則不勞而功興也"。

【集釋】

施子美曰:智將與愚將戰,則智者勝。勇將與怯將戰,則勇將勝。天下之將與一軍之將戰,則天下之將勝。將之所係,如此其大,凡戰之道,可不先占其將而察其材乎?惟有以察之,則制勝之術可得而施。是術也,必因形用權而後可以勝矣。

劉寅曰:吴子言:"凡戰之要,必先占知敵將姓名而審察其才之能否,然後因其虛實之形而用其權變之法,則我不勞力而功舉矣。"

李樏曰:此題占將,不但卜其將之姓名,須是詳審敵人之將素行何如,其智勇之才果出人否,所謂"知己知彼,百戰不殆"者,此也。如韓信之占龍且,而敢出於背水陣。孔明之占司馬懿,而先屯五丈原。又如淝水之戰,謝安圍棋不變。澶淵之役,宗澤飲博自若。詎非其占秦苻堅、金兀朮,早察其才之有數乎?

黃獻臣曰:必先占知敵將姓名而察其才之能否。因其形,因敵居軍之形。用其權,因我權變之術。此戰之要也。

山中倡庵曰:《解》及《宗》曰:"必先占知敵將姓名而審察其才之能否。"愚謂占其將者,占其將之德與舉動也。此"占"字亦占決卜度也,非以蓍龜也。何占以姓名而已乎?宜從《義》之説。

朱墉曰:因形者,因敵人虛實之形也。用權者,用我權變之術也。

關重秀曰:占其將,測候敵將也。形,軍形之虛實也。

佐藤一齋曰:占其將智愚如何而察其才能如何。占,探知。形,形勢。權,權謀。

【按】占,驗證,察驗,察看。《荀子·賦》:"臣愚而不識,請占之五泰。"楊倞注:"占,驗也。"王充《論衡·佚文》:"故夫占迹以睹足,觀文以知情。"《後漢書·胡廣傳》:"雄(法雄)因大會諸吏,真(法真)自於牖閒密占之,乃指廣以白雄,遂察孝廉。"此"占"與下文之"察"字義近,指驗明,了解。因形,因敵人虛實之形。用權,用我權變之術。

②【彙校】

"可詐而誘",《御覽》卷二百七十三作"可謀而詐"。

【集釋】

施子美曰：其將愚而信人者,謂昧於事機而好信人者也。如騎劫之攻即墨也,信其劓軍之言,從其掘墓之間,果爲田單所敗。非可詐而誘乎？

劉寅曰：其將愚昧而輕於信人者,可以詐謀引誘之。

李樗曰：如隋侯不悟楚之毀車,聽少師速戰,敗績而還是也。

黃獻臣曰：詐而誘,設詐謀以誘敗之。

朱墉曰：愚,暗昧也。

③【集釋】

施子美曰：貪而忽名者,謂貪財而不好名者也。如秦嶢關之將者,屠子賈豎,漢使酈食其持重寶以啗之,果欲連和。非可貨而賂乎？

劉寅曰：性好貪財而輕忽名位者,可以貨物賂之。

李樗曰：如唐太宗使人陰賫金珠啗竇建德,因而滅之是也。

黃獻臣曰：貪而忽名,貪利而輕忽名位。

朱墉曰：貪,嗜財利也。忽名,輕忽名譽也。貨,以貨物誘之也。

關重秀曰：忽名,不重名聞也。

【按】忽,不重視。貨,財物。賂,賄賂,收買。

④【彙校】

輕變無謀,"無謀",《御覽》卷二百七十三無此二字。

【集釋】

施子美曰：輕變無謀者,謂其輕動而無謀也。如子儀之料思明曰："彼得加兵必易我,易我心不固。"於是晝揚兵,夜擣壘,使賊不得息。非可勞而困乎？

劉寅曰：輕於變動,又無深謀遠計,可勞擾而疲困之。

李樗曰：如袁術輕變寡謀,得璽書稱帝,憤亡於江是也。

朱墉曰：輕變，輕率變動也。勞，擾而疲困之也。

關重秀曰：輕變無謀慮，搖動也。

【按】輕變，浮躁，易變。勞，騷擾。困，使之陷入困境，束手無策。

⑤【彙校】

下貧而怨，"怨"，《御覽》卷二百七十三作"磔"。

可離而間，此句下，《御覽》卷二百七十三有"將怠士懈，可潛而襲"句。其後爲一段不見於《吳子》的佚文。

【集釋】

施子美曰：上富而驕，將之貪也，下貧而怨，則失士心也。此如慕容評賣樵鬻水，絹如丘陵，三軍莫有鬥志，果爲王猛所敗，其可離而間之也必矣。

劉寅曰：在上者富而志驕，在下者貧而生怨，可使人離而間之。

李楥曰：如項羽間入於陳平之惡草具，遂疑而不用范增是也。

朱墉曰：間，隔別疏遠也。

關重秀曰：間，隔也。使上下乖離，相隔絕。

⑥【集釋】

施子美曰：進退多疑，此爲將者不能斷也，故士卒無所依。此如荀攸說曹公曰："布氣未復，宮謀未定，進急攻之，布可拔也。"其可震而走也必矣。

劉寅曰：欲進不能，欲退不敢，多懷疑惑，其衆又無所依恃，可驚而走也。

李楥曰：如晉師討桓玄，兵勢微弱，虛張旌旗，玄懷疑不進，衆皆奔散是也。

黃獻臣曰：無依，無所依援。震，驚。

朱墉曰：多疑，欲進不能，欲退不敢也。無依，無所依歸也。震，驚駭也。

關重秀曰：將多疑慮，故其衆無所依附。震，威也。

【按】震，造聲勢使其驚懼。

⑦【集釋】

施子美曰：士輕其將而有歸志，此士不用命之時也，必塞易開險以邀之。邲之役，桓子令軍中先濟，而舟中之指可掬，所以敗於楚也。

劉寅曰：士衆輕易其將而有思歸之志，塞其易地，開其險路，因可邀而取之也。

李㮚曰：如張永德討劉仁贍，以計誘之使出，以疲引之使入，夾攻齊擊，仁贍僅以身免是也。

黃獻臣曰：士衆輕易其將而有思歸之言。塞易，閉塞平易。開險，佯開險阻，彼必因之。此占將察才以取勝也。

朱墉曰：輕其將，無威嚴也。塞易，閉塞平坦之路也。開險，佯開阻險之道，使彼必由此而行也。邀，半路邀截也。

汪紱曰：塞其歸之易路，而留其險道以使之走險，因而我可以邀取之。

佐藤一齋曰：輕其將，輕蔑其將。塞易，塞平易之地。開險，開險隘之路。

關重秀曰：迎敵於險隘而取勝也。

【按】邀，阻攔，截擊。《孫子·軍爭》："無邀正正之旗，勿擊堂堂之陳，此治變者也。"

⑧【集釋】

施子美曰：進道易，退道難，故可使前而來。泜水之役，陽子使子上濟而陳，大孫伯恐其半渡而薄我。陽子之意，欲其來而前也。

劉寅曰：進道平易，退道艱難，可來而進也。

黃獻臣曰：來而前，引敵前來擊之，恐其并力致死也。

朱墉曰：難，險阻也。來而前，引敵前來也。

汪紱曰：致之使來也。

佐藤一齋曰：進道平易，退道險難，不厭其深入，可來而前之。

關重秀曰：彼易進難退，則使深來進於此而擊之。

⑨【集釋】

施子美曰：進道險，退道易，可薄而擊之。閼與之役，趙奢謂其道遠險狹，譬猶兩鼠相鬥於穴中，將勇者勝。趙奢之意，欲其薄而擊之也。

劉寅曰：進道艱險，退道平易，可迫而擊也。

李樗曰：如谷渾將逾險，江夏王躡其後擊敗之。其審於難易類是也。

黃獻臣曰：迫近擊之，以其心不固也。

朱墉曰：薄，迫近也。

汪紱曰：薄之於險。

佐藤一齋曰：進道艱險，退道平易，恐其深入，可薄而擊之。

關重秀曰：使迫於所其險難而擊之。

⑩【集釋】

施子美曰：居軍下濕，水無所通，加之霖雨數至，故可以灌而沉之。如于禁處軍卑下，而爲關羽所灌是也。

劉寅曰：處軍卑下潤濕之地，水無所流通之處，又有霖雨頻數而至，因可灌而沉之也。

李樗曰：如于禁屯兵低下，去白河不遠，秋水泛漲，關云長決水淹七軍而擒禁是也。

黃獻臣曰：灌，決水以灌之也。

朱墉曰：水無所通，水道不流通也。

關重秀曰：通，流通也。霖雨，久雨不止也。灌，多設水道令流下之謂。

【按】下濕，低窪潮濕之地。霖，久雨。《左傳·隱公九年》："凡雨，自三日以往爲霖。"霖雨，即連綿大雨。《晏子春秋·諫上五》："景公之時，霖雨十有七日。"曹植《贈白馬王彪》："霖雨泥我塗，流潦浩縱橫。"沈，同"沉"，淹沒。

⑪【彙校】

"居軍荒澤"，此句，《孫子·地形》杜牧注作"凡軍居荒澤"。

草楚幽穢，"楚"，《孫子‧地形》杜牧注作"木"。

"風飆數至"，《孫子‧地形》杜牧注無此句。

【集釋】

施子美曰：居荒澤之地，草楚幽穢，加之風飆數至，故可以焚而滅之。如張角衣草結營，皇甫嵩謂其易爲風火是也。

劉寅曰：處軍荒澤之中，草茅荊棘，幽深翳穢，又有疾風頻數而至，因可焚而滅之也。

李㮊曰：兵法曰："引兵深入敵境，遇叢林深草在軍前後，三軍行遠，人馬疲倦，不及休止。敵人因疾風之利，燔吾上風，銳兵伏於吾後。若此者，則燔吾前之草木以絕火勢，又燔吾後以拒敵人。我軍按黑地而處堅，整隊伍，敵莫能害。"如江南水師駐城下卑處，潘美曰："我可限此一衣帶水乎？"渡取巨筏，載葭葦，自上擲下，盡焚之是也。

朱墉曰：草，茅草也。楚，荊楚小木也。幽穢，幽暗蕪穢也，繁密也。飆，疾風也。

關重秀曰：荒澤，濕潤蕪穢之地。草楚，百草叢木也。幽穢，庶草繁蕪也。風飆，疾風從下而起也。自下起風增火勢之理。

【按】荒澤，荒野，沼澤。楚，叢莽，灌木叢。穢，雜亂。飆，狂風，旋風。盧諶《贈崔溫》："中原厲迅飆，山阿起云霧。"《漢書‧揚雄傳上》："風發飆拂，神騰鬼進。"顏師古注："飆，回風也。""回風"即"旋風"。

⑫【集釋】

施子美曰：停久不趨，將士懈怠，其軍不備，故可潛而襲之。此如徐敬業置陣既久，士卒疲怠，而爲李孝逸所敗是也。凡此皆因其有可取之形，從而取之，故可以不勞餘力而收其成效也。

劉寅曰：停滯日久，不能移動，將士懈怠，無警戒之心，其軍卒亦無備虞之計，故可以潛往而襲之也。

李㮊曰：如李藥師之擒公祐，其軍中無備，夜襲定襄，遂空漠南之地是也。

黄獻臣曰：停久不移，久無調遣，不能移動。不備，無警戒之心，亦無備虞之計。此因形用權以取勝也。此言占將、察才、因形、用權以取勝之道。隋侯不悟楚之毀車，溺少師而速戰取敗，愚可誘也。建德不察唐之賄金，謝凌敬而廢策受滅，貪可賄也。袁術稱帝憤敗，輕變可困也。項羽防間疏虞，驕怨可離也。桓玄遲回奔散，懷疑可震也。夙沙衛連大車以塞道而拒晉人，塞易可險也。又如永德計誘劉仁瞻於壽春，江夏王猝躡谷渾於逾險，可來可薄也。于禁屯營去白水不遠，關公決水攻而擒之。江南水師駐城下卑處，潘美載葦擲而燒之，可灌可焚也。李思源聽高行周之計，陰雨道黑，夜渡河而拔鄆州，襲其不備也。誠察而審之，制勝之道，思過半矣。

關重秀曰：久暴師，士卒勞也。

【按】李檉所舉之例誤將李靖攻滅輔公祐之戰與攻滅東突厥之戰混同。

武侯問曰："兩軍相望，不知其將，我欲相之，其術如何？"①起對曰："令賤而勇者，將輕銳以嘗之，務於北，無務於得。觀敵之來，一坐一起。其政以理，其追北佯爲不及，其見利佯爲不知，如此將者，名爲智將，勿與戰矣。②若其衆讙譁，旌旗煩亂，其卒自行自止，其兵或縱或橫，其追北恐不及，見利恐不得，此爲愚將，雖衆可獲。③"

①【彙校】

"武侯問曰"，此句，《通典》卷一百五十六引作"戰國魏武侯問吳起曰"，《李衛公問對》卷上作"魏武侯問吳起"，《孫子·虛實》杜牧注引作"魏武侯曰"，《御覽》卷三百一十一引《戰國策》作"魏武侯問吳起曰"。

兩軍相望，"望"，《李衛公問對》卷上作"向"，《通典》卷一百五十六、《孫子·虛實》杜牧注作"當"，《御覽》卷三百一十一引《戰國策》作

"常"。【按】"當""常"古通,"常"讀作"當"。

"我欲相之",此句,《通典》卷一百五十六、《孫子·虛實》杜牧注、《御覽》卷三百一十一引《戰國策》皆無。

"其術如何",此句,《通典》卷一百五十六、《御覽》卷三百一十一引《戰國策》作"欲擊何如",《孫子·虛實》杜牧注作"如何"。

【集釋】

施子美曰:昔高祖之伐魏也,問魏大將誰也? 食其曰:"柏直。"曰:"是口尚乳臭,安能當吾韓信?"問:"騎將誰也?"曰:"馮敬。"曰:"是秦將馮無擇子也,雖賢,不能當灌嬰。""步卒將誰也?"曰:"項它。"曰:"不能當曹參。吾無患矣。"蓋善戰者,必先占將而察材,將孰有能,吾以此知勝負矣。知其將,則知其勝負所在矣。設如秦使武安君白起爲將,令軍中有敢泄武安君將者斬。若是而欲知其將,則何以哉? 不過誘之而已。誘之而不從,則智者也。誘之而從,則愚者也。蓋兵法千章萬句,不出於致人而不致於人。追人之佯北,食人之餌兵,皆非善將者也。

劉寅曰:武侯問吳起曰:"兩軍對壘相望,不知敵將之能否。我欲令人視之,其術將如何也?"

黃獻臣曰:相望,對壘也。不知其將,不知敵將之智愚。相,度也。

朱墉曰:相,視也。術,法之巧者。

闕重秀曰:相,看相也。觀外貌,察内情。

【按】相,視,觀察。術,方法,手段。《禮記·祭統》:"惠術也,可以觀政矣。"鄭玄注:"術猶法也。"

②【彙校】

"起對曰",此句,《李衛公問對》卷上、《通典》卷一百五十六、《御覽》卷三百一十一引《戰國策》作"起曰",《孫子·虛實》杜牧注引作"吳起曰"。

"令賤而勇者",此句,《李衛公問對》卷上引作"使賤而勇者"。

"而",《孙子·虚實》杜牧注无此字。

"將輕鋭以嘗之",此句,《李衛公問對》卷上引作"前擊",《通典》卷一百五十六作"將輕鋭而擊之",《孫子·虛實》杜牧注作"將鋭而擊",《御覽》卷三百一十一引《戰國策》作"將而擊鋭"。

"務於北",此句,《李衛公問對》卷上引作"鋒始交而北",《通典》卷一百五十六作"交而務北",《孫子·虛實》杜牧注、《御覽》卷三百一十一引《戰國策》作"交合而北"。此句下,《李衛公問對》卷上引、《通典》卷一百五十六、《孫子·虛實》杜牧注有"北而勿罰"句,《御覽》卷三百一十一引《戰國策》作"告而勿罰"。

"無務於得",此句,《通典》卷一百五十六、《孫子·虛實》杜牧注、《御覽》卷三百一十一引《戰國策》皆無。

"觀敵之來",此句,《李衛公問對》卷上引、《通典》卷一百五十六、《御覽》卷三百一十一引《戰國策》作"觀敵進取",《孫子·虛實》杜牧注作"觀敵進退"。

"一坐一起",此句,《御覽》卷三百一十一引《戰國策》作"一來一起"。

"其追北佯爲不及,其見利佯爲不知。"此句,《通典》卷一百五十六、《孫子·虛實》杜牧注、《御覽》卷三百一十一引《戰國策》皆作"奔北不追,見利不取",此句下,《通典》卷一百五十六、《孫子·虛實》杜牧注、《御覽》卷三百一十一引《戰國策》皆有"此將有謀"句。《李衛公問對》卷上引作"奔北不追,則敵有謀矣"。

"如此將者,名爲智將,勿與戰矣。""矣",《直解》《開宗》作"也"。此句,《通典》卷一百五十六、《孫子·虛實》杜牧注、《御覽》卷三百一十一引《戰國策》皆無。

【集釋】

施子美曰:誘之以術,令賤而勇者將,輕騎以嘗之。賤則無謀,勇則敢進,故可以嘗敵。嘗之以是,必使務於奔北,無務於得。觀敵之來,一坐一起,其政既治,其追北詐爲不及,其見利詐爲不知。此必有謀之將,不貪小利,不食餌兵者也。故知其爲智將。

劉寅曰:吳起對曰:"使令賤而有勇者,將輕銳之兵以嘗試之,務於奔北,無務於貪得。觀敵人之來,士卒一坐一起皆有節,其政又整治而不亂,其追北佯爲之不及,其見利佯爲之不知,如此之將,名爲有智之將,勿與之戰也。"

李樗曰:如此之將,是有弘謀遠見者,惟宜避之,不可與戰也哉。如孫臏之減灶誘殺龐涓於馬陵,韓信之囊沙襲擊龍苴於淮水是也。

黃獻臣曰:將輕銳,領輕銳之兵。嘗,試也。北,奔北。無務於得,無以斬獲爲功。此嘗敵之法也。政,軍令也。利,斬獲之利。嘗而知其爲有謀之將。

山中倡庵曰:務北無務得者,教示彼"賤而勇者"辭也。

朱墉曰:北,敗奔也。以理,有條理而不亂也。佯爲不及,本可及而故不及也。

佐藤一齋曰:勇則深入,賤則不恥奔北。士卒一坐一起,能從約束,則其政令以理也。嘗,探試。

關重秀曰:將長率兵則自有法制畏、懼難、奔走、擾亂,故使賤而勇者率輕銳也。輕銳,務北故也。理,治也。其見利佯爲不知,是亦不務於得也。

【按】一坐一起,猶或止或行,即打一打,停一停。試探與敵交手。政,指軍隊的治理。

③【彙校】

"若其衆謹譁",此句,《李衛公問對》卷上引作"若悉衆追北",《通典》卷一百五十六、《御覽》卷三百一十一引《戰國策》作"若其衆追北",《孫子·虛實》杜牧注作"若其悉衆追北"。

"旌旗煩亂",此句,《通典》卷一百五十六作"旗幟離亂",《孫子·虛實》杜牧注作"旗旛雜亂",《御覽》卷三百一十一引《戰國策》作"旗幟雜亂",《李衛公問對》卷上引無此句。

"其卒自行自止",此句,《通典》卷一百五十六、《御覽》卷三百一十一引《戰國策》作"自止自行",《李衛公問對》卷上引、《孫子·虛實》杜牧注無此句。

"其兵或縱或橫",此句,《通典》卷一百五十六、《御覽》卷三百一十一引《戰國策》作"或縱或橫",《李衛公問對》卷上引、《孫子·虛實》杜牧注作"行止縱橫"。此句下,《李衛公問對》卷上引有"此敵人不才,擊之勿疑"句,《通典》卷一百五十六、《御覽》卷三百一十一引《戰國策》皆有"貪利務得,凡若此類,將令不行"句,《孫子·虛實》杜牧注作"貪利務得,若此之類,將令不行,擊而勿疑"。

"其追北恐不及,見利恐不得,此爲愚將,雖衆可獲。"此句,《李衛公問對》卷上引、《通典》卷一百五十六、《孫子·虛實》杜牧注、《御覽》卷三百一十一引《戰國策》皆無。

劉寅《直解》:"舊本'佯'字作'恐'字,今從之。"

【集釋】

施子美曰:若夫衆讙譁而不一,旗煩亂而不齊,其卒自行自止而無統,其兵或縱或橫而無序,其追北恐不及,此必爲人所致者也。是爲愚將,故雖衆可獲。王翦伐楚,楚數挑戰,而翦不出。亞夫拒吳,吳數挑戰,而亞夫不出,此智將也。若夫秦士會使輕者肆晉軍,而趙穿果追之不及。鄭公子突使勇而無剛者寇戎而速去之,而戎果奔,此非所謂愚將乎?

劉寅曰:若其士衆讙譁喧哄,旌旗煩擾紊亂,其卒自行自止,不從號令,其兵或縱或橫,不聽約束,其追北如恐不及,其見利如恐不得。此爲愚昧之將,雖衆而可獲也。

李槾曰:如此之將無奇謀制勝之術,雖衆而可獲也。如趙括徒讀父書而不能用,僅見殺於秦白起。廣武君不用成安君奇謀,卒爲韓信所擒是也。

黃獻臣曰:嘗而知其無謀之將。此言試敵將之術。其有謀者,不急與之爭鋒,其無謀者,乘機可以擒獲。在善用其術耳。

朱墉曰:讙譁,喧哄也。煩亂,煩多而不整也。自行自止,不從將令也。縱橫，兵器不整也。恐不得，務貪利也。

關重秀曰：自行自止，無號令也。或縱或橫，不成陣也。

【按】讙譁，同"喧嘩"，吵鬧、騷亂。兵，兵器。或縱或橫，猶橫七豎八。

應變第五

【題解】

劉寅曰：應變者，臨時應變也。行兵，但知守常，而不知與時遷移，應物變化之道，倉卒之際，安能取勝？此吳子所以歷歷言之也。故以"應變"名篇。凡十章。

黃獻臣曰：此言遇變而應。凡十章。

關重秀曰：臨機應變。此篇凡十章。

【按】本篇篇名，宋晁公武《郡齋讀書志》作"變化"。應變，即根據情況變化採取相應之對策。

武侯問曰："車堅馬良，將勇兵強，卒遇敵人，亂而失行，則如之何？"①起對曰："凡戰之法，晝以旌旗旛麾為節，夜以金鼓笳笛為節。麾左而左，麾右而右。鼓之則進，金之則止。一吹而行，再吹而聚。不從令者誅。三軍服威，士卒用命，則戰無強敵，攻無堅陳矣。"②

①【集釋】

施子美曰：有能之將，有制之兵，不可得而敗也。教戰之法，前卻有節，左右應麾，雖絕成陣，雖散成行，此有制之兵也。雖使之卒遇敵人，亂而失行，亦無足慮也。

劉寅曰：武侯問吳起曰："吾車既堅，吾馬又良，將士勇敢，兵眾強盛,卒然遭遇敵人,則驚而失其行列,將如之奈何?"

李檉曰:此題兵強由於將勇,而將之勇又在於兵之強。語云"良將之下必無弱兵"是也。然欲練兵者必先在於□將,是又人主不可不知。"晝以旌旗幡麾爲節,夜以金鼓笳笛爲節。"言日夜各有制束。

朱墉曰:良,調良也。卒,倉卒也。失行,不成行列,離隊伍也。

闞重秀曰:卒,急忽也,機變之義。遇,臨應之義。

【按】卒(cù),同"猝"。突然。《孟子·梁惠王上》:"(梁惠王)卒然問曰:'天下惡乎定?'"《史記·李將軍列傳》:"李廣軍極簡易,然虜卒犯之,無以禁也。"曹植《吁嗟篇》:"卒遇回風起,吹我入雲間。"

②【彙校】

"起對曰",《直解》《武備志》作"吳起對曰"。凡戰之法,"凡",《講義》作"夫"。

【集釋】

施子美曰:吳起之對,其亦以節制爲主歟?用兵之道,不過旌旗金鼓而已。晝則目足以有見,故以旌旗旛麾爲節,夜則以耳而聞,故以金鼓笳笛爲節。夫既有節矣,則麾左而人皆左,不可得而右。麾右而人皆右,不敢以或左。此旌旗旛麾之節也。鄭人之周麾,光弼之三麾,而卒以取勝者,麾之有節也。鼓之而進,怯者不得以獨退。金之而止,勇者不得以獨進。此金鼓之節也。吳漢齊鼓而進,周人以鐲止之,此金鼓之有節也。至於一吹而莫不行,再吹而莫不聚,茲又笳笛之有節也。李靖兵法,角一聲而皆散立,即此推之,亦笳笛之有節也。金之、鼓之、麾之、吹之,無不有節。苟有不從令者,誅之可也。此孫子所以斬左右二姬,吳起斬非令之材士,光弼斬不戰而却者。如此則三軍服上之威,士卒各用其命。以之而戰,則必勝,固無強敵也。以之而攻,則必取,固無堅陣也。又豈有卒遇敵而失行者哉?此皆有制之兵也,不然,《周官》何以特重大司馬大閱之法。

劉寅曰:吳起對曰:"凡戰之法,白晝則以旌旗旛麾爲之節,遇夜則以金鼓笳笛爲之節。麾之左則左,麾之右則右。鼓之而進則進,金之而止則止。一吹則前行,再吹則合聚,不從吾令者則誅之。三軍既服其威,士卒皆能用命,以之戰則無強敵,以之攻則無堅陣矣。"

李檉曰:爲將者知戰陳之法,施設有方,進退有節,能如是行,以攻則勝,以守則堅矣。此題言三軍節束有素,雖使卒遇敵人,不至敗亂矣。戰無強敵,是我之攻,敵不知所以守。攻爲堅陳,是我之守,敵不知所以攻矣。總由將勇兵強來。

黃獻臣曰:拆羽麾頭爲旌,熊虎爲旗,捲蘆吹之爲笳。金鼓笳笛爲節者,晝夜各有節制也。"麾左"二句承旌旗旛麾言。一吹,吹笳笛也。聚,止也。一吹、再吹,承金鼓笳笛言。不從令者誅,總二者言之。此言行兵必節制先定,雖使卒遇敵人,而威命足以懾服衆士,則擊強摧堅無乎不可,自無亂而失行之患。

朱墉曰:析羽麾頭爲旌,熊虎爲旗,捲蘆吹之爲笳。節,約束也。鼓之,擊鼓以起衆也。金之,擊金以收軍也。一吹,一次吹笳笛也。行,兵走也。聚,齊集也,承金鼓言。不從節制者,則有誅戮。總二者而言之。

佐藤一齋曰:凡戰之法,當嚴號令,固約束。白晝則以旌旗旛麾爲之節,昏夜則以金鼓笳笛爲之節。

關重秀曰:節,制也。此晝夜以節制號令爲戰之法也,以刑罰威心之術也。善治其本則無卒遇敵人、亂而失行之患矣。此謂知本。

【按】旌,古代用犛牛尾或兼五采羽毛飾竿頭的旗子。《周禮·春官·司常》:"全羽爲旞,析羽爲旌。"析羽,古代用來裝飾旌旗、旄節等的總狀羽毛。鄭玄注:"全羽、析羽,皆五采,繫之於旞旌之上。"即朱墉所謂"析羽麾頭爲旌"是也。旗,古代畫有熊虎圖象的旗。《周禮·春官·司常》:"熊虎爲旗。"旛,一種長幅下垂的旗子,常用作儀仗。麾,用以指揮軍隊的旗幟,後又成爲宮廷演奏音樂時的指揮工具。旌旗旛麾,泛指各種用於發布號令的旗幟。節,節度,法令。此指指揮軍隊的號令。笳,一種吹奏用的樂器。笛,亦作"篴",吹奏用的樂器。《周禮·春官·笙師》:"笙師掌教龡竽、笙、塤、籥、簫、篪、篴、管、舂牘、應、雅，以教祴樂。"鄭玄注引鄭司農曰："今時所吹五空竹篷。"金鼓笳笛，泛指號令軍隊的樂器。威，此指軍隊的法規、懲罰，亦謂軍法顯示的使人畏懼懾服的力量。《老子》："民不畏威，則大威至。"高亨《正詁》："言民不畏威，則君之威權礙止而不通行也。"此處"三軍服威，士卒用命"對舉，是承上文"不從令者誅"而言。"服威""用命"皆指服從軍令。

武侯問曰："若敵衆我寡，爲之奈何？"①起對曰："避之於易，邀之於阨。故曰：以一擊十，莫善於阨；以十擊百，莫善於險；以千擊萬，莫善於阻。②今有少卒卒起，擊金鳴鼓於阨路，雖有大衆，莫不驚動。故曰：用衆者務易，用少者務隘。③"

①【彙校】
若敵衆我寡，"我"，《武備志》作"吾"。
【集釋】
施子美曰：兵有數，地有形，數異乎衆寡，形分乎險易。且以兵法觀之，一曰度、二曰量、三曰數、四曰稱、五曰勝。蓋言因地用兵，而多寡險易之適稱者之可以勝也。若夫人衆而地隘，則難於馳逐，人寡而地易，則何所依據？不過曰"用衆者務於易，用少者務於隘"而已。《周禮》曰："險野人爲主，易野車爲主。"人主於險，謂其所用者少而務隘也。車主於易，謂其人衆而務易也。武侯問吳起以"彼衆我寡，爲之奈何"，武侯之意，蓋慮其寡之不可以敵衆也，而不知寡有時而可以勝者，據得其地也。
劉寅曰：武侯問吳起曰："若敵兵衆，我兵少，爲之奈何？"
朱墉曰：爲之，言何以應敵也。
②【集釋】
施子美曰：避之於易，邀之於險，雖衆無所用之。夫何避之易而邀

之阸也？用少者務隘故也。大抵以寡勝衆，在兵必有異數。而少之所用，則惟隘是務。其於地也，獨無異形乎？以一擊十，以十擊百，以千擊萬，寡勝衆也。曰阸、曰險、曰阻，用少者務隘也。阸、險、阻皆隘也。而所以異者，阻大於險阸，而阸小於險阻。阸者，阸塞之地也。阸可以塞，則阸之形小。阻者，長江大川之限也。惟可以限阻，則其形爲大矣。至於險之爲地，則可以爲守國之形，不惟阻也，而亦匪阸也，不小亦不大耳。阸惟小，故可以一擊十。阻惟大，故可以千擊萬。險惟不小不大，故可以百擊千。此因地而論其大概也。分而謂之，則有一、有十、有千之異數。合而言之，均之以寡勝也。分而言之，則有阸、有險、有阻之異形。合而言之，均之用少者，惟隘之務也。佢（疑應爲"且"）其數有多寡，故其形有小大也。孫臏之馬陵，韓信之井陘，謝玄之淮淝者是也。

　　劉寅曰：吳起對曰：避之於平易之地，邀之於險阸之處。故曰：以一人而擊十人，莫善於地之阸。阸，道路狹隘也。以十人而擊百人，莫善於地之險。險，山阪峻絕也。以千人而擊萬人，莫善於地之阻。阻，坑坎高下也。

　　黃獻臣曰：易，平易之地。道路狹隘曰阸，山阪峻絕曰險，坑坎高下曰阻。邀，擊也。

　　山中倡庵曰：《義》曰："阻大於險阸，而阸小於險阻。"《解》及《宗》曰："阸，道路狹隘也。險，山阪峻絕也。阻，坑坎高下也。"愚謂阸，以一十言。險，以十百言。阻，以千萬言。以此觀之，則阸，其形小。險，其形中。阻，其形大。故用人之多寡亦異也。可從《義》之説乎？

　　關重秀曰：阸，道路狹隘之地。險，山阪峻高之地。阻，坎水高下之地。一、十、十、百、千、萬之數者，皆十之一也。雖然，所率之兵自有多寡，地利亦有小異。

　　【按】阸、險、阻皆有"阻塞""險要"之義。阸（ài），通"隘"，狹窄險要之處。險，險阻，要隘。《管子·勢》："戰而懼險，此謂迷中。"尹知章注："方戰之時，懼有險礙。"《左傳·襄公十八年》："夙沙衛曰：'不能戰，莫如守險。'"皆指要隘艱險之地，非獨"山阪峻絕曰險"也。阻，阻隔、障隔。劉寅、朱墉謂"坑坎高下曰阻",其説源於《孫子》曹操注。《孫子・軍争》:"不知山林、險阻、沮澤之形者,不能行軍。"曹操注:"坑塹者爲險,一高一下者爲阻。"班固《西都賦》:"左據函谷、二崤之阻,表以太華、終南之山。"此指大山之阻隔。《周禮・夏官・司險》:"司險,掌九州之圖,以周知其山林川澤之阻,而達其道路。"鄭玄注:"達道路者,山林之阻則開鑿之,川澤之阻則橋梁之。"《吕氏春秋・長利》:"昔者太公望封於營丘,之渚海阻山高,險固之地也。"故軍事上因山川林澤形成的阻隔險隘之地皆可謂之"阻",非獨"坑坎高下"之謂也。其所以異者,亦施氏所謂"阻大於險阨,而阨小於險阻"也,"阨惟小,故可以一擊十。阻惟大,故可以千擊萬。險惟不小不大,故可以百擊千"。

③【彙校】

"少卒卒",底本、《叢刊》本皆訛作"少年卒",《講義》《直解》《開宗》《武備志》《彙解》皆作"少卒卒",遂據正。用衆者務易,"易",《直解》作"平"。

【集釋】

施子美曰:何以言之?今有少卒卒起擊金鳴鼓於阨路,雖有大衆,莫不驚動者,爲其阨隘之中,寡可以勝吾衆也。用兵者可不相地形而分兵數乎?故用衆者則務易,用少者務隘,亦因數而異其地也。思明得加兵,則兵多於光弼矣,故恨不得野戰,非欲務易乎?光弼之兵少於思明,故欲迫險而陣,非寡務隘乎?

劉寅曰:今有寡少之兵,卒然而起,擊金鳴鼓於狹隘之路,雖有大衆,莫不驚擾搖動。故曰:用衆者,務平易;用少者,務險隘。

黄獻臣曰:卒起,卒,倉猝。用衆者務易,用寡者務隘,易、隘皆以地言。此言以寡敵衆,法在務隘。李弼曰:"彼衆我寡,不可平地據渭而取勝矣。"竇泰依山爲陣,反以致潰。則應變者同而所以應變者殊也。務隘者亦顧鎮治之者何如耳。

朱墉曰:卒起,卒然而起也。務者,專用力於此也。

汪紱曰:邀之於阨,用寡良法。然亦顧其用之,何如《司馬法》曰:

"用寡固,寡利煩,用寡進退。"其法尤詳矣。要之以節制爲本,而更擅地利,察機變以動,乃可無失。

關重秀曰:衆兵處隘則爲少,少兵處隘則爲衆,寡兵以地之利爲助也。"少卒"之"卒",臧設切,尊入聲。兵卒也。"卒起"之"卒",倉没切,村入聲。與"猝"同。倉卒也。

武侯問曰:"有師甚衆,既武且勇,背大險阻,右山左水,深溝高壘,守以強弩,退如山移,進如風雨,糧食又多,難與長守,則如之何?"①對曰:"大哉問乎!此非車騎之力,聖人之謀也。②能備千乘萬騎,兼之徒步,分爲五軍,各軍一衢。夫五軍五衢,敵人必惑,莫之所加。③敵若堅守,以固其兵。急行間諜,以觀其慮。彼聽吾説,解之而去;不聽吾説,斬使焚書。④分爲五戰,戰勝勿追,不勝疾歸。如是佯北,安行疾鬥。一結其前,一絶其後。兩軍銜枚,或左或右,而襲其處。五軍交至,必有其利。此擊強之道也。⑤"

①【彙校】

背大險阻,"險阻",《講義》《直解》《開宗》《武備志》《彙解》《備要》作"阻險"。

"既武且勇,背大險阻,右山左水",此數句,《通典》卷一百五十九無。

深溝高壘,"深溝",《通典》卷一百五十九作"據險"。

"難與長守",此句,《通典》卷一百五十九作"不能長久"。

"則如之何",原無此句,據《通典》卷一百五十九、《講義》、《直解》、《開宗》、《彙解》補。

【集釋】

施子美曰:在彼有難擊之勢,在我有擊之之術。此固非可以力争也,智勝之也。較以力則彼強我弱,較以智則我雄彼雌。有師甚衆,既武且勇,固難擊也。況又背大阻險,右山左澤,而得地之利。深溝高壘,守以強弩,而盡守之法。進不可當,如風雨然。退不可乘,如山移然。將欲與守,其糧食又多,此固不容易擊也。宜爲武侯之所疑,而吳起亦以爲問之大也。

劉寅曰:武侯問吳起曰:敵有師甚衆,既武且勇。言士卒練習而勢力之強也。背倚高大之勢,前阻險絶之地,右依山陵,左近水澤。言得地之利也。深溝高壘,守以強弩。言備禦固也。退如山移,進如風雨。言有節制也。糧食又多。言無飢疲也。我之勢力難以長守,則將如之何?

黃獻臣曰:背大,後背寬大之勢。阻險,前阻險絶之地。

山中倡庵曰:推如山移者,言不可散亂;進如風雨者,言不可侵没也。

朱墉曰:武,謂嫻習武事也。勇,有力也。山移,象其鎮静也。風雨,象其迅疾也。難與長守,不能與之長久相持也。

佐藤一齋曰:退陣徐遲,如山岳之移動;進隊迅疾,如風雨之暴至。糧食又多儲備,敵既如此,難與頡頏以長守。

關重秀曰:是得地利薪水之便而知節制禁令之師也。故難與彼長對陣守備矣。

②【彙校】

對曰,"對"上,《講義》《直解》《開宗》《武備志》《彙解》有"起"字。

此非車騎之力,"此非",原誤倒,據《講義》《直解》《開宗》《彙解》乙正。

"大哉問乎!此非車騎之力,聖人之謀也。"此數句,《通典》卷一百五十九無。

【集釋】

施子美曰:謂之大者,以其兵之衆,事之重,非可以輕進而力爭也。必聖人之謀有以大過人者,而後可以勝之也。謂之聖人之謀者,以其非常智所可及也。

劉寅曰:吳起對曰:"大哉君之問乎!此非但用車騎之力耳,乃聖人之謀慮也。"

黃獻臣曰:彼師如此之強,非車騎之力能勝,在聖智之人謀以勝之。

朱墉曰:聖人,通明之稱,言不以力爭,必以謀勝也。

關重秀曰:此非車騎之力所可以勝也。聖智之人用謀以可勝也。

③【彙校】

"能備千乘萬騎,兼之徒步",此句,《通典》卷一百五十九作"車騎步徒"。

"分爲五軍"至"莫之所加",此數句,《通典》卷一百五十九作"分軍五衢,敵人必惑,莫知所如"。

【集釋】

施子美曰:聖人之謀何如哉?分兵以形之,遣間以疑之,然後從而夾攻之。是必備之以千乘萬騎,兼之以徒步之兵。其爲車步騎,亦足用矣。分爲五軍,軍之五衢,所以形之也。彼於見吾形,必惑而不知所加。

劉寅曰:國家能備車千乘,騎萬匹,兼之徒步,其法共一十萬衆也。可分爲五軍,令一軍當一衢。衢,路也。夫五軍分爲五衢,敵人必疑惑,莫知加我軍之處。

黃獻臣曰:徒步,步兵。

朱墉曰:兼之者,車、騎、步俱用也。五軍,我軍分爲五隊也。衢,通路也。莫知所加,莫知我軍加彼之處也。

佐藤一齋曰:莫知我軍所加之處。

關重秀曰:徒步,步兵也。衢,四達道路也。敵人疑惑,莫知我震發加兵之處。

【按】徒步,步卒,步兵。莫知所加,莫知加我軍之處。敵強我弱,敵攻我守,分五軍五衢,以迷惑防禦敵人。施氏、劉氏説是。

④【彙校】

敵若堅守，"敵"下原衍"人"字，據《通典》卷一百五十九、《講義》、《直解》、《開宗》、《彙解》删之。

"以固其兵"，《通典》卷一百五十九無此句。

以觀其慮，"其慮"，《通典》卷一百五十九作"計謀"。

解之而去，"解之"，《通典》卷一百五十九作"解軍"。

"斬使焚書"，《通典》卷一百五十九無此句。

【集釋】

施子美曰：彼若堅守不動以自固，我則用間以動之，以觀其謀。彼聽吾說，則爲無謀矣，故解之而去。彼若不然，則爲有謀矣，斬使焚書，以無通其往來。

劉寅曰：敵若堅守壁壘以固其兵，吾當急行間諜以觀其謀慮。彼若聽我使之說，解釋而去則已，不聽信吾說，斬吾之使，焚吾之書。

黄獻臣曰：斬吾使，焚吾書，則在所必戰也。

朱墉曰：解，釋兵也。斬使，斬彼之使也。焚書，焚彼之書也。

汪紱曰：此間諜止是說士，不是雜間之間諜。

佐藤一齋曰：彼若聽吾使之說，解之而去則已。不聽吾使之說，至於斬吾使，焚吾書，則不可但已，必在所戰矣。

關重秀曰：慮，謀思也。彼聽我間諜之說，則解兵而去。彼固師衆、地利、守堅、糧多，故得使彼解去，我兵免危患也。彼不聽吾說，則斬使焚書，於是使我衆生怒，乃不得已而可爲戰也。

【按】固其兵，鞏固其軍隊。行，派遣。觀其慮，觀察其圖謀、計謀。說，指停戰的條件。解之，撤走部隊。斬使焚書，當從劉、黄、關之說，解爲"斬吾之使，焚吾之書"。敵强我弱，不當貿然激怒强敵。

⑤【彙校】

"分爲五戰"，此句，《通典》卷一百五十九作"吾軍疾戰"。

不勝疾歸，"歸"，《直解》《開宗》《武備志》《彙解》作"走"。劉寅曰："舊本'歸'字作'走'字，文用韻，今從之。"

"如是佯北，安行疾鬥"，此句，《通典》卷一百五十九作"或佯北安行，設伏疾鬥"。【按】"如是佯北，安行疾鬥"，句義不明。《通典》引作"或佯北安行，設伏疾鬥"，則文從字順。意謂令一部分士兵佯敗而緩慢行動以誘敵，一部分士兵設下埋伏猛攻敵人。

"一結其前，一絕其後"，此句，《通典》卷一百五十九作"一結其後，一絕其路"。

五軍交至，"五"，《通典》卷一百五十九作"吾"。

必有其利，"利"，底本、《叢刊》本作"力"，據《通典》卷一百五十九、《講義》、《直解》、《開宗》、《彙解》本改。

"此擊強之道也"，《通典》卷一百五十九無此句。

【集釋】

施子美曰：亦以必戰，分爲五戰，使五軍各自戰也。戰之而勝，不可追之，謂其敵衆故也。不勝，則遽歸，懼其乘我也，必也。佯北以致之，安行而疾鬥，或結其前，或絕其後，或含枚而進，或左右而襲之，是乃夾攻之也。故五軍交至，必有得其利者。擊強之道，其在是乎？昔楚漢之強弱，固不容言，然漢終以勝，楚終以弱者，漢得夫擊之道也。觀其使黥布留楚，使韓信當一面，使陳平行反間，至於垓下一集，而楚亡無日，非得所以擊強之道乎？

劉寅曰：然後五軍分爲五戰，戰若勝則勿追，恐有伏也。若不勝，當疾走避其強也。如是敵人佯爲敗北，我當安行疾鬥，不可忽也。或曰，我當佯北以誘之，亦通。使一軍結其前，一軍絕其後，又使兩軍銜枚而進，或於左，或於右，而襲其不足之處。若五軍交互而至，必有其利。此乃擊強之道也。

黃獻臣曰：勿追，防其伏也。疾走，引其入我伏。如是佯北，安行疾鬥，若佯敗誘，當緩行速鬥。結，交構。一軍結其前，一軍絕其後，以留其勢。銜枚，以木幹如箸橫銜於口，禁聲也。或於左、或於右，以襲其虛。五路之軍交至而戰，必有一利也。此言擊強之道，法在分軍而推本於聖人之謀，按孫子之法，宜務專而不可分。若五軍五衢，我分於勢而敵得以十攻一，戒遇大敵者，勿以形兵爲其所分可矣。然郭子儀赴鳳翔，李歸仁率五千精騎邀之，儀使僕固懷恩、王昇、陳迴光、渾釋之、李國正等伏兵連僑，五衢合擊，大破歸仁。是深得於五軍五衢之術者。然則法不可泥，在乎神明之間耳。

山中倡庵曰：《義》曰："佯北以致之。"《解》曰："如是敵人佯爲敗北，我當安行疾鬥。"愚謂依《義》之説，我佯北而致敵之追來也，不應下文"安行疾鬥"之句也。蓋敵人佯北則勿速追，若速追則或遭彼之奇伏，故安行也。然戰則疾鬥可也。彼之將雖以計謀佯北，而彼之士卒或幸佯北而萌思歸之志，當此時急道邐伐，則彼佯北者真敗北，此疾鬥之謂也。當從《解》之説也。

朱墉曰：五戰，分兵爲五，與之交戰也。勿追，恐有伏也。疾走，引其入我伏也。安，緩也。疾，速也。絶，横斷也。襲其處，襲其空虛也。擊強，攻擊強敵之法也。

佐藤一齋曰：戰勝則勿追，防有伏也。不勝則當疾走，引其入我伏。如是佯北，或又安緩而行如怯弱。而近則急疾戰鬥。一軍結其前而不解，一軍絶其後以挫勢，又兩軍銜枚而進，或左或右而襲其虛處，既而五路之軍交掩至，合以爲一，急攻之，必有其利。

關重秀曰：五戰，五軍五衢也。戰勝勿追，依彼強也。不勝疾走速退，避彼強也。"疾"字可味。《孫子》曰："退而不可追者，速而不可及也。"安，徐也。安行，計敵伏兵也。疾鬥，使不懷死生恐懼之念也。結，接兵也。絶，使不繼力也。銜枚，禁喧呼，使敵不察也。襲其處，前後左右之中，不足不虞之處也。中軍守堅也。

【按】結，糾纏，牽制。"銜枚"，古代行軍時士卒銜於口用以禁止喧嘩的器具，形如箸。《詩·豳風·東山》："勿士行枚。"鄭玄《箋》："枚如箸，横銜之於口，爲繡之，絜於項中。"《墨子·非攻下》："赤烏銜珪，降周之岐社。"《楚辭·九辯》："願銜枚而無言兮，嘗被君之渥洽。"銜，含在嘴裏、用嘴咬着。交至，輪流進攻，更迭作戰。或謂從不同方向襲擾之。《開宗》所云"李國正"，《舊唐書》卷一百二十一作"李國貞","伏兵連僑",《舊唐書》卷一百二十一作"伏兵於白渠留運橋"。

武侯問曰:"敵近而薄我,欲去無路,我衆甚懼,爲之奈何?"①對曰:"爲此之術,若我衆彼寡,各分而乘之;彼衆我寡,以方從之。從之無息,雖衆可服。"②

①【彙校】
"武侯問曰",此句,《通典》卷一百五十九作"又問曰"。
"欲去無路",此句,《通典》卷一百五十九作"我無道路"。
【集釋】
劉寅曰:武侯問吳起曰:"敵近而迫,我欲捨去而無還返之路,我之兵衆又甚恐懼,則爲之奈何?"
朱墉曰:薄我,逼近我也。欲去,捨敵也。
關重秀曰:薄,迫也。欲去無路,欲捨去而我退路不便也。
②【彙校】
對曰,"對"上,《講義》《直解》《武備志》《彙解》有"起"字。
若我衆彼寡,"若",《通典》卷一百五十九無此字。
"各分而乘之",此句,《通典》卷一百五十九作"參分而裹之"。
"各",《講義》《直解》《開宗》《武備志》《彙解》無此字。
"以方從之",此句,《通典》卷一百五十九作"合陣從之"。
從之無息,"息",劉寅《直解》:"舊本'忌'作'息',今從之。"
"從之無息,雖衆可服",《通典》卷一百五十九無此句。
【集釋】
施子美曰:《法》曰:"識衆寡之用者勝。"知衆寡之用,可以勝,則敵雖薄我,吾何畏焉？是以吳起對武侯之問,必欲知其衆寡,而爲之勢以制之。當其險而薄我之時,我去無路,我衆又甚懼,此不得已則戰之時也。戰之之際,必量其衆寡而用之。我衆彼寡,則分而乘之,此得夫《法》之所謂"倍則分之"之說也。彼衆我寡,則因其方而從其從之也，又無得休息，此得夫《法》之所謂"皆戰則強"也。故彼雖衆，可得而服之矣。北戎侵鄭，鄭伯懼其侵軼我，而公子突乃請爲三覆以待之，而戎師果奔。此則分而乘之也。光弼擊周摯，使郝廷玉以三百騎擊西北隅，使論惟貞以二百騎擊東南隅，此則以方從之也。從之而不止，則彼必爲我所困，故雖衆可服也。

劉寅曰：吳起對曰："爲此之術，若我軍衆，彼軍少，分吾兵更迭而乘之。若彼軍衆，我軍少，當以方法從之。若能從之而無息，彼雖衆亦可服矣。"

茅元儀曰：分而乘之。分，更迭。

黃獻臣曰：分而乘之，分兵更迭而乘之也。以方從之，從之無息，以方術從之而不止。此言敵來薄我，而應之術在酌衆寡而妙分合之權。

山中倡庵曰："以方從之"之"方"字，《解》爲方法，《宗》爲方術，《義》亦不越此二說中，似難信矣。蓋此"方"字是方陣也。所謂圓陣以可戰，方陣以可守，敵薄既衆，無可去之道，則宜堅守服之。"無息"字有意味在。

朱墉曰：方，即臨敵出奇之方。從之，從其薄我之處而與戰也。無息，不止息也。

汪紱曰：分兵以乘之，則我佚彼勞矣。彼衆我寡，以方從之。此句終是囫圇話頭。

佐藤一齋曰：分而乘之，《孫子》謂："倍則分之。"以方從之，以義方從之，從之無息，我極必死，則彼雖衆，必可服矣。以"義"驅之，必殊死戰，所謂陷之死地然後生也。從，猶驅。無息，感激之不息也。

關重秀曰：爲此之術，治衆懼之術也。更迭而戰，故力不屈，是以佚待勞也。方，術也。以方術量而餌彼，可觀其所爲。息，止也。彼從其利，貪而不息，則雖衆可屈服。

【按】乘，掩襲，逐擊。《左傳·宣公十二年》："若二子怒楚，楚人乘我，喪師無日矣。"楊伯峻注："此'乘'字……蓋憑陵掩殺之意。"《漢書‧陳湯傳》：“吏士喜，大呼乘之。”顏師古注：“乘，逐也。”方，并也，并列。《儀禮‧鄉射禮》：“不方足。”鄭玄注：“方，猶併也。”《漢書‧揚雄傳上》：“敦萬騎於中營兮，方玉車之千乘。”顏師古注：“方，并也。”引申爲“一併”“一齊”。《墨子‧備城門》：“甲兵方起於天下，大攻小，强執弱。”于省吾《新證》：“方，猶并也。”此處指“并力”，集中兵力之義。《通典》卷一百五十九作“合陣從之”，合陣，亦集中兵力之義。此法適用於敵衆我寡之形勢，正與我衆敵寡之勢的“分而乘之”相反。諸家解作“方法”、“方術”、“義方”（道義）等，終是囫圇不清。從，追逐，逐擊。《書‧湯誓》：“夏師敗績，湯遂從之。”孔傳：“從，謂逐討之。”《左傳‧桓公五年》：“祝聃射王中肩，王亦能軍。祝聃請從之。”楊伯峻注：“從之，謂追逐之也。”以方從之，即集中優勢兵力攻擊敵人薄弱之處。從之無息，雖衆可服。即集中兵力，衆志成城，强攻不懈，終可破敵。漢光武帝昆陽之戰，正其例也。

武侯問曰：“若遇敵於谿谷之間，傍多險阻，彼衆我寡，爲之奈何？”① 起對曰：“諸丘陵、林谷、深山、大澤，疾行亟去，勿得從容。若高山深谷，卒然相遇，必先鼓譟而乘之，進弓與弩，且射且虜，審察其政，亂則擊之勿疑。”②

① 【彙校】

“若遇敵於谿谷之間，傍多險阻”，《通典》卷一百五十九作“谿谷險阻，與敵相逢”。

【集釋】

劉寅曰：武侯問曰：“若遇敵人於深山谿谷之間，傍多有險阻之處，彼軍衆，我軍少，將爲之奈何？”

② 【彙校】

“起對曰”，此句，《通典》卷一百五十九作“起曰”。

諸丘陵，"諸"上，《武備志》《彙解》有"遇"字。

"諸丘陵"至"亂則擊之勿疑"，此段，《通典》卷一百五十九作"息而待之，持弓滿弩，且備且慮，亂則擊之勿疑，理則退後隨之。凡過山谷，丘陵、亟行勿留。高山深谷，卒然遇敵，必先鼓譟乘之"。

鼓譟，"譟"，《講義》作"噪"，【按】"譟""噪"義同。

且射且虜，"虜"，《通典》作"慮"。【按】此處之"虜"字，義不可通，此"虜"字疑爲"慮"字之誤。

審察其政，"政"，劉寅《直解》："舊本'政'作'治'，今從之。"《開宗》《彙解》亦作"治"。

"亂則擊之勿疑"，此句下，《通典》有"理則退後隨之"句。意較完整。

【集釋】

施子美曰：善用兵者，無所往而不勝。羊腸可以勝，鋸齒可以勝，緣山可以勝，入谷可以勝。是雖遇於谿谷之間，傍多險阻，衆寡不敵，吾何患焉？諸丘陵林谷、深山大澤，此固非用兵之地也，疾行亟去，不可從容，此常法也。設不幸而率遇於此，則何以哉？必也鼓噪以乘之，所以奪之也。進弓與弩，且射且虜，所以驅之也。然必審察其政，果亂則擊之勿疑。使其未亂，則未可擊也。馬援壺頭之役，匈奴升險鼓噪，此乃援失其利，而匈奴爲得之也。然匈奴率不敢取之者，以援軍猶治故也。使援而不善兵，其不亡於匈奴也幾希。

劉寅曰：吳起對曰："諸丘陵、林谷、深山、大澤、險阻之地，當疾行亟去，勿得從容，恐爲敵襲之也。若高山深谷，卒然與敵相遇，必先鼓譟而從之。"《春秋傳》曰："寧我薄人，勿人薄我。"謂先人有奪人之心也。此云必鼓噪從之者，薄之也。進弓與弩，且射且虜者，乘人之不及也。然後審察其治亂之勢，若亂，則擊之勿疑。若治，則又當設奇以亂之也。

李槃曰：凡兵於丘陵、林谷、深山、大澤，遇敵必依丘陵、險阻、林木而戰則勝，不然疾行亟去，勿得從容。若遇平易之道，須用拒馬鎗為方陣，步人在內，馬軍、步人中分爲駐隊、戰隊。駐隊守陣，戰隊出戰。戰隊守陣，駐隊出戰。敵攻我一面，則我兩哨出兵，從傍以掩之。敵攻我兩面，我分兵從後以擣之。敵攻我四面，我爲圓陣，分兵四出以奮擊之。敵若敗走，以騎兵追之，步兵隨其後乃必勝。《法》曰："察其亂則擊之勿疑。"

黃獻臣曰：其兵治，當設奇以亂之；若亂，則必擊之。此言谿谷遇敵擊之之法。山谷原非舍止之地，若猝爾相遇，必先乘其所不及。

朱墉曰：土高曰邱，大阜曰陵，叢木曰林，山路曰谷。深山，山之避遠者。大澤，水之廣積者。勿得從容，不可延緩久留也。鼓譟，鳴鼓喧譟也。乘之，薄之也。且射且虜者，乘人之不及也。治亂，敵人軍旅之治亂也。若兵治則當設奇以亂之，若亂則必擊也。

汪紱曰：此"遇"字非遇敵言。凡遇險阻之處，皆不可留。猶《司馬法》所謂"歷沛歷圮"也。先鼓譟而乘之：先發以奪其氣。須知且射且虜者只是我軍中之弓虜手，正所以占敵之治亂者也。我先以鼓譟，又乘以射弩，若敵無節制，見必驚亂矣。亂則我以全軍乘之，大勝可必也。若敵能鎮靜則不亂，然亦足以挫其氣，而我得徐圖。所以擊之之術矣。

佐藤一齋曰：吳子隨問而答之，故如是。其實老將行兵，必先審其地利，又察其有伏與否，而後過。故從來無此虞耳。

關重秀曰：諸，凡也。丘陵，曰四方高，中央卑也。從容，緩舒貌，凡如是不利之地，必亟去之，勿近也。鼓譟，爲倍我之氣驚彼之耳也。進弓於弩，依趨步不便也。虜，掠奪也。審察其治，亂則擊之勿疑。鼓譟而進弓弩，施射掠試之。彼若治，則勿擊，守而可免不敗。彼若亂，則擊之勿疑。

【按】亟（jí），迅速，急。"鼓譟"，擊鼓吶喊。古人作戰常以此法壯聲勢，助軍威。《左傳·昭公十九年》："師鼓譟，城上之人亦譟。"《墨子·備蛾傳》："夜半，而城上四面鼓譟，敵人必或，破軍殺將。"《後漢書·光武帝紀上》："城中亦鼓譟而出，中外合執，震呼動地，莽兵大潰。""審察其政,亂則擊之勿疑"句,劉寅解作"然後審察其治亂之勢"。朱墉作"治亂,敵人軍旅之治亂也"。皆爲句讀之誤所致。此處不應作"治亂","亂"當歸於下句。此處原文亦當作"審察其政"爲上。政,軍隊的紀律、秩序和作戰部署、陣勢。

　　武侯問曰:"左右高山,地甚狹迫,卒遇敵人,擊之不敢,去之不得,爲之奈何?"①起對曰:"此謂谷戰,雖衆不用。募吾材士,與敵相當,輕足利兵,以爲前行,分車列騎,隱於四旁,相去數里,無見其兵,敵必堅陳,進退不敢。於是出旌列旆,行出山外營之,敵人必懼。車騎挑之,勿令得休。此谷戰之法也。"②

①【彙校】
　　地甚狹迫,"狹迫",《通典》卷一百五十九作"隘狹"。
　　卒遇敵人,"卒",《講義》作"率"。"遇",《通典》卷一百五十九作"逢"。
【集釋】
　　劉寅曰:武侯問曰:"左右皆有高山,地勢又甚狹迫,卒與敵人相遇。欲擊之,不敢前進;欲去之,不敢後退,將爲之奈何?"
　　朱墉曰:去之不得,擊時不得退後也。
　　闞重秀曰:敢,果決也。
②【彙校】
　　"起對曰",此句,《通典》卷一百五十九作"起曰"。
　　此謂谷戰,"謂",《通典》卷一百五十九作"爲"。
　　"雖衆不用",此句,《通典》卷一百五十九作"勇者雖衆勿用"。
　　輕足利兵,"兵",《通典》卷一百五十九作"刃"。
　　"隱於四旁",《通典》卷一百五十九作"退隱四方"。

"相去數里,無見其兵",《通典》卷一百五十九作"且拒且去,乘勢不贓"。

"敵必堅陳","必",《通典》卷一百五十九作"若"。此句下,《通典》卷一百五十九有"行山列營,應須更圖"。

"進退不敢"至"此谷戰之法也",此數句,《通典》卷一百五十九無。

【集釋】

施子美曰:秦伐韓於閼與,王召趙奢而問以救韓之事。奢對曰:"其道遠險狹,譬如兩鼠鬥於穴中,將勇者勝。"奢之所言,谷戰之法也。卒遇敵人於左右高山之間,其道甚狹迫,既不敢擊,又不能去,此其地正所謂谷戰也。一可擊十,十可擊百,千可擊萬,何以衆爲?然必擇士而使之,伏兵以襲之,引而致之,撓而勞之,然後可勝也。募吾材士,與敵可以相當者,與夫輕足利兵者,爲利於戰,故以爲前行,此則擇士而使之也。分車隱於四旁,相去數里,無見其兵,此則伏兵以致用也。彼既不見吾之兵,則必堅陣以待我,而進退有所不敢。於是出旌列旆,行出山外而營之,所以引而致之也。敵人既不知吾謀,則必懼吾覆彼也。吾則撓之以車騎,勿使得息,則彼必爲我所勞也。凡此者乃戰於山谷之間者之所爲也。故曰:此谷戰之法也。

劉寅曰:吳起對曰:"此謂谷戰,雖兵衆而無所用。召募吾材勇之士,與敵人相當。輕足善走者,持鋒利之兵爲前行。分吾之車,列吾之騎,隱伏於四旁,使相去數里,無顯露其兵。敵人必堅陣固守,進退皆不敢矣。如是,令吾軍出旌列旆,行出山外營之,敵人必有懼恐之心。繼以車騎,兩旁挑之,勿令彼得休息,此乃谷戰之法也。"

茅元儀曰:使我之銳卒,反出於谷外,則先搖其心矣。

李樗曰:"以爲前行",置於軍行之前。"隱於四旁",匿於車之四旁。"行出山外營之",移營於山外以示敵。兵無常制,在智將而能變通用之,此谷戰之法,大體如是而行耳。

黃獻臣曰:輕足,善走也。前行,持鋒利之兵爲前行。無見其兵,無令敵人見我之兵也。營之，結營俟之也。勿令得休，谷中所隱車騎，更番迭出，勿使敵人得以休息。此言谷戰之法，隱兵以疑之，列旌以懼之，挑戰以勞之。其妙正在用寡。

山中倡庵曰：《義》曰："募吾材士，與敵可以相當者，與夫輕足利兵者，爲利於戰，故以爲前行，此則擇士而使之也。"《解》曰："召募吾材勇之士，與敵人相當。輕足善走者，持鋒利之兵爲前行。"愚謂依《義》之説，自"募吾材士"至"爲前行"一串説下來，文義似不切矣。蓋募材士與敵當者，所以當陣堅守也。輕足利兵以爲前行，所以侵敵陣，挑敵守。宜從《解》之説也。敵人不見我兵，不知我謀，故我兵見出山外則必恐懼矣。當此時，以谷中隱伏之車騎屢出而挑之，則敵人不得休息，其疲勞甚矣。故可得而服也。

朱墉曰：募，選也。材士，有力之士也。當，抵敵也。輕足，善走者也。營之，移營於山谷之外，以示敵人也。

汪紱曰：須知此材士，是平時所募，至此用之，非臨時召募也。戰於谷中，如鼠鬥穴中，將勇者勝，故須用材士。輕足，善行險者。利兵，輕利之兵，利於險者。分車列騎，不便於險者。隱於四旁，亦以爲聲勢。相去數里，無見其兵，此二句單承車騎言。出旌列旆，有安閒整暇意。行出山外營之，此又材士、車騎二陣之外，我大將所領之全師也。退出險外終恐爲危地也，列旌旆而行，顯出以疑之也。凡以有材之士當之，車騎角之，敵必疑畏而不敢追矣。此谷戰之法也，不必言勝而勝可必。

佐藤一齋曰：宜分車列騎，隱伏之於四旁山中。使相去數里，無顯露其兵也。敵必堅陣固守，進退皆不敢矣。於是令吾軍從間道越山路，出旌列旆，行出於山外，結營以俟之。則敵人必懼焉。乃令隱伏之車騎，更迭出來以挑之，勿令敵得休息。

關重秀曰：雖衆不用，依地形狹薄也。募，招集也。輕足，謂甲胄輕便，趨走善良者也。利兵，銛利之兵刃也。四旁，邊側岐途也。無見其兵，隱伏我兵而不顯露於外也。進退不敢，彼生疑慮也。列旌旆出山外,所募材士輕足之兵,出谷中,營山外也。敵有疑惑,進退不敢,然我以寡兵突出,是敵人必懼之理,於是車騎挑之,勿令敵得休息。敵若不懼而發擊,則隱伏之車騎自四旁起擊之。

【按】狹迫,狹窄,促逼。不用,不能用,用不上。材士,有特殊才能之士。輕足,行動便捷。利兵,鋒利的兵器。前行,先行,先鋒也。見,同"現",現出,暴露。無見其兵,無向敵人暴露我之兵也。旆,大旗。《詩·商頌·長發》:"武王載旆,有虔秉鉞。"毛《傳》:"旆,旗也。"行出山外營之,此爲以我前行之材士出旌列旆,行出山外,以迷惑、引誘敵人也。先迷惑引誘敵人,然後令隱於四旁之車騎挑之。營,迷惑。《淮南子·俶真》:"耳目不燿,思慮不營。"高誘注:"營,惑也。"又銀雀山漢墓竹簡《孫臏兵法·威王問》:"營而離之,我并卒而擊之,毋令敵知之。"《雲笈七籤》卷八八:"目營萬象,心虛異端。"營之,指使敵人疑惑迷亂。即施氏所謂"行出山外而營之,所以引而致之也",茅元儀所謂"使我之銳卒,反出於谷外,則先搖其心矣"。李檙、朱墉、汪紱等作"移營於山谷之外"解,誤也。

武侯問曰:"吾與敵相遇大水之澤,傾輪沒轅,水薄車騎,舟楫不設,進退不得,爲之奈何?"① 起對曰:"此謂水戰,無用車騎,且留其傍。登高四望,必得水情,知其廣狹,盡其淺深,乃可爲奇以勝之。敵若絕水,半渡而薄之。"②

①【集釋】
施子美曰:孫子行軍有處山之軍,有水上之軍。武侯之所問者,水上之軍也。大水之地,傾輪沒轅,車騎不利,舟楫不設,得無憂乎?
劉寅曰:武侯問吳起曰:"吾與敵人卒然相遇大水之澤,傾覆車輪,沉沒車轅,水迫車騎,舟楫不曾設備,進退皆不可得,將爲之奈何?"
黃獻臣曰:傾輪沒轅,傾車輪,沒車轅。水薄車騎,大水逼車騎。

不設,不曾預设。

朱墉曰:傾輪,傾覆車輪也。没轅,埋没車轅也。薄車,水逼近車也。不設,不曾預備也。

關重秀曰:傾輪没轅者,泥濘深故也。輪,車輪。轅,車前曲木。

②【彙校】

半渡而薄之,"薄",《講義》《武備志》作"擊"。

【集釋】

施子美曰:吳起對之以此,謂水戰無用車騎。古者水戰有蒙衝,有鬥艦,有海鶻,若此之類,皆水戰之具也。設與敵遇於此,舟楫未具,則何以哉?不過留而不行,登高以望,知其淺深廣狹之處,則水情爲可以得矣。既得其情,必制以奇,乃可以勝。敵若絶水而來,必候其半渡而擊之。此韓信之所以囊沙灘水,候其半渡而擊之者,得乎此也。

劉寅曰:吳起對曰:"此謂水戰,車騎皆無所用,且留之於旁,令人登高阜四望,必得水之情狀,知其水之廣狹,盡其水之淺深,乃可爲奇以取勝。敵若過水,令其半渡而迫之。"

黃獻臣曰:留其旁,留居水旁。廣狹、淺深,正所謂水情也。此言水戰之法,既無舟楫,且須阻水爲險,與敵相持,審察水情,出奇以取勝,半渡而薄。如公孫瓚破黃巾賊於東光是也。

朱墉曰:爲奇,設奇策以求勝也。絶水,過水也。

關重秀曰:無用車騎,恐泥濘而陷没。且,姑且。其傍,大澤之傍也。必得其水情,謂察其淺深、廣狹、增減也。盡,窮也。謂可爲奇以勝之。薄,侵也。此水戰之常法也。

【按】傍,即"旁"。奇,與"正"相對,指出人意外,使人不測,多指奇兵、奇謀和不合常規的戰法、手段等。《老子》:"以奇用兵,以無事取天下。"《漢書·英布傳》:"楚發兵與戰徐、僮間,爲三軍,欲以相救爲奇。"顏師古注:"不聚一處,分而爲三,欲互相救,出奇兵。"古代作戰以對陣交鋒爲正,以設伏掩襲等爲奇。《孫子·勢》:"三軍之衆,可使必受敵而無敗者,奇正是也。"《孫子·勢》:"戰勢不過奇正,奇正之變,不可勝窮也。"李筌注:"邀截掩襲,萬途之勢,不可窮盡也。"張預注:"戰陳之勢,止於奇正一事而已。及其變而用之,則萬途千轍,烏可窮盡也?"

武侯問曰:"天久連雨,馬陷車止,四面受敵,三軍驚駭,爲之奈何?"① 起對曰:"凡用車者,陰濕則停,陽燥則起,貴高賤下,馳其強車,若進若止,必從其道。敵人若起,必逐其迹。"②

①【集釋】
施子美曰:太公論車騎之地,有曰:"汙下沮澤,進退漸洳。此騎之患地也。圮下漸澤,黑土粘埴,此車之勞地也。日夜霖雨,旬日不止,道路潰陷,前不能進,後不能解,車之陷地也。"若是者,皆車騎死敗之地。武侯之所問,天久連雨,馬陷車止,此正太公之所戒也。加之四面受敵,三軍驚駭,得無憂乎?

劉寅曰:武侯問吳起曰:"天久連雨,馬陷沒,車停止,皆無所用。吾四面受敵,三軍驚駭不安,將爲之奈何?"

朱墉曰:陷,馬陷于泥也。止,車停不行也。受敵,敵人四面攻我也。

②【集釋】
施子美曰:高則陽燥之地也,故貴之。下則陰濕之地也,故賤之。凡此皆車之用,貴得其地也。是以成周輪人爲輪,有行山之輪,有行澤之輪。行山者欲侔,行澤者欲舒。侔以行山則不甂,舒以行澤,是刀以割塗也。成周之法,因地而異其制。吳子之言,則論其地之所宜,若夫用之,又當馳其強車,或進或止,必從其道。從其道者,所以求其利也。敵人若起,必逐其迹。此正踐墨隨敵也。

劉寅曰：吳起對曰："凡用車戰者，天道陰濕則停止，陽燥則興起。貴隆高之地，賤卑下之處。馳騁其強車，若進若止，必由其道。敵人若起，必追逐其迹，庶無失也。"

黃獻臣曰：以天之晴雨爲行止。以地之高下爲行止。用堅強之車以馳，必由高燥之道。此言車戰之法。上因天，陰止陽行。下因地，貴高賤下。中因人，車強以馳，進止必由高燥。雨久道失，敵軍起行即是道矣。追其去迹，何難之有？

山中倡庵曰：若進若止之二"若"字，設之辭，勿作隨字看。

朱墉曰：陰濕，陰雨泥濘也。起，行走也。貴高賤下，貴行高地，勿行卑地也。必從者，進與止必由高燥之路也。必逐其迹者，敵軍若行，必追尋其去迹，始不相失也。

汪紱曰：貴高賤下，不用車於下濕之地。必從其道，從高燥之地也。必逐其迹，舊注："逐敵車之舊轍也。"

佐藤一齋曰：若進若止，必當從其晴雨高下之道，不可濫用也。敵人若犯忌而起，則必反此以逐其迹，必勝矣。

闕重秀曰：車戰從天之晴燥而起。陰雨則步卒可務戰也。貴高賤下，居高則易進。強車，選擇之車也。其道，陰濕、陽燥、高下也。雖連雨陰濕泥陷之時，敵人若起，則我善守以先令敵踏其泥陷之地，而後敵將去時，我必可逐其迹。

【按】馳其強車，用堅強之車以馳。若，猶"或"。必從其道，進與止必由高燥之路也。

武侯問曰："暴寇卒來，掠吾田野，取吾牛羊，則如之何？"①起對曰："暴寇之來，必慮其強，善守勿應。彼將暮去，其裝必重，其心必恐，還退務速，必有不屬，追而擊之，其兵可覆。"②

①【彙校】

"武侯問曰",《通典》卷一百五十五作"戰國魏武侯問吳起曰"。

暴寇卒來,"卒",《講義》作"率"。"來",《通典》卷一百五十五、《御覽》卷二百九十五作"至"。

取吾牛羊,"羊",《通典》卷一百五十五、《御覽》卷二百九十五、《直解》、《開宗》、《彙解》皆作"馬"。

【集釋】

劉寅曰:武侯問吳起曰:"強暴之寇,卒然而來,剽掠吾田野,攘取吾牛馬,則如之何?"

朱墉曰:暴寇,強暴之寇也。卒來,卒然而來也。

關重秀曰:群行劫掠曰寇。

【按】卒,同"猝"。突然。

②【彙校】

"起對曰",《通典》卷一百五十五、《御覽》卷二百九十五作"起曰"。

暴寇之來,"之",《講義》作"率"。

"必慮其強",此句,《通典》卷一百五十五、《御覽》卷二百九十五作"必精且強"。

"善守勿應",此句下,《通典》卷一百五十五、《御覽》卷二百九十五有"潛伏路傍"句。

"彼將暮去"至"其兵可覆",此數句,《通典》卷一百五十五作"暮去必醉,朝乘重裝。驍騎逐擊,勢必莫當。過我伏內,如雪逢湯",《御覽》卷二百九十五作"暮去必卒,車乘重裝,驍騎逐擊,勢必莫當,遇我伏內,如雪逢湯也"。

【按】蓋《通典》《御覽》所本相同,"暮去必醉,朝乘重裝",此兩句與文意不符,"醉"當作"卒"(cù),同"猝",迅速之義,"朝"當作"車"。"醉"與"卒","朝"與"車",蓋因形似而訛誤者。"驍騎逐擊,勢必莫當,遇我伏內,如雪逢湯"數句或爲《吳子》佚文。

本段文字，《通典》卷一百五十九作：又問曰："若暴寇近薄，驅我馬牛，取我禾稼，爲之奈何？"對曰："寇暴之至，善守而勿應。彼將暮去，其裝必重，其心必恐，退還務速，必有不屬。追而擊之，其兵必散，雖衆可破也。"此又與底本文字基本相同。

【集釋】

施子美曰：凡爲客之道，利於速戰。彼暴寇之來，掠田野，取牛羊。其勢雖暴，然不能久居。吾必慮其強，而思所以制之。故善守而勿應，彼不得所欲，必將暮去。其裝必重者，以其務於侵掠，故其裝重也。裝重則行遲，故其心恐吾之襲其後也。其還退也，必務於速。速則其行列必不相繼屬，吾因而追擊，則其兵可覆而取。大抵銳於進取者，其退必速，而貪於所得者，必無遠圖。欲速則不達。今暴寇卒來，亦銳矣，而不知銳者易失之躁。見小利則大事不成，亦古之戒也。今暴寇惟以掠取爲務，亦貪矣，而不知貪於得者，必喪於所得。此所以反爲人所擊也。

劉寅曰：吳起對曰："暴寇初來，必慮其勢力之強，善守吾壘，勿輕出應之。彼將暮晚而去，其所負載之物必重，其心必恐懼，還歸退去務在急速，必有不相連屬者，若追而擊之，其兵可覆矣。"

黃獻臣曰：不屬，歸還退去務在疾速，行伍必不連屬。此言擊暴寇之法。孫子所謂"避其銳氣，擊其惰歸"也。如馬援間道襲擊諸羌，縱火焚其寇掠之輜重。

山中倡庵曰：不強，無來侵之事，故慮度進來之強而勿敢輕應取敗。

朱墉曰：必慮其強，當慮其氣勢之強盛，且堅壁固守，勿輕出以應之也。裝，負載之物也。必重者，掠取多也。必恐者，得貨財則各懷懼心也。務速，求急歸也。不屬，不相連接也。可覆，可得而覆敗也。

汪紱曰：必慮其強，善守勿應。言當計慮其強暴，善守以待之也。

佐藤一齋曰：非老於戰事者，竟不能答如此。

關重秀曰：欲心、掠奪之心，必不顧死，故我不應。裝，負齎也。

裝重則進退不便,故心恐。屬,連續也。覆,敗也。

【按】暮,指氣勢衰竭。《孫子·軍爭》:"三軍可奪氣,將軍可奪心。是故朝氣銳,晝氣惰,暮氣歸。"此"暮"猶"暮氣"。《左傳·莊公十年》:"夫戰,勇氣也。一鼓作氣,再而衰,三而竭。"暮去,即氣勢衰竭而去。暴掠之徒,行動務速,非必待傍晚日暮時而去也。

吳子曰:"凡攻敵圍城之道,城邑既破,各入其宮,御其禄秩,收其器物。軍之所至,無刊其木、發其屋、取其粟、殺其六畜、燔其積聚,示民無殘心。其有請降,許而安之。"①

①【彙校】
劉寅《直解》:舊本"御"作"衒","發"作"伐"。
"發其屋、取其粟、殺其六畜、燔其積聚",《武備志》於此數句之前皆有"無"字。
【集釋】
施子美曰:《司馬法》曰:"入罪人之地,無暴神祇,無行田獵,無毀土功,無燔牆屋,無伐林木,無取六畜、禾黍、器械,見其老幼,奉歸勿傷。"《法》之所言,蓋仁人之師。本欲弔民伐罪,豈以殘民爲心?齊之伐燕,孟子勸之以反其旄倪,歸其重寶,亦此意也。吳子戰國之將,豈意所言乃有仁人之舉耶?謂凡攻敵圍城之道,破其城邑,入其宮室,非利其物也,爲之御其禄秩,收其寶器而已。軍之所至,無刊其木,無發其屋,無取其粟,無殺其六畜,無燔其積聚,凡若是者,所以示民以無殘害人之心也。蓋林木者,民之所資以用;屋室者,民之所托以居;粟畜積聚,又民之所資以養。此而無所害,則其不殘民也可知。其有降者,許而安之。蓋人既不我敵,則我亦不人殺。且人已降,殺之不祥。宜有以許其來而安定之也。項王羽入關之初,燒秦宮室,坑秦子弟,秦民失望。嗟夫!羽剽悍賊也。咸陽三月火,骸骨亂如麻,慘怛之容,略不形於色,何其忍也!其死垓下,亦晚耳。

劉寅曰：吳子言："凡攻敵圍城之道，若城邑既破，必御其有祿秩之人，收其器物之可用者。軍之所至，無刊其樹木，無發其房屋，無取民所食之粟，無殺民之六畜。六畜者，馬、牛、犬、豕、羊、雞也。無燔燒官府之積聚，示民無殘虐之心。其民有來請降者，即聽許而安撫之。"此章與《司馬法》所載之意同。

李樏曰：發其屋，取其粟，以下皆承上句"無刊其木"說來。乃禁止之辭。

黃獻臣曰：御其祿秩，如《周官》所載，有祿秩之人，御而用之。刊，伐也。此言處攻破敵城之道，王者之師，馭變而不失其常，是以終之"應變"。《司馬法》曰："入罪人之地，無暴神祇，無行田獵，無毀土功，無燔墻屋，無取六畜、禾黍、器械。"意與此同。若春秋時，陳人伐鄭，井湮木刊。吳師入郢，以班處宮。楚子圍宋，積久不下，至於易子而食，析骸而爨，一何殘也！

山中倡庵曰：《字彙》曰："御，治也。"《說文》曰："秩，積也。"彼民有請降來者，則計容安撫之而耳。

朱墉曰：宮，官府之處也。祿秩，有爵祿之人，御而用之也。收者，器物可用者收之也。燔，燒焚官民積聚也。殘，暴虐也。許而安之，聽許而安撫之也。

佐藤一齋曰：城邑既破，各入其宮。御用其在倉廩之祿秩。收取其在府庫之器物。可也。御，謂為己有。祿秩，俸米。前三"其"字指君。後五"其"字指民。"木""屋""粟"一韻。"畜""聚"亦葉。

闕重秀曰：宮，殿也。御，治也。祿，俸也。秩，官職也。御其祿秩，治存掌任名簿，百官列位，祿賜多寡之記錄也。取其器物，不廢古制，珍寶有用之物也。其政大率以從由舊章為貴。刊，切也。發，毀也。燔，焚也。積聚，芻米黍薪之儲蓄也。示民無殘心，誅其君，弔其民之意。降服者，安撫之；敵抵者，威服之。

【按】宮，古代對房屋、居室的通稱。《易·困》："入於其宮，不見其妻，不祥也。"《左傳·僖公二十八年》："（晉侯）令無入僖負羈之宮而免其族,報施也。"此指官府。發,打開,挖掘。發其屋,拆毀、破壞當地的房屋。《莊子·胠篋》:"將爲胠篋探囊發匱之盜而爲守備。"《韓非子·難二》:"使桓公發倉囷而賜貧窮。"《漢書·劉向傳》:"發人之墓,其害多矣。"《墨子·雜守》:"敵薄(迫),發屋伐木,雖有謁請勿聽。"

勵士第六

【題解】

劉寅曰:勵士者,以功之大小,設爲燕賞之禮而激勵無功者。篇中但言勵士之法,故以名篇。凡一章。

闞重秀曰:賞賜燕饗。此篇一章。

【按】勵士,激勵將士之義。

武侯問曰:"嚴刑明賞,足以勝乎?"① 起對曰:"嚴明之事,臣不能悉。雖然,非所恃也。夫發號布令而人樂聞,興師動衆而人樂戰,交兵接刃而人樂死,此三者,人主之所恃也。"②

① 【彙校】

足以勝乎,"勝"下,《治要》有"敵"字。

【集釋】

劉寅曰:武侯問吳起曰:"嚴刑罰,明賞賜,足以致勝乎?"

李楎曰:此題要在賞罰嚴明上,刑嚴則軍士畏法而不敢違令。賞明則軍士赴功而不肯怠事。此亦勝敵之一策也。然不足恃以爲全勝。全勝者,亦使人樂於效死而後可。

朱墉曰:刑賞,原是用兵要典,後人之所以戰而不能勝者,多不嚴明之故也,故武侯問之。

②【彙校】

夫發號布令而人樂聞，"布"，《直解》《開宗》《武備志》《彙解》作"施"。自"起對曰"至本段結尾，《治要》作"吳子曰：嚴明之事，非所恃也。發號布令而民樂聞，興師動衆而民樂戰，交兵接刃而民安死，此三者，人之所恃也"。

【集釋】

施子美曰：驅之而用之，不若使人之自爲用。刑賞之用，所以驅之也。驅而用之，出乎勉强，有所不足恃也。孰若自爲之用者，出於誠心耶？人主之所恃者，人心也。人心自從，則必不待賞而後勸，不待罰而後懲。彼惟恐攻之不取，而戰之不克也。豈嚴刑明賞所能驅乎？宜吳起以爲不能悉其事，起非不能詳盡其事也，以其不足恃，故不之悉也。今夫三令五申，所以爲號令也。申令而有不如法者，則令所不行也。故將用之際，必使之樂聞而後可。一鼓再鼓，所以興師動衆也。鼓之而不進者，則衆爲不可用也。將用之際，必使之樂戰而後可。所指而莫不前死，所以爲交兵接刃也。一有棄甲曳兵而走者，則無以得其死力也，故於已用之際，必使之樂死而後可。是三者皆人心之樂從也，人主之所恃者，不在是乎？昔武王伐商之後，《牧誓》一作，而人莫不從。白旄一麾，而人莫不進。至於如熊、如羆、如虎、如貔於商郊，則其爲交兵接刃之際，又爲如何？其爲樂聞、樂戰、樂死者，可立見矣。武王惟此之恃，所以一戎衣而天下定也。

劉寅曰：吳起對曰："嚴刑明賞之事，臣不能悉論之。雖然，非國家所倚恃者也。夫發號施令而使人樂聞，興師動衆而使人樂趨於戰，交兵接刃而使人樂就其死。此三者，乃人主之所倚恃也。"

李槤曰：自始至終，人皆樂之，此人主之所恃以勝人者。此題全在"人主所恃"上發揮，重一"樂"字生意，樂聞、樂戰又樂於效死，則三軍如出一心，而將勇兵强。人主之所恃以爲必勝者，恃以此也。

黃獻臣曰：此言刑賞不足恃，必士卒樂爲之用乃爲可恃。即教之以禮，勵之以義，使之有恥意。

山中倡庵曰：不能悉，《義》曰：吳起以爲不能悉其事，起非不能詳盡其事也，以其不足恃，故不之悉也。《解》曰：嚴刑明賞之事，臣不能悉論之。愚謂嚴刑明賞之事，非甚難論之事，何爲不能悉論之乎？唯能，雖論之，不足恃，故不謂也。《義》較是也。非所恃，《義》曰：人主之所恃者，人心也。愚謂《解》"非所恃"之解略省之，《義》之説辭略心切也。苟人主所恃者在衆心之所依歸也，樂聞、樂戰、樂死之三"樂"字專在衆心之悦服也。刑賞所以服人者，末也，禮行而衆安於分，惠施而衆懷於恩，則得三樂。

朱墉曰：悉，詳諭也。恃，倚賴也。樂聞，號令而喜悦也。樂戰，遇戰鬥而樂赴也。樂死，見兵刃而不畏死也。人主之所恃，言人心爲我用，雖敵國外患不足恐，而勝常在我也。

關重秀曰：賞、貲、誅、責，主之權也。故曰"臣不能悉"。畏服，非所恃；悦服可必恃。樂，欲也。此三樂者，中心感悦之餘也。

武侯曰："致之奈何？"對曰："君舉有功而進饗之，無功而勵之。"① 於是武侯設坐廟廷，爲三行饗士大夫。上功坐前行，肴席，兼重器，上牢；次功坐中行，肴席，器差減；無功坐後行，肴席，無重器。饗畢而出，又頒賜有功者父母妻子於廟門外，亦以功爲差。有死事之家，歲使使者勞賜其父母，著不忘於心。② 行之三年，秦人興師臨於西河，魏士聞之，不待吏令，介冑而奮擊之者以萬數。③

①【彙校】
"君舉有功而進饗之，無功而勵之"，此句，《治要》作"君舉有功而進之，饗無功而勵之"。
【集釋】
施子美曰：將有以得士卒之力，必有以盡勸勉之術。吳起之所對,勸勉之術也。方武侯未知其術,則必求所以致之之道。曰"致之奈何"者,蓋欲致此人心之樂從而未得其道也。吳起對曰:"舉有功而進饗之,無功而勵之。"正所謂勸勉之術也。

劉寅曰:武侯問曰:"使人樂聞、樂戰、樂死,將如何致之?"起對曰:"君舉前日有功者,進於廟庭燕饗之,無功者激勵之。"

黃獻臣曰:有功者進於廟庭,賜以燕饗,則無功者自知激勵。

朱墉曰:致之,言有何術以使人能如此也。進饗,進于廟庭,賜以燕饗也。待有功者厚則無功者自知激勵也。

關重秀曰:進,令次功進於無功、上功進於次功之義。饗,燕饗也。"無功"下之"而"字,因是之辭。

【按】致之,求取,獲得,實現。饗,設宴款待。

②【彙校】

無功坐後行,"無",《彙解》作"次"。"歲使使者",原作"歲被使者"。《武備志》《彙解》作"歲遣使者"。《治要》《講義》《直解》《開宗》作"歲使使者"。據《治要》《講義》《直解》《開宗》改。

"於廟門外"以下,《治要》作"亦以功爲差數。唯無功者不得耳。死事之家,歲使使者勞賜其父母"。

【集釋】

施子美曰:夫人有功而見知則悅,賞當功而後臣下勸。三行之禮,以功之高下而爲等,則有功者已見知,而上之所以報功者亦當矣。何懼其不勸乎?上功者,功之莫大者也。其功大者,其禮宜隆,故坐之前行,肴席兼重器,其食上牢,所以優其報也。次功,則其功爲次矣。其功次者,其禮以殺,故比之上行,則肴席器必有差,以其次於上行故也。無功者,以無功之可報,故坐之後行,所以愧之。彼之坐於稠衆之後,肴席無重器。彼豈不自思曰:"使吾有次功則中行可坐,有上功則前行可坐。惟其無功,所以居人之後,享禮之薄,吾其自奮而以冀其重報也。"彼有功者,既等而當其功。無功者,又奮而思立功,其爲勸勉之術,亦至矣。且以周成待諸侯之禮觀之,公於上等,侯、伯於中等,子、男於下等。其車服旗物有異制,其芻積牢禮有異數,其擯相有異人,其所立有異地。凡若此者,亦以其爵有尊卑,命有隆殺,故不得不異之也。以是觀之,吳子三行之法,不無所本也。不獨吳子言之,其在李筌《陰經·勵士篇》亦備言三行之制。筌之所言,其有得於吳子也。三行之享,享於廟內也。其於廟內之外,又頒賜有功者之父母妻子。其頒賜之也,亦不容無差等。此正《周官·司勳》"凡賞無常,輕重眂功"之說也。其有死於王事者,是為伏節死義之人,人君亦必有所不敢忘也。必歲使勞賜其父母,所以示吾著於心而不敢忘也。此正《周官·司關》所謂"以其財養老死與其孤"之意也。彼見其君報之以禮如此其厚,彼而木石則已,若猶人也,獨不思所以報乎?

　　劉寅曰:於是武侯陳設坐席於廟庭之上,分為三行以饗士大夫。功之上者坐於前行,肴席兼重器,牲用上牢。功之次者坐於中行,肴席器比前行少減。無功者坐於後行,但有肴席,而無重器。燕饗畢而出,又頒賜有功者父母妻子於廟庭之外,亦以功為差等。無功者不與也。有死於王事者之家,每歲遣使者以勞賜其父母,著不忘於心。

　　黃獻臣曰:行,列也。重器,如杯、匜等項也。著,明也。

　　朱墉曰:設坐,陳設坐席也。分為行列者三,以享有功士大夫也。上牢,牲用牛羊也。差減,稍減于上功者。饗畢而出,受饗既畢,有功者出也。以功為差者,其父母妻子受賜亦以功之大小為差等也。死事,死于王事之家也。勞賜,慰勞賞賜也。不忘,人君之心不忘有功也。

　　關重秀曰:設坐廟廷,告功鬼神,神亦感功之意。肴,饗饌也。席,座具也,設之待賓客之禮。重器,重寶之器物。差,較也。牢,牛羊豕牲畜養曰牢。上牢,太牢也。太牢者,牛也。少牢者,羊也。頒,賜也。於廟門外者,為使眾人知之也。差,次也。事,兵事。勞,慰勞。

【按】《講義》曰:此正《周官·司關》所謂"以其財養老死與其孤"之意也。《講義》引《周官·司關》為《周官·司門》之誤。《周禮·地官·司門》原句爲"以其財養死政之老與其孤"。廟廷,猶"廟堂"。宗廟的前殿。君王接受朝見、議論政事之處。王夫之《讀四書大全說·論語·季氏篇五》:"據此,則庶人之議,非私議於草野,乃議於廟廷之上也。"肴席,以魚、肉等做菜的酒席,指豐盛的酒菜。重器,指國家的寶器。《禮記·少儀》:"不訾重器。"孔穎達《疏》:"重器,珍寶之物。"《孟子·梁惠王下》:"毀其宗廟,遷其重器。"焦循《正義》:"復遷徙其國中之寶器。"《國語·晉語九》:"先主爲重器也,爲國家之難也。"韋昭注:"重器,圭璧鍾鼎之屬。"此指用於飲食的各種珍貴器具,如杯、匜等。上牢,即"太牢"。古代祭祀,牛羊豕三牲具備謂之太牢。《莊子·至樂》:"具太牢以爲膳。"成玄英疏:"太牢,牛羊豕也。"亦有專指牛爲太牢者。如《大戴禮記·曾子天圓》:"諸侯之祭,牛曰太牢。"差,次第,等級。《孟子·萬章下》:"庶人在官者,其禄以是爲差。"《史記·刺客列傳》:"已而論功,賞群臣及當坐者各有差。"差減,按軍功等級遞減。周代禮儀用器具物用的差別顯示爵位和等級的高低,此武侯用之體現軍功之大小也。死事,爲國而死者。《禮記·月令》:"賞死事,恤孤寡。"著,顯示,表示。

③【彙校】

"三年",《治要》作"五年"。

"介胄而奮擊之者以萬數",《治要》作"介胄不待吏令奮擊之者以萬數"。《武備志》作"介胄而奮者以萬數"。

【集釋】

施子美曰:是宜行之三年,秦人臨西河,而魏之士卒莫不思奮,雖吏令有所未及,而皆欲介胄奮擊,殆以萬數。所以然者,由吾勵士之法,有以感激之也。非所謂賞當功而臣下勸乎?

劉寅曰:行饗士之禮至三年之久,遇秦人興師臨於西河境上。魏士聞之,不待將吏之令,被甲冑而奮擊者以萬數。

黃獻臣曰:此教武侯以致人樂爲用之道。當燕饗時,降殺已見席。重賞者感激厚恩,坐末功者思圖後效,且賜及有功之家眷及死事之臣。安得不聞命奮擊而目中已不復有秦矣。

朱墉曰：行之，行此燕享之法，時及三年也。西河，魏地，秦師來伐至於此地也。吏令，將吏之戒令也。介冑而奮擊，被甲冑而奮起俟擊也。

汪紱曰：若果能使人樂聞、樂戰、樂死，魏可王矣。第有功而已乎？是亦可見其功烈之卑矣。

關重秀曰：自"於是武侯設坐廟廷"以下至"甲冑而奮擊者以萬數"之文悉記者之文。

【按】介冑，猶"甲冑"。介，通"甲"。此處用作動詞，意為穿上鎧甲，戴上頭盔。

武侯召吳起而謂曰："子前日之教行矣。"① 起對曰："臣聞'人有短長，氣有盛衰'。君試發無功者五萬人，臣請率以當之。脫其不勝，取笑於諸侯，失權於天下矣。② 今使一死賊伏於曠野，千人追之，莫不梟視狼顧。何者？忌其暴起而害己。③ 是以一人投命，足懼千夫。今臣以五萬之眾而為一死賊，率以討之，固難敵矣。④"於是武侯從之，兼車五百乘，騎三千匹，而破秦五十萬眾。此勵士之功也。⑤

①【集釋】

施子美曰：不憤不啟，不悱不發，常人之情也。人君因其情而用之，故先之以激勸之術，而後可以作其敢為之心。武侯之報功，既盡其術，而魏士之報也，至於不待令而奮擊，其效可見矣。宜武侯召而謂曰："子前日之教行矣。"

劉寅曰：武侯召吳起而謂曰："子前者之教令行矣。"

朱墉曰：前日之教，前日所教燕享之法也。

汪紱曰：世主已足意矣。

【按】行,指見效。

②【彙校】

"起對曰",《治要》作"吴子曰"。

"臣聞"下,《治要》有"之"字。

"臣請率以當之"以下,《治要》有"其可乎"一句。

"脱其"至"天下矣",《治要》無此數句。

【集釋】

施子美曰:而起又從而申其説,謂人有短長,氣有盛衰,用其所長激之,使盛則可以必勝矣。苟爲不然,試發無功者五萬人,而令起率以當之,其勝未可必也。何者?非其所長,衰而不盛也。設其不勝,必取笑於諸侯,失權於天下。若是則其可無術以使之憤悱乎?

劉寅曰:吴起對曰:"臣聞'人有短長,氣有盛衰'。君試發無功者五萬人,臣請率以當秦兵。脱有不勝,則取笑於鄰國諸侯,失權於天下衆人矣。"起恐人不能致死而取敗也。

黄獻臣曰:人有短長,氣有盛衰,上句起下句,言士氣有盛有衰,不可強齊。失權於天下,雖有五萬之多而其氣則衰,短於用矣。

山中倡庵曰:依《義》之説,則爲用其所長激之,使盛則可必勝矣。彼五萬之士,無功者故短而衰,故難得必勝。然則取笑失權矣,如是則不應短長盛衰之語與發無功之語及一死賊等之語也。恐幾於附會之説乎?又依《解》之説則以取笑失權語爲恐取敗之義,亦難信也。《宗》亦曰:"雖有五萬之多而其氣則衰,短於用矣。"此亦類《解》之説,未安矣。愚竊詳上下之文,人有短長,氣有盛衰,而固難齊也,然而齊之有道也。使短者伸教令則補短能長也。使衰者激勵之,則養衰能盛也。今無功者短而且衰,然亦有使補養之而至於長盛之道也。故起曰:"試發無功者,我率此以當秦人則可必勝。脱其不勝則可取笑失權也。"此取笑失權之語者,假設之詞,若不勝則可取笑失權,然能可勝,何可取笑失權乎?意也,以此無功者可必勝之術如之何?使必此五萬人如一死賊則可勝也。雖一人之賊而必死,則千人之衆追之猶恐有危殆之心,況以五萬之衆使如一死賊乎?取勝必然也。有何敵乎?當於我鋒乎?故曰,固難敵矣。

朱墉曰:人有短長,藉以喻盛衰也,言士卒之氣有盛有衰,不可強齊也。脱,倘也。取笑,貽笑也。失權,失制勝之威權也。

汪紱曰:人有短長,氣有盛衰,又見得不可一以無功而遂棄之也。失權於天下矣,此反言以見其率無功之士之必於取勝也。

佐藤一齋曰:臣聞從來人性有剛柔之短長,一時士氣有勇怯之盛衰。君試發無功者五萬人,臣請率以當之,保其必勝矣。若其不勝,則取笑於諸侯,失權於天下矣。固臣所甘心也。

關重秀曰:盛衰,壯老健疾之謂。人有短長,氣有盛衰,凡物之不侔,物之情也。故善戰者,求之於勢,不責於人,節制以犯之,如使一人也。無功者,前日座後行者也。再得臨陣,欲白恥赤功,是樂死惡生之黨也。其志氣稍倍上功者,吳子請之,欲率而當敵者。吳子胸臆之秘也。脱,輕易也。此三句,吳子察言在武侯之胸懷,以下文之譬喻令決其疑心。

【按】發,調遣,派遣。當,同"擋",抵抗。脱,倘若。"取笑於諸侯,失權於天下矣",二句之義爲自己甘願冒此風險,證明其必勝的判斷。下文講原因。

③【彙校】

"忌",《治要》《講義》《直解》《開宗》《武備志》《彙解》皆作"恐"。"害己",《武備志》作"害之也"。

【集釋】

施子美曰:且以一死賊,伏於曠野,其人未爲衆也,而千人追之,至於梟視狼顧,却而不敢進者,非其衆寡不敵也,死賊之氣盛而千夫之氣餒也。是雖千夫,惟恐其暴起而害己,所以反顧而莫有進士也。

劉寅曰:今使一必死之賊,隱伏空曠之野。千人共往追之,莫不梟視狼顧,有畏懼之心。此謂何?蓋恐其暴起而害己也。梟,惡鳥也,日午不見物,故數視。狼怯於行,故數顧。

李槳曰：此題言千夫反懼一人者，以千夫畏死，不足一人之忘生也。一人忘生，千人恐陷之而死也。此即三軍可奪帥，一夫不可奪志之類是也。

黃獻臣曰：梟，惡鳥，晝不見物，故數視。狼顧，狼性怯，故多顧。

朱墉曰：死賊止一人，至少也。狼顧，狼性怯於行，故數顧。暴起，卒然而起也。

佐藤一齋曰：死賊，投棄身命者。

關重秀曰：伏者，必死也。追者，必生也。必死與必生者固不侔，故恐之也。曠，闊也。

【按】死賊，犯有死罪之賊。梟，貓頭鷹之類的鳥。梟視，像貓頭鷹捕食一樣專心注視。狼顧，像狼行走一樣警覺張望。暴起，突然起來。

④【彙校】

是以一人投命，"是以"，《治要》作"是則"。

足懼千夫，"千夫"，《文選》李善注作"千人"。

率以討之，"率以"，《治要》作"以率"。

"固難敵矣"，《治要》作"固難當矣"。

【集釋】

施子美曰：一死賊投命於必死，猶足以懼千夫，況以五萬之衆，而爲一死賊以討之，其誰敢當我？其難敵也必矣。其在《尉繚子》亦曰："一賊伏劍擊於市，萬人無不避之者，非一人之獨勇，萬人皆不肖也。何則？必死與必生，固不侔也。然臣之術，足使三軍爲一死賊，莫當其前，莫隨其後，而能獨出獨入焉。"是亦吳子死賊之説也。

劉寅曰：是以一人能投命，足可懼千夫。起欲人人致死而戰也。今臣用五萬之衆而共爲一死賊，率以討之，同心并力，固難敵矣。

黃獻臣曰：死賊一人而其氣則盛，長於用矣。爲一，合爲一也。以五萬衆而勵其氣，如死賊之果敢，則率以討敵而敵難當矣。

朱墉曰：投命，投棄身命，一人雖寡，而其氣則勝，故足以使千夫恐懼也。

汪紱曰：因其恥無功之念，動其建功之志，而加之約束，以使之無不致死也。

關重秀曰：投，棄也。以無功者五萬爲一死賊，則人無短長，氣無盛衰，齊勇并力，彼固難敵矣。

【按】投，扔棄。投命，不惜命。

⑤【彙校】

"於是"，《治要》無此二字。"而"下，《治要》有"以"字。

【集釋】

施子美曰：惟武侯能從其説，故付以兼車五百乘，騎三千匹，而破秦五十萬。兼車者，以其兼輕重二車而爲一也。向非勵士有術，其何以致然？故曰，此勵士之功也。

劉寅曰：於是武侯從吴起之言，兼以兵車五百乘，騎三千匹，而破秦兵五十萬衆。此乃勵士之功也。

黄獻臣曰：以少擊衆，皆激勵士卒之功。

朱墉曰：兼，雜用車騎也。

佐藤一齋曰：於是武侯從之，以無功者五萬人付之，起乃兼并車五百乘，與騎三千匹，率此而破秦五十萬衆。

關重秀曰：攻車一乘：步卒七十二人，甲士三人，共七十五人。守車一隊：炊子十人，守裝五人，厩養五人，樵汲五人，共二十五人。攻守二乘，凡百人。故車五百乘而兵五萬也，此以一破十也。自"於是武侯從之"以下亦記者之文。

先戰一日，吴起令三軍曰："諸吏士當從受敵車、騎與徒，若車不得車，騎不得騎，徒不得徒，雖破軍，皆無功。"故戰之日，其令不煩而威震天下。①

①【彙校】

諸吏士當從受敵車、騎與徒，"敵"，底本、《叢刊》本作"馳"，《備要》《講義》《直解》《開宗》《彙解》本皆作"敵"，據改。"功"，底本、《叢刊》本作"易"，《備要》《講義》《直解》《開宗》《彙解》本作"功"，據改。《治要》無此段文字。

【集釋】

施子美曰：戰敵易，勝敵難。勝之易，勝之而不失其所當者難。車、步、騎三者，各有所當也。彼徒我車，懼其侵軼我，則車與徒，非所當從也。何者？徒之勝車也易。夫車當車徒二十四人，則車徒與騎，非所當從也。何者？騎之勝車徒也亦易。以易而勝，其誰不能？使其車從車，騎從騎，徒從徒，三者皆從其所當敵者而勝之，然後可以爲能也。苟車不得車，騎不得騎，徒不得徒，則非所謂當從受敵，亦非其所令也。雖能破軍，皆不足以爲功。惟其法之素定，故當戰之日，其令不煩，而威振天下矣。在《法》有曰："教約，人輕死。"如起之所令，其教亦約矣。人而輕死，則其威之所振，宜如何耶？此李克言之。武侯所以曰："其用兵，雖司馬穰苴莫能及。"非溢美也。

劉寅曰：先戰前一日，吳起號令三軍曰："諸將吏士卒當從吾令必受敵而無敗。車騎與徒，若用車戰者不獲敵人之車，用騎戰者不獲敵人之騎，用徒者不獲敵人之徒，雖破秦兵，皆如無功。"故交戰之日，其號令不煩擾而威震天下。

李㮤曰：此題吳起行兵之功效，用於魯則破齊，入於魏則制秦，入於楚則強楚。此皆威震天下之一驗也。又其圖國以和，教民以禮，治兵以信，皆其令不煩處，獨在德不在險，尤似聞道之言也。

黃獻臣曰：令三軍曰，臨陣申戒之詞。諸吏士當從吾令受敵車騎與徒，當各以其長有獲而奏功。若用以車戰者，不得敵人之車，用以騎戰者，不得敵人之騎，用以徒戰者，不得敵人之徒，雖破秦軍，皆如無功。此言得士卒敢死之氣，則雖衆難與爲敵。是故舉五萬而可以破秦五十萬。雖戰之日，其令不煩，而威震天下。然非平時勵士之功，何以得此？試詳吳起所以致之之法，不獨瘡痍是恤，與士卒同甘苦，僅僅（疑應爲"謹謹"）撫循以作敢死之氣，且頒賜榮及其家，死事厚恤其親。上著不忘於心，則下自不衰於氣。如趙盾更置食肉於橐以賜靈輒母。盾及難，輒禦公徒以護盾。孔融常遺粟帛於太史慈母，融被圍，慈奉母命以救融。唐太宗掩骸設祭，聞天子痛哭而亡者之父母不恨。楊行密籍戌賑饑得歲時存問，而死者之妻子有依，誠體其所憂，自鼓其所樂。勵士者，毋徒以嚴明自詡也。

朱墉曰：我車士必求得敵人之車，我騎士必求得敵人之騎，若不能得者，縱破秦軍，亦同無功。不煩，不必煩擾也。

汪紱曰：受敵，從吾令而受敵戰。言車士者務得敵人之車，騎卒務得敵人之騎，徒卒務得敵人之徒卒也。

佐藤一齋曰：諸吏士當從吾令以當敵之車騎及徒兵。若我車戰者不得敵之車，我騎戰者不得敵之騎，我徒戰者不得敵之徒，雖破秦軍，皆與無功等。"威震天下"一句，言不特勝秦也。不著"勝秦"字，文亦簡切。

關重秀曰：從受敵，謂車兵與敵車合，騎兵與敵騎交，徒兵與敵徒接也。得，勝獲也。其交兵接刃不如此，力不相當，其志不一故也。是固軍心之術也。接以禮，勵以義，其政不令而行。自"故戰之日"以下，亦記者之文。

附錄一 《吳子》逸文

吳起臨戰，左右進劍。起曰："將專主旗鼓耳。臨難決疑，揮兵指刃，此將事也，一劍之任，非將事也。"（《尉繚子·武議》）

【彙校】

《文選注》卷十六引《尉繚子》作："吳起曰：'一劍之任非將軍也。'"

《通典》武英殿本卷十七《選舉》五引作："吳起臨戰，左右進劍。吳子曰：'夫臨難決疑，乃將事也。一劍之任，非將事也。'"

《太平御覽》卷三百四十四引作："《尉繚子》曰：吳起（起，《御覽》作'越'，據《尉繚子》改）臨戰，左右進劍，吳子曰：'夫提鼓揮枹，臨難決疑，接兵用刃，此將軍也。一劍之任，非將軍事也。'"

吳起與秦戰，未合，一夫不勝其勇，前獲雙首而還。吳起立斬之。軍吏諫曰："此材士也，不可斬。"曰："材士則是矣，非吾令也。"斬之。（《尉繚子·武議》）

【彙校】

《通典》武英殿本卷一百四十九引《尉繚子》作："吳起與秦人戰，戰而未合，有一夫不勝其勇，乃怒而前，獲首而返。吳起斬之。吏曰：'此壯士也，不可斬。'吳子曰：'雖壯士，不從令者必斬之。'"不從令者必斬之，"不"上，《通典》明嘉靖十八年西樵方獻夫刊本（以下簡稱"嘉靖本")衍一"然"字。

吴起云:"絕而不離,卻而不散。"(《李衛公問對》)

故吴子曰:"十萬之師,無將軍則亂。"(《史記索隱》卷十七)

《吕氏春秋》曰:吴起行,魏武侯自送之。絕河,謂吴起曰:"先生將何以治西河?"對曰:"以忠、以信、以勇、以敢。"武侯曰:"四者足矣,請以四者恃先生。"(《太平御覽》卷六百二十五)

戰國吴子曰:"凡行師越境,必審地形,則知主客之向背,地利若不悉知,往則必敗矣。故軍有所至,先五十里因山川形勢,使軍士伺其伏兵,將必自行視地之勢,因而圖之,知其險易也。"(《通典》卷一百五十七)

【彙校】
武英殿本"地利若不悉知","利",嘉靖本作"理"。武英殿本"因山川形勢","因",嘉靖本作"内"。

(《吕氏春秋》)又曰:吴起謂商文曰:"馬與人敵在前,援枹一鼓,三軍之士樂死若生,子與我孰賢?"商文曰:"吾不如子。"(《太平御覽》卷三百一十三)

又曰:"夫將可樂而不可憂,謀可深而不可疑。將憂則内疑,謀疑則敵國奮。以此征伐,則可致亂。故將能清净、能平、能整、能受諫、能聽訟、能納人、能采善言、能知國俗、能圖山川、能裁阨難、能制軍權。危者安之,懼者歡之,叛者還之,冤者原之，訴者察之，卑者貴之，強者抑之，敵者殘之，貪者豐之，欲者使之，畏者隱之，謀者近之，讒者覆之，毀者復之，反者廢之，橫者挫之，服者活之，降者説之，獲城者割之，獲地者裂之，獲國者守之，獲阨塞之，獲難屯之，獲財散之，敵動伺之，敵強下之，敵凌假之，敵暴安之，敵勃義之，敵睦攜之，順舉挫之，因勢破之，放言過之，此爲將之道也。"（《太平御覽》卷二百七十三）

又曰："敵將拒諫則英雄散，策不從則謀士叛，善惡同則功臣倦，將專己則下歸咎，將自臧則下少功，將受讒則下有離心，將貪財則奸不禁，將內顧則士卒淫。將有一則衆不服，有二則軍無試，有三則軍乖背，有四則禍及國。"（《太平御覽》卷二百七十三）

又曰："《軍志》曰：'將謀欲密，士衆欲一，攻敵欲疾。'將謀密則奸心閉。士衆一則群心結，攻敵疾則詐不及設。軍有此三者則計不奪。將謀泄則軍無勢，以外窺內則禍不制，財入營則衆奸會。將有此三者，軍必敗也。"（《太平御覽》卷二百七十三）

又曰："將無慮則謀士去，將無勇則吏士恐，將遷怒則軍士懼。慮也，謀也，將之所重；勇也，怒也，將之所用意。故曰：必死可殺也，必生可虜也，忿遽可侮也，廉潔可辱也，愛人可煩也，此五者將兵之過，用兵之災也。"（《太平御覽》卷二百七十三）

智而心緩者，可迫也。勇而輕死者，可暴也。急而心速者，可誘也。貧而喜利者，可襲也，可遺也。仁而不忍於人者，可勞也。智而心緩者，可驚也。信而喜信於人者，可誑也。廉潔而不愛人者，可侮也。剛毅而自用者，可事也。懦心喜用於人者，可使人欺也。此皆用兵之要，爲將之略也。"
（《太平御覽》卷二百七十三）

　　（《尉繚子》）又曰："一賊鋏劍擊於市，萬人無不觸辟者，臣以爲非一人獨勇，一市萬人皆不肖。"（《太平御覽》卷三百四十四）

附録二　重要序論彙録[①]

《施氏七書講義》序

江伯虎

兵家之書不知其幾也。漢初有一百八十二家,删取要用者三十五家,其後任宏論次,分其書爲四種。唐有二十三家,藏其書於四庫者凡六十部,失姓名而不著録者不與焉,可謂繁且雜矣。圯上一編,足爲王者師,奚以多爲哉?朝廷武舉之科,惟用《七書》以取士,亦此意耶?

二山施了美,爲儒者流,談兵家事,年少而升右庠,不數載而取高第,爲孫、吴之學者多宗師之。今得其平昔所著《七書講義》於學舍間,觀其議論出自胸臆,又引史傳爲之參證,古人成敗之迹、奇正之用皆得以鑑觀焉。雖曰兵不可易言,若施之用,亦豈至不知合變也?於是鋟木以廣其傳。貞祐壬午上巳,同郡江伯虎序。

[①] 序論主要按版本先後順序排列。

高似孫《子略》卷三《吳子》

自有春秋而天下日窮於兵,孫武以言兵進於吳,吳起以言兵售於魏,各以書名家。然讀《吳子》,其說蓋与孫武截然其不相侔也。起之書幾乎正,武之書一乎奇。吳之書尚禮義,明教訓,或有得於《司馬法》者。武則一切戰國馳騁戰爭、奪謀逞詐之術耳。武侯浮西河下,中流喟然歎曰:"美哉山河之固,魏之寶也!"起言之曰德,不在險,德之不修,舟中之人盡敵國也。斯言之善,質於經,求之古,奚慚焉?反覆此編,則所教在禮,所貴在禮。夫以湯武仁義律之,起誠有間;求之於齊魯晉衛秦楚之論兵者,起庶幾乎。武侯賢矣,聽起者篤矣。君臣之遇不爲不厚矣。饞間一生,棄如敝屣,勳名志業,迄不一就。士之思古,安得不歎息於斯?若其當新難之國,輔未壯之君,馭不附之大臣,臨未信之百姓,而乃明法審令,廢疏遠之公族,捐不急之庶官,持意太過,操制太嚴,是所以速禍耳。起乃疏於此耶。

《武經直解》序

劉　寅

洪武三十年,歲在丁丑,太祖高皇帝有旨:"俾軍官子孫講讀武書,通曉者臨期試用。"寅觀孫武舊注數家,矛盾不一,學者難於統會。《吳子》以下六書無注,市肆板行者闕誤又多,雖嘗口授於人,而竟不能曉達其理。於是取其書,刪繁撮要,斷以經傳所載先儒之奧旨,質以平日所聞父師之格言。訛舛者稽而正之,脫誤者訂而增之,幽微者彰而顯之,傅會者辨而析之。越明年稿就，又明年書成，凡二十五卷，一百一十四篇，總若干萬言，題曰《武經直解》。及取儒家諸書、先聖先賢之所著述，有切於兵法者，編爲附錄，載之於前，以取童蒙講誦之便，非敢與識者道也。

嗚呼，兵豈易言哉？觀形勢、審虛實、出正奇、定勝負，凡所以禁暴弭亂、安民守國、鎮邊疆、威四夷者，無越於此也。聖人於是重之。故仁義忠信、智勇明決，兵之本也；行伍部曲、有節有制，兵之用也；潛謀密運、料敵取勝，兵之機也；一徐一疾、一靜一動、一予一奪、一文一武，兵之權也。不有大智，其何能謀？不有深謀，其何能將？不有良將，其何能兵？不有銳兵，其何能武？不有武備，其何能國？欲有智而多謀，善將而能兵，提兵而用武，備武而守國，舍是書何以哉？

兵者，詭道。是以孫、吳之流，專尚詐謀。《司馬法》以下數書，論仁義節制之兵者，間亦有之，在學者推廣默識，心融而意會耳。雖然，兵謀師律，儒者罕言；譎詭變詐，聖人不取。仁義節制，其猶大匠之規矩準繩乎？大匠能誨人以規矩準繩，而不能使之巧。寅爲此書，但直解經文，而授人以規矩準繩耳。出奇用巧，在臨時應變者自爲之，非寅所敢預言也。

狂斐逾僭，得罪聖門，誠不可免，然於國家戡定禍亂之道，學者修爲戰守之方，亦或有所小補云。書中差繆尚多，古人所謂校書如塵埃風葉，隨掃隨有，信哉斯言！博聞君子覽者改而正之可也。洪武戊寅歲律中無射望日戊戌，前辛亥科進士太原劉寅序。

《武經直解》序

李　敏

　　曩予奉命巡撫大同，密邇北虜，日親戎馬之事。自恨軍旅未學，恒切憂懼，始求孫、吳之書觀之，乃知用兵自有法度。將不學而兵不教，其能取勝也難矣。越三載，召爲兵部右侍郎，佐理軍政，而兵家之書猶不可須臾離也。欽惟皇上銳意治理，文武并用，設武學於都城之內，自公侯而下咸遣子入學，設官以教之，給廩以養之。月命總兵一員，會兵部文臣詣武學閱試弓馬謀策，歲終次其等第，聞於上，賜楮幣有差而激勸之，無非作養將材，爲邊方計，以隆千萬載無窮之業也。一日，與英國張公懋親臨會考，見武生讀誦者皆市肆板行，孫、吳舊注間有不明，《吳子》諸書尤多舛謬。張公患之，乃出其家藏拱辰劉先生《武經直解》示予。披閱再四，見其注釋詳明，引據切當，開卷讀之，不待師傅而自會其意，誠兵家之寶也。將謀鋟梓以廣其傳，會余遘疾，賜告歸養於鄉而志不果，竊歎此書終無聞於世矣。既而疾瘳，復以左副都御史，召命撫巡畿內，提督邊關，遂攜此書偕往。駐節保定，托守制知府清苑王琮校正，繕寫既成，適監察御史趙英來知府事，見其書而悅之，命工刊行，請予序其端。予惟此書成於劉先生之手，計其時已百年。暨余得之又數載，今始傳焉。噫！余退而此書已晦，余進而此書復顯，豈非有數存乎其間耶？余身進退固不足爲輕重，而此書之隱顯實繫之。何者？余進也，不過守一方一時，才有限而智有窮。此書一出，則武弁轅門之家、英豪俊髦之士朝講夕讀，自然增其智識，長其謀略，名臣良將接踵而出，守邊疆於永固，保宗社於無窮矣。雖千百敏烏足爲有無哉！此余所以不以身之進也爲榮，而以書之顯也爲幸。或曰："公以儒發，身當事仁義道德，權謀功利之書，奚尚焉？"余曰："不然，古人安不忘危，雖文武成康之世，猶拳拳以戎兵是詰矧。夷狄奸宄，世常有之。不有良將，孰能戡定禍亂而輯寧邦家也哉？是書也，豈徒專爲權謀譎詐，顧人用之何如耳。湯武用之則爲仁義之師，孫、吳用之則爲譎詐之術。仁義得之，愈久而愈昌；詐術取之，隨得而隨失。觀之前代，概可考矣。"言者唯唯，因并書之以爲學兵者告。成化二十二年九月中澣賜進士通議大夫都察院左副都御史襄城李敏叙。

《武經直解》序

何起鳴

萬曆丙子，予奉命撫貴，兼督湖、川。故省會無兵，諸酋驕蹇不制。起鳴上白聖天子。俞允建營增兵，特揀閫帥一員，兼游擊，領之西南，稱雄鎮焉。嘗振腕歎曰："安得諳韜略若孫、吳輩，驅之行間庶幾哉，慰拊髀之思也。"已既檄世胄子弟，遴會舉中諳韜略者爲師，教之《七書》，昕夕講解，一時材官接踵而出，視文相埒矣。己卯冬載，奉命撫齊。夫齊，非三軍之良，五家之兵邪？管子作《內政》，禦戎翟，衛諸夏，而諸侯鞭箠使矣。乃予行部睹六郡材官子弟，策肥刺梁籌之諸家言，什不能一對。大都中原，承平日久，人諱言兵。武弁者流，媮時恬嬉，鮮自奉於勳名。夫齊魯，左輔重地，上護陵京，而武不知經，緩急曷賴？予唯是兢兢懼如。西南既殿，最是騎射尋檄，其講讀武經而所在鮮畜是書者，臨清兵巡副使賈君攜有《直解》一編，出以視予，遂屬東昌守梓之以廣其傳。

無何,報竣,乃請予一言以著之末間。噫,予何言哉?是書間出幻化,即不盡軌於正義,大較戰守、攻圍、離合、奇正,瞭然指掌矣。《孫》《吳》《司馬法》《李衛公問對》,斤斤可考。《三略》《六韜》《尉繚子》,昔人謂托名著者,吾祖其淵,謀石畫焉爾。真贋毋論也。卑卑自營者輒曰:今日四夷解辦納貢,邊吏且釋戈以豎卧鼓,即數子者復出,無所用之,奚籍此書爲是不聞之塲師乎?所曰滋培成干霄之材者,爲異日工師需也。若曹幸遭治世,不以是時究竟籌略方隅,緩急時有籍令提桴鼓,執綏安,能從馬上受書耶?昔漢主教驃騎將軍學古兵法,將軍曰:"顧方略何如耳。"是書也,蓋欲習者悟其機於迎刃轉圜之間,以儲千城腹心之選,匪直資若曹齒頰譚也。嗟乎!喜建豎者,儒吏抵掌乎韜鈐門藻繢者,武吏餂名於觚管,比皆越俎治矣。文武攻其業以爲國家,彪炳中外,庶幾答百世之遇,是書可少之哉!書凡若干卷。《直解》,進士劉拱辰著,詳具襄城李公叙中。參校訂正,則副使賈仁元、知府莫與齊也。萬曆九年辛巳六月望日賜進士通議大夫巡撫山東都察院右副都御史内江何起鳴序。

影印明本《武經七書直解》序

楊言昌

古籍散佚,兵書稱最。漢初張良、韓信序次兵法,凡百八十二家。删取要用,定著三十五家,周秦兵書十去七八。其後楊僕捃拾遺逸,任宏論次兵書,《漢志》所載僅五十三家,大都佚逸不可考。隋唐以後,兵書附庸子部,張、韓、楊、任、董校兵書之盛事,不可復見。魏武兵法爲世所稱,卒皆不傳。

古兵書以次散佚，良可慨也。清輯《四庫全書》，對兵家似不甚措意，一切注本蓋未見收。今世習見之書，如《孫子》魏武帝注，《孫子》十家之屬，悉不著錄。若無孫星衍爲之校刊，未必傳誦人間。明人撰述，受厄尤多。禁書總目及違礙書目，列籌兵藥言等書，凡十餘種，過事摧殘淘汰，惟恐不盡。茅元儀《武備志》曾經神宗一夜之覽，天語稱其賅博，即以顏其堂。若此類之屬，皆多被屏不錄，去取豈得謂平。清初武功甚盛，然講武之制遠遜宋明。宋晁公武《郡齋讀書志》曰："仁廟時，天下承平久，人不習兵。元昊既叛，邊將數敗。朝廷頗訪知兵者，士大夫人人言兵矣。故本朝注解孫武者大抵皆當時人也。"以是知仁宗留心武事，既訪知兵者，又恐群帥昧古今之學，命曾公亮等撰《武經總要》，俾資流覽。神宗承其餘緒，於元豐中，以《六韜》、《孫子》、《吳子》、《司馬法》、黃石公《三略》、《尉繚子》、《李衛公問對》頒行武學，令習之，號《七書》。《七書》之名蓋昉此。自是以後武學始有可觀。當時尚無"四書"之稱，而《七書》已列學官，置博士。何薳《春渚紀聞》言其父何去非爲武學博士，受詔校《七書》是也。於是蘇長公、梅聖俞輩因踵魏武、李荃、杜牧，著爲孫子疏解。及施子美出，以武學上舍作《七書講義》，開《七書》注解之先聲。號稱贍博。趙宋君臣後先輝映有足多者。明洪武三十年，太祖有旨，俾軍官子孫講讀武書，通曉者臨期試用。是年，兵部奉旨刻完《武經七書》，送監各印一部，以給公侯駙馬伯都督以下武職子孫附監讀書者。劉寅因作《直解》，隨文解義，明暢易曉，稱武經善本。明代踵事翻刻，朱氏《萬卷堂書目》、高氏《百川書志》均載此書無缺。《明史·藝文志》兵書類首列之，乃《四庫》獨收《三略直解》一種。劉書在當時非不可得以採訪，不力致，湮没數百年，日本且有重刊本，中土反晦而不彰，寧非怪事？清宣統間，余客南京，得從丁氏八千卷樓藏書中獲睹全帙鋟板，力有未逮，感喟不能自已。民元以來，影印古書一時稱盛，惜皆未之採，及開府諸帥無垂意者，竊所未解，因是二十餘年，常縈夢寐，有懷未吐，如鯁在喉。今春陸軍印刷所照相部成立，亟謀影印，因商諸國學圖書館館長鎮江柳翼謀先生。先生素以宣傳文化爲己任，慨然許諾，宿願始酬。影印既竟，略志數言以告讀此書者。民國二十二年九月中山楊言昌謹識。

蘭陵孫氏重雕宋本《孫吳司馬法》序

孫星衍

《孫子》三卷，魏武帝注，《吳起》二卷，《司馬法》三卷，皆宋雕本。嘉慶五年三月，屬顧茂才廣圻影寫刊版行世。爲之序曰：孫、吳、司馬之書，見漢《藝文志》者，《孫子》篇卷不止此，然《史記》已稱十三篇，則此爲完書，篇多者反由漢人輯錄。吳起書存六篇，或是散佚。《司馬法》在《藝文志》"禮家"，證之《史記》，言齊威王追論古者司馬兵法而附穰苴於其中，因號之曰《司馬穰苴兵法》。古本或爲一書，然經史傳注所引《司馬法》多今本所無，疑在百五十五篇中。《玉海》則以爲今存五篇。《太平御覽》則引古《司馬兵法》，文與今本多同，又載穰苴兵法不在此書。左思亦有"疇昔覽穰苴"之語。《通典》亦引司馬穰苴，豈今佚者爲穰苴書耶？《通典》引司馬穰苴曰："五人爲伍，十伍爲隊。一軍凡二百五十隊，餘奇爲握奇。故一軍以三千七百五十人爲奇兵，隊七十有五以爲中壘,守地六千尺,積尺得四里,以中壘四面乘之,一面得地三百步,壘內有地三頃餘百八十步,正門爲握奇大將軍居之。六纛五麾金鼓府藏輜積皆中壘,外餘八千七百五十人,隊爲一百七十五,分爲八陣,六陣各有千九十四人,六陣各減一人以爲一陣之部署,舉一軍則千軍可知。"此文又見《太平御覽》,又有注云:"凡兵者四正四奇,或合而爲一,或離而爲八,是曰八陣。"故曰:以正合,以奇勝也。《御覽》又引《穰苴兵法》曰:"以戰止戰,雖戰可也。戰,春不東,秋不西,月食還師,所以止戰也。"後四語今本無之。阮孝緒作《七錄》時,《孫子》爲上中下三卷,見《史記正義》。《隋書·經籍志》載《孫子兵法》一卷,魏武帝注。《吳起兵法》一卷,賈詡注。《司馬法》三卷,齊將司馬穰苴撰,即今本也。賈注已佚,或即《太平御覽》所引注文。《司馬法》爲齊威王時大夫追論撰述之書,《隋志》題屬穰苴,誤也。兵家言:自漢張良、韓信、任宏序次定著之後,魏武、諸葛亮各爲寫錄,列代名將行用,流傳不絕。宋元豐時,以此三書幷《六韜》《三略》《尉繚》《李靖兵法》爲《武經七書》,列在學官,不得由後人妄自增損,如後世所存《三墳》《子夏傳》諸書僞造之本。今國家令出,以孫、吳、司馬書校武士伏讀。《欽定四庫書目提要》言:"應武舉者所誦習坊刻,講章鄙俚淺陋,無一可取,是善本傳世最少,恐試官發題舛誤,文意乖違,所失大矣。"嘗讀華陰道藏手錄《孫子十家注》本,刊於歷下,又得明洪武時進士劉寅《直解武經三書》校此本,大略相同,補其缺頁,寅凡例因宋國子司業朱服校定之舊,是宋本如此,寅又據舊本增訂數處,蓋宋時別本耳。此本既影寫上版,宋人缺筆字及不合六書字體皆仍其舊,每篇有卷上中下,題識又不分卷,亦回之版心,注明補頁,不惑後人。

當與顧茂才商榷作《音義》附後，云軍爲五禮之一，傳者宜知。戰陣無勇，經言非孝，而孔子云："軍旅之事，未之學也。"豈慎戰之義？或學其書，未習其事，指謂不歷戎行，與夾谷之會，使司馬兵萊人反侵地，可知有武備矣。不佞遠祖孫子，家燕山。忠湣侯及子弟群從，以明初佐命功，析圭分鐵券者數世，中葉以來，始以科名文學顯。愧將門之後，未究兵鈐，僅因獲舊書，與同志分別真贗，又嘗得古印方半寸，文云"孫武私印"，藏於家。又得古辟兵錢，背有騎將相面，文云"吳將孫武"，以贈翁翰林樹培，古人嗤"雕蟲小技，壯夫不爲"，其斯之謂矣。是歲庚申，斗指己午二辰間之月，進士及第翰林編修刑部郎中分巡山東兗沂曹濟兵備道署山東按察使孫星衍撰，吳縣學生顧蒓書。

《吳子》四庫提要

《吳子》一卷　通行本

周吳起撰。起，事迹見《史記》列傳。司馬遷稱"起兵法世多有"，而不言篇數。《漢·藝文志》載《吳起》四十八篇。然《隋志》作一卷，賈詡注。《唐志》并同。鄭樵《通志略》又有孫鎬注一卷。均無所謂四十八篇者。蓋亦如孫武之八十二篇出於附益，非其本書，世不傳也。鼂公武《讀書志》則作三卷，稱唐陸希聲類次爲之，凡《說國》《料敵》《治兵》《論將》《變化》《勵士》六篇。今所行本雖仍并爲一卷，然篇目并與《讀書志》合。惟《變化》作《應變》，則未知孰誤耳。起殺妻求將，嚙臂盟母，其行事殊不足道。然嘗受學於曾子，耳濡目染，終有典型。故持論頗不詭於正，如對魏武侯則曰"在德不在險"，論制國治軍則曰"教之以禮,勵之以義",論爲將之道則曰"所慎者五,一曰理,二曰備,三曰果,四曰戒,五曰約",大抵皆尚有先王節制之遺。高似孫《子略》謂其"尚禮義、明教訓,或有得於《司馬法》者",斯言允矣。

《武經彙解》序

朱墉

自六經復出於漢,學者莫得其本真,於是諸儒章句之學興焉,其後傳注箋解疏義轉相講述,而聖道以明,至兵法之書,則猶多缺略也。然余觀文武兩途,如陰陽之不可相無也,第文爲陽,而主乎春夏,武爲陰,而主乎秋冬,發生者尚仁,肅殺者尚義。故孔子删《詩》《書》而贊乾元,老氏則論道德而崇清浄,孟子、荀卿專本尼山,莊、列、申、韓惟師柱下。蓋虛無流爲刑名,刑名流爲兵律,分軌殊趨,各有旨歸矣。獨是六經之道,原簡嚴易直,迂儒强爲分疏,而煩者不勝其煩。七子之言,則放誕變遷,後人附會支離,而略者終守其略,雖有張、杜、梅、陳、歐陽諸先輩詮釋,而世無善本,户少藏書,使武士不識統宗,良可悼哉!

余嘗從《藝文志》繙閱遺編,竊有所得也。若《孫子》之詭譎奥深、窮幽極渺,《吴子》之醇正簡要、恕己近情,《司馬》之縝密謹嚴、詳核周至,《衛公》之辨析精微、考據典確,《尉繚》之敦本務實、峻法明刑,《黄石》之機權敏幻、智術淵閎,《太公》之規模闊大、本末兼該,是以并列虋宫,武士得其一二,足以建立奇勳,豈得謂爲語言文字,而不身體力行哉?説者曰:暗合運用者,在於意授,何須更下注脚,失於膠柱刻舟?然冥悟可以求上哲，而不可以期中庸，讀書而懷疑，如矇瞽之憒憒於途，何如揭日月於中天乎？余故從而訂之，疏解有淺深，彙集有先後，既統括其大綱，更纂序其神吻，必使無義不徹而止。世之好學者，其亦鑑余衷哉？但余上之不能修德行於鄉黨，次之不能效智勇於邊陲，僅窮年兀首，考同辨異，爲蠹魚以老，其亦食仙而不化，無補於六經聖道，未免爲君子所鄙笑也已。時康熙三十九年庚辰吉月穀旦，清溪鹿剛朱墉書。

重刊《武經彙解》總序

國　英

夫有文事者，必有武備。言乎文事則新民明德，言乎武備則攻心伐謀。二者相因而事功乃濟。兵書一道，非習之於常不能應之於變。憶自道光間，封疆底空，教匪初平，偃武修文，人皆忌戰。未幾，海疆釁起，粵逆相繼爲亂，海內騷動者垂二十年。豈非武備不講之故歟？余少孤寡，學武略非所知故，讀《武備志》《紀效新書》茫然莫測其旨。洎乎供職兵曹，閱四司所掌故□知我朝兵制，所以勵將士、簡軍實者，猶是大司馬九伐之遺意。友人瑞芝軒（斌）以《武經彙解》見授，余讀而愛之。迨分巡歸綏，值西疆回匪擾及晋郊，勒兵助剿而金鷄堡以平，則得此書之力也。按《七書》之中，《四庫全書總目》收其注者惟劉寅《三略直解》。至阮芸臺相國所進，則有《孫子十家注》、劉寅《尉繚子直解》。道藏則有魏武帝《孫子遺説》。而此書所采至八十五種，可謂賅而博矣。夫歷代談兵之書最夥，然皆以《七書》爲宗。鹿剛復彙衆説而解之，其闡發尤爲美備，雖《六韜》《三略》，或終爲托，然言之有故，據之成理，要非淺淺寡謀者所能道。讀兵家言者，取其□用足以，豈必拘於此哉！余擬購求別本，遍訪不可得。深恐前賢秘笈湮没不傳，爰與幕中同志校而刊之，使讀之者條分縷析，瞭如指掌。庶天下智能之士，得知兵家厲害，爲國家宣力四方，靖内患而潔外侮，余心不大慰哉？晚近士大夫潤色升平，諱言韜略，動以兵凶戰危爲解，而武備以廢。不知安，不思危，治不思亂，古訓有之。鹿剛見及此而以興無空本爲作是編，今甫去鹿剛百七十年，此書有復散軼，余故影壽諸興以爲百年之備云爾。光緒二年丙子孟夏上瀚輝發國英鼎臣氏書於對青山房。

《吳子彙解》序

國　英

我朝武試，默經不出孫、吳二種。吳子六篇，首重《圖國》，其曰："教百姓而親萬民。"又曰："綏以道，理以義，動以禮，撫以仁。"信乎治端其本。兵濟其窮，所謂持論不詭於正者，近是。起嘗師事曾子，於聖功王道之旨，積漸者深。特生當戰國，上非新民明德之君，下無深謀遠慮之敵，使於此高言三代，安足動當世諸侯王哉？論者以鮮王道、多霸術爲吳子病，不知古人因時立論，各擅所長。讀《料敵》《治兵》《論將》《應變》諸篇，較孫子爲正。而《勵士》一篇分別賞罰，與《三略》實相表裏。起相魏擊秦，與士卒同甘苦，病疽者親爲吮之。相楚，捐官廢公族以養戰士，故盡得士心，而樂爲效死。不世之功半出於此。太史公謂起兵法世多有，而不言篇數。《隋志》《唐志》作一卷，晁公武《讀書志》作三卷，唐陸希聲類次之，凡六篇。今因之而試士焉。夫通經所以致用，食古尤貴化神。讀兵家言者必上參經史，旁及諸子百家，而後擷其精，通其變，庶不爲古書所囿。否則，吳子用兵，雖穰苴弗能過，然使遇太公之文伐，《三略》之本圖，亦不能無所屈抑。余願爲讀是書者一考證焉。光緒丙子季夏輝發國英撰。

《武經開宗》序

曾 櫻

夫經文維武，有二乎哉？胸無數萬甲兵者，不可以言文；胸無數萬甲兵者，何足以語武？此今上所爲重出將入相之才也。故《易》言"師貞"，《詩》詠"吉甫"，《書》稱"除殘伐暴"，《禮》載"樽俎折衝"，《春秋》紀"誅亂攘夷"，下迨百家諸史，縷縷不廢譚兵，良以國命民生實綰諸此，未可易言。我祖宗養士幾三百年，稍遇盤錯，終未得如韓、范者，起而寒亂賊之膽，何也？文臣不識武，與武臣不知文，一也。文臣不識武，安能以八股張六軍勇氣？武臣不知文，又安能以一劍作萬里長城哉？

邇者奴酋反側，流寇披猖，聖天子廑拊髀之思，慨然以武科并重文闈，誠將相抒猷之會也。莆陽文獻甲天下，固不乏蹇蹇、桓桓之彥，堪爲國家勒鐘鼎殊勳，標銅柱旗獸。余不佞，分守茲土，叨預觀風之役，貨披壺蘭之秀，而品題之，乃得黃生獻臣、陸生經翼列諸前矛。既受評文之任，復提講武之衡，入彀中者，亦皆彬彬豪俊，而陸生沖與焉。

已而黃、陸三生以解釋《武經》請政於余，余閱之，覺從前牽合附會之陋滌除净盡，一開卷而瞭然心目，誠登壇之上略，保國之良圖也。文士所當盡心,亶其然乎?宋儒黃勉齋先生文武兼資,三生行將步其武矣。自此,而懋勤大業,翼爲明聖,尚未有艾。余故曰:出將入相,朝廷以此正其始;經文緯武,是編洵足開其宗。賜進士出身分守興泉道江右峽江曾櫻,孟夏朔旦題於壺蘭公署。

武經總論

陸經翼

粵稽《陰符》創自黃帝,《握奇》成於風后,久已勒之爲經,是則兵法故不自《七書》昉矣,但兵制至成周而大備。維時渭陽,八十二年之老,飛熊叶兆,鷹揚樹勳,應孟津八百之會,起而於虎賁三千,共贊"我武維揚"之烈,則《六韜》實爲《七書》之祖。迨張留侯受書於圯上老人,老人曰:"後十三年當遇我濟北,穀城山下黃石即我也。"旦日視之,乃《尚父兵法》,玄微簡要,與《素書》相表裏,是黃石特授書之人耳。自太公封齊,傳《周官・大司馬》"九伐"法,於治國安邦之中,寓建威銷萌之義。管夷吾一變而爲節制,田穰苴再變而爲權詐。齊威王追論古《司馬兵法》,而附穰苴於中,遂以爲《司馬穰苴兵法》。五篇中,心思入密,隨事不苟,非古名將不能爲此。則此三書者,謂皆《尚父兵法》可也。噫,亦至矣!盡矣!然列國紛爭之際,兵法愈雄,王道寖微,不得不取材於將略,故孫武、吳起、尉繚之書附焉。武以伍員薦如吳,爲上將,西破强楚,入郢,北威齊、晋,顯名諸侯。起嘗學於曾子,與聞禮教之説,書較孫武爲簡,而考其破齊、制秦、伯楚,伐尤宣大。尉繚從學鬼谷,精察陰陽,其所談兵,惟崇修人事、率民務農之旨,頗能窺兵家本統,若重刑諸令,則嚴酷苛暴,抑何深刻少恩也?竊以爲事貴曲防,法宜詳設,善讀者預知所儆,不殺可也,此則尉繚言外之旨也。

漢唐以來,名將輩出,非無可紀,即如諸葛隆中事業,卓絕千古,而《出師》兩《表》,開誠數語,足泣鬼神,然其書不少概見,所傳多襲陳言,竊意其贋,故不俱錄。惟《李衛公》暢《孫》《吳》《韜》《略》之旨,其談兵爲最詳。夫以太宗不世出之英主,藥師佐之,戡亂致治,君臣相得,召對拜颺,亦一時盛事。《問對》中,每章各有證佐,堪爲諸經之引藥,而兵家變化,從此一卷收之,合爲《七書》,取其有關《六書》之言,非取其佐唐之功也。如疑其人,兵疑其言,則師尚父大聖人,著丹書宜也。《六韜》中機械變詐,豈聖人立言本意?不知兵陰謀也、詭道也、詐術也,聖人不必有其事,而不必不立其言,學者會立言之意,隨機應變,神明不測,使《七書》爲我用,而我不爲《七書》用,其於兵法,思過半矣。

然則編書何以首《孫子》?蓋《孫子》十三篇,適括諸書之意,而盡用兵之變。我莆宋儒鄭先生曰:"文士亦當盡心。"況兜鍪家哉?故揭而首之。又虞學者之日尋於詐也,《吳》術幾正焉,故次之。此即"九伐"之意,仁爲本,而權謀濟之者也,故《司馬法》又次之。暢其説者,其《李衛公》乎,又次之。習其説,而不敷其教,未盡也,尉繚子詳言兵教、兵令者也,又次之。而大要皆發明《三略》《六韜》之旨,故《韜》《略》終焉,令人知所會通云。乃知數子之功有軒輊,而數子之言無優劣,何也?書雖七,而旨則一也;通其旨,雖諸書盡廢可也。

然則,《七書》之外,遂無傳乎?夫歷代名將不俱論,間嘗經薊鎮、渡廈門,指點塞垣,低徊戰地,黃鵠白鳧猶陳述戚將軍不置口。壬戌世廟，倭陷莆城，將軍一舉掃之，而豺狼屏迹。即其所談將略，每致意於將心將德，如所云"理明識定""心一氣齊""捨身竭力""正心立志"等語，皆原本聖賢致知誠意之旨，忠君報國之憂，洵後學之津梁、封狼居胥之塙（疑應爲"嵩"）矢也，雖《七書》增而八可也。自此而參之歷代名將，以考其奇，射御弓馬陣法，以盡其用，又何患不掃穴犁庭哉？

今聖天子以技勇文藝廣屬學官，兼程并課，明乎文弱不可以捍侮，徒勇又不足以制勝。學者每思勒燕然而標銅柱，不知養氣調神，以爲戰勝地者何在，安得起隆中、圯上諸君子，以應聖天子拊髀之思也？是爲論。

讀此而《武經》肯綮已洞若列眉，誠後學之司南也。羽功。

《吳子正義》序

關重秀

夫將三軍，使士卒樂死，敵國不敢謀，此吳起子自以爲能焉也矣。初事魯君爲將，魯人惡之，於是事魏文侯爲將。文侯既卒，事其子武侯。卿相謀而使去魏即之楚，楚亦用爲相，卒死於楚，其成功苟大。吳子之説兵也，簡而不煩；吳子之用兵也，善而不過。如其嚙臂吮疽、殺妻伏尸之行事，或似猜忍，誠非烈丈夫，曷能致此？蓋吳子將帥之大材也。《尉繚子》曰："有提七萬之衆而天下莫敢當者誰？曰：吳起也。"古人稱之，予何言哉？文化癸酉春二月，加賀關重秀序。

《吴子副詮》序

佐藤一齋

宋代創《武經七書》之名,然除孫、吳外,概屬僞贗。《孫子》注不下十數家,後世兵家皆祖述而講明之,殆無遺説。但《吴子》亞《孫子》而專攻之者鮮。頃爲武弁子弟講此書,因就本文插入數字,傍復粗下脚語,欲其易曉也。名之曰《副詮》,猶言本文爲將帥而詮爲之副云耳。至於詮大意,則出於鄙説者居十之三,餘大抵與古人所釋同,今不復識別,讀者須知。時天保十一年,春仲月上澣二日,識於愛日樓南軒。一齋居士。

附錄三
吳起傳(《史記·孫子吳起列傳》節錄)

吳起者,衛人也,好用兵。嘗學於曾子,事魯君。齊人攻魯,魯欲將吳起,吳起取齊女爲妻,而魯疑之。吳起於是欲就名,遂殺其妻,以明不與齊也。魯卒以爲將。將而攻齊,大破之。

魯人或惡吳起曰:"起之爲人,猜忍人也。其少時,家累千金,游仕不遂,遂破其家,鄉黨笑之,吳起殺其謗己者三十餘人,而東出衛郭門。與其母訣,齧臂而盟曰:'起不爲卿相,不復入衛。'遂事曾子。居頃之,其母死,起終不歸。曾子薄之,而與起絕。起乃之魯,學兵法以事魯君。魯君疑之,起殺妻以求將。夫魯小國,而有戰勝之名,則諸侯圖魯矣。且魯、衛兄弟之國也,而君用起,則是棄衛。"魯君疑之,謝吳起。

吳起於是聞魏文侯賢,欲事之。文侯問李克曰:"吳起何如人哉?"李克曰:"起貪而好色,然用兵司馬穰苴不能過也。"於是魏文侯以爲將,擊秦,拔五城。

起之爲將,與士卒最下者同衣食。臥不設席,行不騎乘,親裹贏糧,與士卒分勞苦。卒有病疽者,起爲吮之。卒母聞而哭之。人曰:"子卒也,而將軍自吮其疽,何哭爲?"母曰:"非然也。往年吳公吮其父,其父戰不旋踵,遂死於敵。吳公今又吮其子，妾不知其死所矣。是以哭之。"

　　文侯以吳起善用兵，廉平，盡能得士心，乃以爲西河守，以拒秦、韓。

　　魏文侯既卒，起事其子武侯。武侯浮西河而下，中流，顧而謂吳起曰："美哉乎山河之固，此魏國之寶也！"起對曰："在德不在險。昔三苗氏左洞庭，右彭蠡，德義不修，禹滅之。夏桀之居，左河濟，右泰華，伊闕在其南，羊腸在其北，修政不仁，湯放之。殷紂之國，左孟門，右太行，常山在其北，大河經其南，修政不德，武王殺之。由此觀之，在德不在險。若君不修德，舟中之人盡爲敵國也。"武侯曰："善。"

　　（即封）吳起爲西河守，甚有聲名。魏置相，相田文。吳起不悅，謂田文曰："請與子論功，可乎？"田文曰："可。"起曰："將三軍，使士卒樂死，敵國不敢謀，子孰與起？"文曰："不如子。"起曰："治百官，親萬民，實府庫，子孰與起？"文曰："不如子。"起曰："守西河而秦兵不敢東鄉，韓趙賓從，子孰與起？"文曰："不如子。"起曰："此三者，子皆出吾下，而位加吾上，何也？"文曰："主少國疑，大臣未附，百姓不信，方是之時，屬之於子乎？屬之於我乎？"起默然良久，曰："屬之子矣。"文曰："此乃吾所以居子之上也。"吳起乃自知弗如田文。

　　田文既死，公叔爲相，尚魏公主，而害吳起。公叔之僕曰："起易去也。"公叔曰："奈何？"其僕曰："吳起爲人節廉而自喜名也。君因先與武侯言曰：'夫吳起賢人也，而侯之國小，又與強秦壤界，臣竊恐起之無留心也。'武侯即曰：'奈何？'君因謂武侯曰：'試延以公主，起有留心則必受之，無留心則必辭矣。以此卜之。'君因召吳起而與歸，即令公主怒而輕君。吳起見公主之賤君也，則必辭。"於是吳起見公主之賤魏相,果辭魏武侯。武侯疑之而弗信也。吳起懼得罪,遂去,即之楚。

楚悼王素聞起賢,至則相楚。明法審令,捐不急之官,廢公族疏遠者,以撫養戰鬥之士。要在強兵,破馳說之言從橫者。於是南平百越;北并陳蔡,卻三晉;西伐秦。諸侯患楚之強。故楚之貴戚盡欲害吳起。及悼王死,宗室大臣作亂而攻吳起,吳起走之王尸而伏之。擊起之徒因射刺吳起,并中悼王。悼王既葬,太子立,乃使令尹盡誅射吳起而并中王尸者。坐射起而夷宗死者七十餘家。

附錄四　其他資料輯錄

　　臨武君與孫卿子議兵於趙孝成王前。王曰："請問兵要。"臨武君對曰："上得天時,下得地利,觀敵之變動,後之發,先之至,此用兵之要術也。"孫卿子曰："不然,臣所聞古之道,凡用兵攻戰之本在乎壹民。弓矢不調,則羿不能以中微;六馬不和,則造父不能以致遠;士民不親附,則湯、武不能以必勝也。故善附民者,是乃善用兵者也。故兵要在乎善附民而已。"臨武君曰："不然。兵之所貴者勢利也,所行者變詐也。善用兵者,感忽悠闇,莫知其所從出,孫、吳用之,無敵於天下,豈必待附民哉?"孫卿子曰："不然。臣之所道,仁人之兵,王者之志也。君之所貴,權謀勢利也。所行,攻奪變詐也,諸侯之事也。"

《荀子·議兵》

　　魏武侯謀事而當,群臣莫能逮,退朝而有喜色。吳起進曰："亦嘗有以楚莊王之語聞於左右者乎?"武侯曰："楚莊王之語何如?"吳起對曰："楚莊王謀事而當,君臣莫逮,退朝而有憂色。申公巫臣進問曰:'王朝而有憂色,何也?'莊王曰:'不穀謀事而當,群臣莫能逮,是以憂也。其在中歸之言也,曰:諸侯自爲得師者王,得友者霸,得疑者存,自爲謀而莫己若者亡。今以不穀之不肖，而群臣莫吾逮，吾國幾於亡乎，是以憂也。'楚莊王以憂，而君以喜。"武侯逡巡再拜曰："天使夫子振寡人之過也。"

《荀子·堯問》

吴起收泣於岸門，痛西河之爲秦，卒枝解於楚。

《韓非子·難言》

昔者吴起教楚悼王以楚國之俗曰："大臣太重，封君太衆。若此，則上逼主而下虐民，此貧國弱兵之道也。不如使封君之子孫三世而收爵禄，絶減百吏之禄秩，損不急之枝官，以奉選練之士。"悼王行之期年而薨矣，吴起枝解於楚。

《韓非子·和氏》

楚不用吴起而削亂，秦行商君法而富强，二子之言也已當矣，然而枝解吴起而車裂商君者，何也？大臣苦法而細民惡治也。

《韓非子·和氏》

魯季孫新弑其君，吴起仕焉。或謂起曰："夫死者，始死而血，已血而衄，已衄而灰，已灰而土。及其土也，無可爲者矣。今季孫乃始血，其毋乃未可知也。"吴起因去之晋。

《韓非子·説林上》

吴起爲魏武侯西河之守。秦有小亭臨境，吴起欲攻之。不去，則甚害田者；去之，則不足以征甲兵。於是乃倚一車轅於北門之外而令之曰："有能徙此南門之外者，賜之上田、上宅。"人莫之徙也。及有徙之者，遂賜之如令。俄又置一石赤菽於東門之外而令之曰："有能徙此於西門之外者，賜之如初。"人爭徙之。乃下令曰："明日且攻亭，有能先登者，仕之國大夫，賜之上田、上宅。"人爭趨之。於是攻亭，一朝而拔之。

《韓非子·內儲說上·七術》

吳起爲魏將而攻中山。軍人有病疽者，吳起跪而自吮其膿。傷者之母立而泣，人問曰："將軍於若子如是，尚何爲而泣？"對曰："吳起吮其父之創而父死，今是子又將死也，今吾是以泣。"

《韓非子·外儲說左上》

吳起出，遇故人而止之食。故人曰："諾，期返而食。"吳子曰："待公而食。"故人至暮不來，吳起至暮不食而待之。明日早，令人求故人。故人來，方與之食。

《韓非子·外儲說左上》

吳起，衛左氏中人也，使其妻織組，而幅狹於度。吳子使更之。其妻曰："諾。"及成，復度之，果不中度，吳子大怒。其妻對曰："吾始經之而不可更也。"吳子出之。其妻請其兄而索入。其兄曰："吳子，爲法者也。其爲法也，且欲以與萬乘致功，必先踐之妻妾然後行之，子毋幾索入矣。"其妻之弟又重於衛君，乃因以衛君之重請吳子。吳子不聽，遂去衛而入荊也。

一曰：吳起示其妻以組，曰："子爲我織組，令之如是。"組已就而效之，其組異善。起曰："使子爲組，令之如是，而今也異善，何也？"其妻曰："用財若一也，加務善之。"吳起曰："非語也。"使之衣而歸。其父往請之，吳起曰："起家無虛言。"

《韓非子·外儲説右上》

境内皆言兵，藏孫、吳之書者家有之，而兵愈弱，言戰者多，披甲者少也。

《韓非子·五蠹》

是故比干之殪，其抗也；孟賁之殺，其勇也；西施之沈，其美也；吳起之裂，其事也。故彼人者，寡不死其所長，故曰"太盛難守"也。

《墨子·親士》

吳起事悼王，使私不害公，讒不蔽忠；言不取苟合，行不取苟容，行義不固毀譽，必有伯主強國，不辭禍凶。

《戰國策·秦策三》

吳起爲楚悼罷無能，廢無用，損不急之官，塞私門之請，壹楚國之俗，南攻揚、越，北并陳、蔡，破橫散從，使馳説之士無所開其口。功已成矣，卒支解。

《戰國策·秦策三》

臣之所聞，攻戰之道非師者，雖有百萬之軍，比（北）之堂上；雖有闔閭、吳起之將，禽之户内；千丈之城，拔之尊俎之間;百尺之衝,折之衽席之上。

《戰國策·齊策五》

食人炊骨,士無反北之心,是孫臏、吳起之兵也。

《戰國策·齊策六》

魏武侯與諸大夫浮於西河,稱曰:"河山之險,豈不亦信固哉!"王鍾(錯)侍王曰:"此晉國之所以強也。若善修之,則霸王之業具矣。"吳起對曰:"吾君之言,危國之道也,而子又附之,是(重)危也。"

武侯忿然曰:"子之言有説乎?"吳起對曰:"河山之險,信不足保也,是伯王之業,不從此也。昔者三苗之居,左彭蠡之波,右有洞庭之水,文山在其南,而衡山在其北。恃此險也,爲政不善,而禹放逐之。夫夏桀之國,左天門之陰,而右天谿之陽,廬、睪在其北,伊、洛出其南。有此險也,然爲政不善,而湯伐之。殷紂之國,左孟門而右漳、釜,前帶河,後被山。有此險也,然爲政不善,而武王伐之。且君親從臣而勝降城,城非不高也,人民非不衆也,然而可得并者,政惡故也。從是觀之,地形險阻,奚足以霸王矣?"

武侯曰:"善。吾乃今日聞聖人之言也。西河之政,專委之子矣。"

《戰國策·魏策一》

魏公叔痤爲魏將,而與韓、趙戰澮北,禽樂祚。魏王説,迎郊,以賞田百萬禄之。公叔痤反走,再拜辭曰:"夫使士卒不崩,直而不倚,棟橈而不辟者,此吳起餘教也,臣不能爲也。

前脉形地之險阻,決利害之備,使三軍之士不迷惑者,巴寧、
爨襄之力也。懸賞罰於前,使民昭然信之於後者,王之明法
也。見敵之可也,鼓之不敢怠倦者,臣也。王特爲臣之右手
不倦賞臣,何也?若以臣之有功,臣何力之有乎?"王曰:
"善。"於是索吳起之後,賜之田二十萬。巴寧、爨襄田各
十萬。

《戰國策·魏策一》

有提十萬之衆,而天下莫當者誰?曰桓公也。有提七萬
之衆,而天下莫當者誰?曰吳起也。有提三萬之衆,而天下
莫當者誰?曰武子也。

《尉繚子·談制》

吳起與秦戰,舍不平隴畝,樸樕蓋之,以蔽霜露。如此何
也?不自高人故也。

《尉繚子·武議》

吳起學於曾子。

《呂氏春秋·當染》

吳起治西河之外,王錯譖之於魏武侯,武侯使人召之。
吳起至於岸門,止車而望西河,泣數行而下。其僕謂吳起曰:
"竊觀公之意,視釋天下若釋躧,今去西河而泣,何也?"吳起
抿泣而應之曰:"子不識。君知我而使我畢能西河,可以王。
今君聽讒人之議,而不知我,西河之爲秦取不久矣,魏從此削
矣。"吳起果去魏入楚。有間,西河畢入秦,秦日益大。此吳

起之所先見而泣也。

《呂氏春秋·長見》

郢人之以兩版垣也,吳起變之而見惡,賞罰易而民安樂。

《呂氏春秋·義賞》

吳起謂商文曰:"事君果有命矣夫!"商文曰:"何謂也?"吳起曰:"治四境之內,成馴教,變習俗,使君臣有義,父子有序,子與我孰賢?"商文曰:"吾不若子。"曰:"今日置質為臣,其主安重;今日釋璽辭官,其主安輕。子與我孰賢?"商文曰:"吾不若子。"曰:"士馬成列,馬與人敵,人在馬前,援枹一鼓,使三軍之士,樂死若生,子與我孰賢?"商文曰:"吾不若子。"吳起曰:"三者,子皆不吾若也,位則在吾上,命也夫事君!"商文曰:"善。子問我,我亦問子。世變主少,群臣相疑,黔首不定。屬之子乎?屬之我乎?"吳起默然不對。少選曰:"與子。"商文曰:"是吾所以加於子之上已。"吳起見其所以長,而不見其所以短;知其所以賢,而不知其所以不肖。故勝於西河,而困於王錯,傾造大難,身不得死焉。

《呂氏春秋·執一》

闔閭之教,孫、吳之兵,不能當矣。

《呂氏春秋·上德》

荊王薨,群臣攻吳起,兵於喪所。

《呂氏春秋·上德》

闔廬之用兵也，不過三萬；吴起之用兵也，不過五萬。

《吕氏春秋·用民》

吴起治西河之外，王錯譖之於魏武侯，武侯使人召之。吴起至於岸門，止車而休，望西河，泣數行而下。其僕謂之曰："竊觀公之志，視舍天下若舍屣。今去西河而泣，何也？"吴起雪泣而應之曰："子弗識也。君誠知我，而使我畢能，秦必可亡，而西河可以王。今君聽讒人之議，而不知我，西河之爲秦也不久矣，魏國從此削矣。"吴起果去魏入荆，而西河畢入秦。魏日以削，秦日益大。此吴起之所以先見而泣也。

《吕氏春秋·觀表》

吴起謂荆王曰："荆所有餘者，地也；所不足者，民也。今君王以所不足益所有餘，臣不得而爲也。"於是令貴人往實廣虛之地。皆甚苦之。荆王死，貴人皆來。尸在堂上，貴人相與射吴起。吴起號呼曰："吾示子吾用兵也。"拔矢而走，伏尸插矢而疾言曰："群臣亂王！"吴起死矣。且荆國之法，麗兵於王尸者，盡加重罪，逮三族。吴起之智可謂捷矣。

《吕氏春秋·貴卒》

吴起治西河，欲諭其信於民，夜日置表於南門之外，令於邑中曰："明日有人能償南門之外表者，仕長大夫。"明日日晏矣，莫有償表者。民相謂曰："此必不信。"有一人曰："試往償表，不得賞而已，何傷？"往償表，來謁吴起。吴起自見而出，仕之長大夫。夜日又復立表，又令於邑中如前。邑人守門爭表,表加植,不得所賞。自是之後,民信吳起之賞罰。"

《呂氏春秋·慎小》

吳起、張儀,智不若孔、墨,而爭萬乘之君,此其所以車裂支解也。

《淮南子·主術訓》

吳起刻削而車裂。

《淮南子·繆稱訓》

吳起爲楚令尹,適魏,問屈宜若曰:"王不知起之不肖,而以爲令尹。先生試觀起之爲人也。"屈子曰:"將奈何?"吳起曰:"將衰楚國之爵而平其制禄,損其有餘而綏其不足,砥礪甲兵,時爭利於天下。"屈子曰:"宜若聞之,昔善治國家者,不變其故,不易其常。今子將衰楚國之爵而平其制禄,損其有餘而綏其不足,是變其故,易其常也,行之者不利。宜若聞之曰:'怒者逆德也,兵者凶器也,爭者人之所本也。'今子陰謀逆德,好用凶器,始人之所本,逆之至也。且子用魯兵,不宜得志於齊,而得志焉。子用魏兵,不宜得志於秦,而得志焉。宜若聞之:非禍人不能成禍。吾固惑吾王之數逆天道,戾人理,至今無禍。差須夫子也。"吳起惕然曰:"尚可更乎?"屈子曰:"成形之徒,不可更也。子不若敦愛而篤行之。"

《淮南子·道應訓》

故魏兩用樓翟、吳起而亡西河;潛王專用淖齒而死於東廟。無術以御之也。

　　　　　　　　　　　　　　　　　《淮南子·氾論訓》

　　吳起爲楚滅爵禄之令而功臣畔矣。商鞅之立法也，吳起之用兵也，天下之善者也。然商鞅之法亡秦，察於刀筆之迹，而不知治亂之本也；吳起以兵弱楚，習於行陣之事，而不知廟戰之權也。

　　　　　　　　　　　　　　　　　《淮南子·泰族訓》

　　（魏武侯）九年，翟敗我于澮。使吳起伐齊，至靈丘。

　　　　　　　　　　　　　　　　　《史記·魏世家》

　　當是之時，秦用商君，富國强兵；楚、魏用吳起，戰勝弱敵；齊威王、宣王用孫子、田忌之徒，而諸侯東面朝齊。

　　　　　　　　　　　　　　　　《史記·孟子荀卿列傳》

　　驃騎將軍爲人少言不泄，有氣敢任。天子嘗欲教之孫、吳兵法。

　　　　　　　　　　　　　　　《史記·衛將軍驃騎列傳》

　　自孔子卒後，七十子之徒散游諸侯，大者爲師傅卿相，小者友教士大夫，或隱而不見。故子路居衛，子張居陳，澹臺子羽居楚，子夏居西河，子貢終於齊。如田子方、段干木、吳起、禽滑釐之屬，皆受業於子夏之倫，爲王者師。是時獨魏文侯好學。

　　　　　　　　　　　　　　　　　《史記·儒林列傳》

吾治生產，猶伊尹、呂尚之謀，孫、吳用兵，商鞅行法是也。是故其智不足與權變，勇不足以決斷，仁不能以取予，強不能有所守，雖欲學吾術，終不告之矣。

《史記·貨殖列傳》

非兵不強，非德不昌，黃帝、湯、武以興，桀、紂、二世以崩，可不慎歟？《司馬法》所從來尚矣，太公、孫、吳、王子能紹而明之，切近世，極人變。作《律書》第三。

《史記·太史公自序》

吳起刻削而車裂，商鞅峻法而支解。

《韓詩外傳一》

翟黃對曰："昔者，西河無守，臣進吳起而西河之外寧。"

《說苑·臣術》

魏武侯問"元年"於吳子。吳子對曰："言國君必慎始也。""慎始奈何？"曰："正之。""正之奈何？"曰："明智。智不明何以見正？多聞而擇焉，所以明智也。是故古者君始聽治，大夫而一言，士而一見，庶人有謁，必達，公族請問必語，四方至者勿距，可謂不壅蔽矣。分祿必及，用刑必中，居心必仁，思民之利，除民之害，可謂不失民眾矣。君身必正，近臣必選，大夫不兼官，執民柄者不在一族，可謂不權勢矣。此皆《春秋》之意，而元年之本也。"

《說苑·建本》

吳起爲苑守，行縣，適息，問屈宜臼曰："王不知起不肖，以爲苑守，先生將何以教之？"屈公不對。居一年，王以爲令尹，行縣，適息，問屈宜臼曰："起問先生，先生不教。今王不知起不肖，以爲令尹，先生試觀起爲之也。"屈公曰："子將奈何？"吳起曰："將均楚國之爵，而平其禄。損其有餘，而繼其不足。厲甲兵，以時爭於天下。"屈公曰："吾聞昔善治國家者，不變故，不易常。今子將均楚國之爵而平其禄，損其有餘而繼其不足，是變其故而易其常也。且吾聞兵者，凶器也；爭者，逆德也。今子陰謀逆德，好用凶器，殆人所棄，逆之至也。淫佚之事也，行者不利。且子用魯兵，不宜得志於齊，而得志焉；子用魏兵，不宜得志於秦，而得志焉。吾聞之曰：'非禍人不能成禍。'吾固怪吾王之數逆天道，至今無禍。嘻！且待夫子也。"吳起惕然曰："尚可更乎？"屈公曰："不可。"吳起曰："起之爲人謀。"屈公曰："成刑之徒，不可更已。子不如敦處而篤行之，楚國無貴於舉賢。"

《説苑・指武》

　　雄傑之士因勢輔時，作爲權詐以相傾覆。吳有孫武，齊有孫臏，魏有吳起，秦有商鞅，皆禽敵立勝，垂著篇籍。當此之時，合從連衡，轉相攻伐，代爲雌雄。齊愍以技擊强，魏惠以武卒奮，秦昭以鋭士勝。世方爭於功利，而馳説者以孫、吳爲宗。

《漢書・刑法志》

　　凡兵，所以存亡繼絶，救亂除害也。故伊、吕之將，子孫有國，與商、周并。至於末世，苟任詐力，以快貪殘，爭城殺人盈城,爭地殺人滿野。孫、吳、商、白之徒,皆身誅戮於前,而國滅亡於後。報應之勢,各以類至,其道然矣。

《漢書·刑法志》

　　重遭戰國,棄籩豆之禮,理軍旅之陣,孔氏之道抑,而孫、吳之術興。

《漢書·楚元王傳》

　　吳起爲魏守西河,而秦、韓不敢犯。讒人間焉,斥逐奔楚。

《漢書·王尊傳》

　　(《春秋左氏傳》)左丘明授曾申,申授吳起,起授其子期,期授楚人鐸椒。鐸椒作《抄撮》八卷授虞卿,虞卿作《抄撮》九卷授荀卿,荀卿授張蒼。

劉向《別錄》(《春秋序》孔疏引)

　　吳起臨陣,推劍不持;項羽初學劍,後貴兵略。此勇難獨用,況無勇乎?

《太平御覽》卷二百七十三

附錄五　吳起年譜[①]

公元前445年（周定王二十四年、秦厲共公三十二年、魏文侯元年、楚惠王四十四年、晉敬公七年、趙襄子三十年、齊宣公十一年、燕成公十年、魯悼公二十三年、宋昭公二十四年、越朱勾四年）　約在此年誕生於衛左氏邑。

孔子弟子言偃（子游）本年前後卒。

寧越本年前後生。

《孝經》撰成於本年前後。

子夏居西河，爲魏文侯師，魏國成爲儒學重要中心。

墨翟在魯，聞公輸班將攻宋，與其辯論。

"西河學術中心"始興。

公元前444年（周定王二十五年、秦厲共公三十三年、魏文侯二年、楚惠王四十五年、晉敬公八年、趙襄子三十一年、齊宣公十二年、燕成公十一年、魯悼公二十四年、宋昭公二十五年、越朱勾五年）　二歲，在衛。

魏人本年前後誦《段干木歌》。

李悝爲魏文侯上地守，初爲秦所敗，後敗秦。

[①] 本年譜參考《史記·六國年表》、錢穆《先秦諸子繫年》、趙逵夫主編《先秦文學編年史》和孫開泰《吳起傳》附錄二《吳起年譜》。

墨翟自魯至楚，止楚攻宋并勸楚王勿攻鄭，後又獻書楚惠王，惠王以老辭。後惠王以書社五里封墨翟，未受。後去楚返魯。

公元前 439 年（周考王二年、秦躁公四年、魏文侯七年、楚惠王五十年、晉敬公十三年、趙襄子三十六年、齊宣公十七年、燕成公十六年、魯悼公二十九年、宋昭公三十年、越朱勾十年） 七歲，在衛。

公元前 436 年（周考王五年、秦躁公七年、魏文侯十年、楚惠王五十三年、晉敬公十六年、趙襄子三十九年、齊宣公二十年、燕文公三年、魯元公元年、宋昭公三十三年、越朱勾十三年） 十歲，在衛。

孔子弟子曾參卒。子夏七十二歲。

公元前 434 年（周考王七年、秦躁公九年、魏文侯十二年、楚惠王五十五年、晉敬公十八年、趙襄子四十一年、齊宣公二十二年、燕文公五年、魯元公三年、宋昭公三十五年、越朱勾十五年） 十二歲，在衛。

魏文侯任用李悝改革政治，作"盡地力之教"，行平糴法。李悝始著《法經》。

公元前 433 年（周考王八年、秦躁公十年、魏文侯十三年、楚惠王五十六年、晉幽公元年、趙襄子四十二年、齊宣公二十三年、燕文公六年、魯元公四年、宋昭公三十六年、越朱勾十六年） 十三歲，在衛。

晉公室只有絳、曲沃等地，向魏、趙、韓三家朝見。

公元前 431 年（周考王十年、秦躁公十二年、魏文侯十五年、楚簡王元年、晉幽公三年、趙襄子四十四年、齊宣公二十五年、燕文公八年、魯元公六年、宋昭公三十八年、越朱勾十八年）　十五歲，在衛。

楚滅莒。

子夏本年前後卒。

公元前 425 年（周威烈王元年、秦懷公四年、魏文侯二十一年、楚簡王七年、晉幽公九年、趙襄子五十年、齊宣公三十一年、燕文公十四年、魯元公十二年、宋昭公四十四年、越朱勾二十四年）　二十一歲，在衛。

魏始稱侯、秦庶長鼂攻秦懷公，秦懷公自殺。

公元前 423 年（周威烈王三年、秦靈公二年、魏文侯二十三年、楚簡王九年、晉幽公十一年、韓武子二年、趙獻子元年、齊宣公三十三年、燕文公十六年、魯元公十四年、宋昭公四十六年、越朱勾二十六年）　二十三歲，在衛。

韓伐鄭，殺鄭幽公。

公元前 421 年（周威烈王五年、秦靈公四年、魏文侯二十五年、楚簡王十一年、晉幽公十三年、韓武子四年、趙獻子三年、齊宣公三十五年、燕文公十八年、魯元公十六年、宋悼公元年、越朱勾二十八年）　二十五歲，在衛。散金求官當在此年之後。

晉幽公與魯季孫會於楚邱。

公元前416年(周威烈王十年、秦靈公九年、魏文侯三十年、楚簡王十六年、晉幽公十八年、韓武子九年、趙獻子八年、齊宣公四十年、燕文公二十三年、魯元公二十一年、宋悼公六年、越朱勾三十三年)　三十歲,在衛。

　　晉幽公爲人民所殺,魏出兵鎮壓,立烈公。

公元前415年(周威烈王十一年、秦靈公十年、魏文侯三十一年、楚簡王十七年、晉烈公元年、韓武子十年、趙獻子九年、齊宣公四十一年、燕文公二十四年、魯穆公元年、宋悼公七年、越朱勾三十四年)　三十一歲,由衛逃到魯。師事曾參之子曾申,學《左氏春秋》。

　　越滅滕。
　　曾申、公儀休、子思等有名儒者均在魯。

公元前414年(周威烈王十二年、秦簡公元年、魏文侯三十二年、楚簡王十八年、晉烈公二年、韓武子十一年、趙獻子十年、齊宣公四十二年、燕簡公元年、魯穆公二年、宋悼公八年、越朱勾三十五年)　三十二歲,因母死不奔喪,曾申與之決裂。

　　在魯學兵法。

公元前413年(周威烈王十三年、秦簡公二年、魏文侯三十三年、楚簡王十九年、晉烈公三年、韓武子十二年、趙獻子十一年、齊宣公四十三年、燕簡公二年、魯穆公三年、宋悼公九年、越朱勾三十六年)　三十三歲,在魯學兵法。

　　魏敗秦於鄭,并不斷向秦的西河進攻。

楚伐魏南鄙。

公元前 412 年（周威烈王十四年、秦簡公三年、魏文侯三十四年、楚簡王二十年、晉烈公四年、韓武子十三年、趙獻子十二年、齊宣公四十四年、燕簡公三年、魯穆公四年、宋悼公十年、越朱勾三十七年）　三十四歲，吳起仕魯，爲魯將勝齊。

齊伐魯莒及安陽。

魏圍攻秦的繁龐城，克之，"出其民"。

子思本年前後爲魯穆公師。

公元前 411 年（周威烈王十五年、秦簡公四年、魏文侯三十五年、楚簡王二十一年、晉烈公五年、韓武子十四年、趙獻子十三年、齊宣公四十五年、燕簡公四年、魯穆公五年、宋悼公十一年、越王翳元年）　三十五歲，仕魯。

齊伐魯取一城。

田莊子卒，悼子立。

公元前 410 年（周威烈王十六年、秦簡公五年、魏文侯三十六年、楚簡王二十二年、晉烈公六年、韓武子十五年、趙獻子十四年、齊宣公四十六年、燕簡公五年、魯穆公六年、宋悼公十二年、越王翳二年）　三十六歲，在魯，爲魯將。有人向魯穆公譖毀吳起，吳起去魯至魏。

公元前 409 年（周威烈王十七年、秦簡公六年、魏文侯三十七年、楚簡王二十三年、晉烈公七年、韓武子十六年、趙獻子十五年、齊宣公四十七年、燕簡公六年、魯穆公七年、宋悼公十三年、越王翳三年） 三十七歲，在魏，爲魏文侯將，伐秦至鄭還，築洛陰、合陽。即《史記》所説"擊秦，拔五城"。亦即《説苑·復恩》所説的涇水之戰。

公元前408年（周威烈王十八年、秦簡公七年、魏文侯三十八年、楚簡王二十四年、晉烈公八年、韓景侯元年、趙烈侯元年、齊宣公四十八年、燕簡公七年、魯穆公八年、宋悼公十四年、越王翳四年） 三十八歲，吳起以攻秦之功被魏文侯封爲西河郡守。

　　魏文侯欲伐中山借道於趙，説客趙利陳辭説趙烈侯。
　　齊取魯郕。
　　秦"初租禾"。
　　韓伐鄭，取雍丘。

公元前407年（周威烈王十九年、秦簡公八年、魏文侯三十九年、楚聲王元年、晉烈公九年、韓景侯二年、趙烈侯二年、齊宣公四十九年、燕簡公八年、魯穆公九年、宋悼公十五年、越王翳五年） 三十九歲。

　　齊伐衛，取貫丘。
　　鄭敗韓負黍。

公元前406年（周威烈王二十年、秦簡公九年、魏文侯四十年、楚聲王二年、晉烈公十年、韓景侯三年、趙烈侯三年、齊宣公五十年、燕簡公九年、魯穆公十年、宋悼公十六年、越王翳六年） 四十歲，爲西河守。立木爲信，從事變法改革。

　　魏滅中山。

魏文侯欲李克論置相,治中山,後爲中山相。

西門豹治鄴約在此時。

田布攻廩丘,三晉救之,大敗齊師。

公元前405年(周威烈王二十一年、秦簡公十年、魏文侯四十一年、楚聲王三年、晉烈公十一年、韓景侯四年、趙烈侯四年、齊宣公五十一年、燕簡公十年、魯穆公十一年、宋悼公十七年、越王翳七年) 四十一歲,在魏任西河守,改革兵制,創建魏"武卒"。

魏與趙伐齊入長城。

李悝任魏文侯相,著成《法經》。

齊宣公卒,田和始立。

公元前404年(周威烈王二十二年、秦簡公十一年、魏文侯四十二年、楚聲王四年、晉烈公十二年、韓景侯五年、趙烈侯五年、齊康公元年、燕簡公十一年、魯穆公十二年、宋悼公十八年、越王翳八年) 四十二歲,在魏守西河。閒暇時傳授并整理《左氏春秋》。

公元前403年(周威烈王二十三年、秦簡公十二年、魏文侯四十三年、楚聲王五年、晉烈公十三年、韓景侯六年、趙烈侯六年、齊康公二年、燕簡公十二年、魯穆公十三年、宋休公元年、越王翳九年) 四十三歲,在魏守西河。

周威烈王命魏、趙、韓爲諸侯。

墨翟自魯游齊。

公元前402年（周威烈王二十四年、秦簡公十三年、魏文侯四十四年、楚聲王六年、晉烈公十四年、韓景侯七年、趙烈侯七年、齊康公三年、燕簡公十三年、魯穆公十四年、宋休公二年、越王翳十年）　四十四歲，在魏守西河。

楚聲王爲人民所殺。

子思約卒在此年。

公元前401年（周安王元年、秦簡公十四年、魏文侯四十五年、楚悼王元年、晉烈公十五年、韓景侯八年、趙烈侯八年、齊康公四年、燕簡公十四年、魯穆公十五年、宋休公三年、越王翳十一年）　四十五歲，在魏守西河。

公元前400年（周安王二年、秦簡公十五年、魏文侯四十六年、楚悼王二年、晉烈公十六年、韓景侯九年、趙烈侯九年、齊康公五年、燕簡公十五年、魯穆公十六年、宋休公四年、越王翳十二年）　四十六歲，在魏守西河。

三晉伐楚至乘丘。

申不害本年前後生於鄭。

鬼谷子本年前後生。

公元前399年（周安王三年、秦惠公元年、魏文侯四十七年、楚悼王三年、晉烈公十七年、韓列侯元年、趙烈侯十年、齊康公六年、燕簡公十六年、魯穆公十七年、宋休公五年、越王翳十三年）　四十七歲，在魏守西河。

公元前398年（周安王四年、秦惠公二年、魏文侯四十八年、楚悼王四年、晉烈公十八年、韓列侯二年、趙烈侯十一年、齊康公七年、燕簡公十七年、魯穆公十八年、宋休公六年、越王翳十四年）　四十八歲，在魏守西河。

　　鄭殺其相駟子陽，子陽之黨反抗，楚進圍鄭。

　　公元前397年（周安王五年、秦惠公三年、魏文侯四十九年、楚悼王五年、晉烈公十九年、韓列侯三年、趙烈侯十二年、齊康公八年、燕簡公十八年、魯穆公十九年、宋休公七年、越王翳十五年）　四十九歲，在魏守西河。

　　鄒忌本年前後生於齊。
　　聶政殺韓相俠累。

　　公元前396年（周安王六年、秦惠公四年、魏文侯五十年、楚悼王六年、晉烈公二十年、韓烈侯四年、趙烈侯十三年、齊康公九年、燕簡公十九年、魯穆公二十年、宋休公八年、越王翳十六年）　五十歲，在魏守西河。

　　魏文侯卒。
　　鄭子陽之黨殺鄭繻公。

　　公元前395年（周安王七年、秦惠公五年、魏武侯元年、楚悼王七年、晉烈公二十一年、韓列侯五年、趙烈侯十四年、齊康公十年、燕簡公二十年、魯穆公二十一年、宋休公九年、越王翳十七年）　五十一歲。在魏守西河。吳起答魏武侯問"元年"事，論治國之道，當面斥王錯。強調河山之固"在德不在險"，與魏武侯論尊重群臣。在閒暇時著《吳起兵法》。

　　李悝本年前後卒。

楊朱本年前後生於秦。

尸子本年前後生於晉，名佼。

墨翟止楚魯陽文君伐鄭。

    公元前 394 年（周安王八年、秦惠公六年、魏武侯二年、楚悼王八年、晉烈公二十二年、韓列侯六年、趙烈侯十五年、齊康公十一年、燕簡公二十一年、魯穆公二十二年、宋休公十年、越王翳十八年）　五十二歲，在魏守西河。

    齊伐魯取最。

    鄭負黍反韓。

    公元前 393 年（周安王九年、秦惠公七年、魏武侯三年、楚悼王九年、晉烈公二十三年、韓列侯七年、趙烈侯十六年、齊康公十二年、燕簡公二十二年、魯穆公二十三年、宋休公十一年、越王翳十九年）　五十三歲，在魏守西河。

    李克本年前後卒。

    公元前 391 年（周安王十一年、秦惠公九年、魏武侯五年、楚悼王十一年、晉烈公二十五年、韓列侯九年、趙烈侯十八年、齊康公十四年、燕簡公二十四年、魯穆公二十五年、宋休公十三年、越王翳二十一年）　五十五歲，在魏守西河。

    田和遷康公於海上。

    三晉敗楚於大梁、榆關。魏占有大梁，以後又占襄陵。

    公元前 390 年（周安王十二年、秦惠公十年、魏武侯六年、楚悼王十二年、晉烈公二十六年、韓列侯十年、趙烈侯十九年、齊康公十五年、燕簡公二十五年、魯穆公二十六年、宋休公十四年、越王翳二十二年） 五十六歲，在魏守西河。

衛鞅本年前後生於衛，本名公孫鞅，世稱"衛鞅"，號"商君"，史稱商鞅。

江乙本年前後生於魏，又作江一、江尹、江已。

公元前388年（周安王十四年、秦惠公十二年、魏武侯八年、楚悼王十四年、晋桓公二年、韓列侯十二年、趙烈侯二十一年、齊康公十七年、燕簡公二十七年、魯穆公二十八年、宋休公十六年、越王翳二十四年） 五十八歲，魏武侯命吳起爲將伐齊，至靈丘。

公元前387年（周安王十五年、秦惠公十三年、魏武侯九年、楚悼王十五年、晋桓公三年、韓列侯十三年、趙烈侯二十二年、齊康公十八年、燕簡公二十八年、魯穆公二十九年、宋休公十七年、趙王翳二十五年） 五十九歲，在魏守西河。

齊田和會魏武侯於濁澤。

公元前386年（周安王十六年、秦出子元年、魏武侯十年、楚悼王十六年、晋桓公四年、韓文侯元年、趙敬侯元年、齊康公十九年、齊和子元年、燕簡公二十九年、魯穆公三十年、宋休公十八年、越王翳二十六年） 六十歲，在魏守西河。

田和立爲諸侯。

魏城洛邑、安邑、王垣，公子朔奔魏。魏襲邯鄲不勝，趙始都邯鄲。

陳仲（田仲）本年前後生於齊。

宋鈃本年前後生於宋。

公元前 385 年（周安王十七年、秦出子二年、魏武侯十一年、楚悼王十七年、晉桓公五年、韓文侯二年、趙敬侯二年、齊康公二十年、齊和子二年、燕簡公三十年、魯穆公三十一年、宋休公十九年、越王翳二十七年）　六十一歲，在魏守西河，與田文（一作商文）爭爲相約在此年。

韓伐宋，到彭城，執其君。

田和卒。

孫臏本年前後生於齊。

孟軻本年前後生於鄒。

淳于髡本年前後生於齊。

公元前 384 年（周安王十八年、秦獻公元年、魏武侯十二年、楚悼王十八年、晉桓公六年、韓文侯三年、趙敬侯三年、齊康公二十一年、齊侯剡元年、燕簡公三十一年、魯穆公三十二年、宋休公二十年、越王翳二十八年）　六十二歲，爲王錯讒害，魏武侯懷疑吳起，奪其西河守之職，吳起奔楚。

田剡立。

秦"止從死"，廢止人殉。

公元前 383 年（周安王十九年、秦獻公二年、魏武侯十三年、楚悼王十九年、晉桓公七年、韓文侯四年、趙敬侯四年、齊康公二十二年、齊侯剡二年、燕簡公三十二年、魯穆公三十三年、宋休公二十一年、越王翳二十九年）　六十三歲，楚悼王任命吳起爲苑守。適息縣，向息公屈宜臼請教。

魏敗趙軍於兔臺。

公元前382年(周安王二十年、秦獻公三年、魏武侯十四年、楚悼王二十年、晉桓公八年、韓文侯五年、趙敬侯五年、齊康公二十三年、齊侯剡三年、燕簡公三十三年、魯共公元年、宋休公二十二年、越王翳三十年) 六十四歲，楚悼王任命吳起爲令尹，主持變法改革，在政治、經濟、軍事方面取得很大成績。吳起行縣，適息，再次向屈宜臼請教，屈宜臼教其"無貴於舉賢"。

齊、魏助衛攻趙，衛攻下趙之剛平，打到中牟。

公元前381年(周安王二十一年、秦獻公四年、魏武侯十五年、楚悼王二十一年、晉桓公九年、韓文侯六年、趙敬侯六年、齊康公二十四年、齊侯剡四年、燕簡公三十四年、魯共公二年、宋休公二十三年、越王翳三十一年) 六十五歲，在楚變法改革，使楚國逐漸強盛。楚悼王死，舊貴族發動叛亂，吳起被殺遭車裂。

趙求救於楚。楚助趙攻魏，戰於州西，出於梁門，一直打到黃河邊上。

墨者孟勝爲楚陽城君守國。